Handbuch des Devisenrechtes

nebst Sammlung

der wichtigsten geltenden devisenrechtlichen Gesetze und Verordnungen und sonstigen einschlägigen Vorschriften, Runderlasse, Bekanntmachungen usw.

für den Gerichts- und Notariatsgebrauch

Systematischer Teil

Von

Dr. J. von Edlinger

Notariatsassessor in Augsburg

1937

J. Schweitzer Verlag (Arthur Sellier)

München, Berlin und Leipzig

Druck von Dr. F. P. Datterer & Cie., Freising-München.

Vorwort.

Das vorliegende Handbuch verdankt verschiedenseitiger Anregung, insbesondere dem J. Schweitzer Verlag, der die Ansicht vertrat, daß noch kein devisenrechtliches Werk, das ausschließlich den Bedürfnissen der Gerichte, Rechtsanwälte und Notare angepaßt ist, vorhanden sei, seine Entstehung.

Der Verfasser hat sich daher bemüht, in dem vorliegenden Handbuch neben einer kurzen Übersicht über das jetzt geltende Devisenrecht besonders die Fragen zu behandeln, die das Devisenrecht für den Gerichts- und Notariatsgebrauch mit sich bringt. In dem Teile III wurden die jetzt geltenden Devisengesetze und Verordnungen und diejenigen Runderlasse und sonstigen Bekanntmachungen abgedruckt, soweit sie für den Zweck dieses Buches erforderlich schienen. Die VO. zur Ergänzung der VO. über den Warenverkehr vom 28. 6. 1937 RGBl. I, S. 761 f. und der RE. 107/37 vom 15. 7. 1937 betr. die Anlage von Sperrguthaben, der an die Stelle des aufgehobenen RE. 241/35 tritt, konnten noch mitberücksichtigt werden.

Mit Rücksicht auf den Umstand, daß die Devisenbestimmungen auch in Zukunft einer Fortentwicklung unterworfen sein werden, hat der Verfasser darauf Wert gelegt, gerade die allgemeinen Grundsätze des Devisenrechtes herauszuarbeiten, die, wenn kein grundsätzlicher Wandel in der Devisengesetzgebung eintreten sollte, durch ergänzende Vorschriften oder eine Neukodifizierung der Devisenvorschriften nicht berührt werden.

Im Hinblick auf das Gesagte erscheint Teil I und Teil II festgebunden, Teil III in Loseblattform. Dadurch ist die Möglichkeit gegeben, das Werk dauernd auf dem laufendem Stande der Gesetzgebung zu halten. Da die Devisenvorschriften kurz kommentiert sind und Hinweise auf die einschlägigen Ausführungen in Teil I und II enthalten, kann bei einer Änderung der Devisenbestimmungen in den Anmerkungen zu den neu ergehenden Vorschriften auf eine etwaige Überholung der Ausführungen in Teil I und II hingewiesen werden. Verschiedene zwischen dem Druck der beiden ersten Teile und des III. Teiles ergangene kleinere Neuerungen wurden bereits in den Anmerkungen zu den Gesetzen und Runderlassen eingearbeitet.

Wunsch des Verfassers ist es, mit dem erscheinenden Werk Gerichten, Notaren und sonstigen Personenkreisen, die mit den genannten Stellen in stete Berührung kommen, wie Rechtsanwälten, Hypothekenbanken usw. die Handhabung der Devisenbestimmungen zu erleichtern und damit einen Beitrag für eine reibungslose Anwendung der heute so bedeutsamen Devisenvorschriften leisten zu können.

Augsburg im August 1937.

Der Verfasser.

Inhaltsverzeichnis.

Verzeichnis der Abkürzungen.

BGB.	=	Bürgerliches Gesetzbuch
Bayr. StA.	=	Bayrischer Staatsanzeiger
DevArch.	=	Devisenarchiv, Zeitschrift für das gesamte Devisenrecht
DevG.	=	Gesetz über die Devisenbewirtschaftung vom 4. Februar 1935 (RGBl. I S. 106)
DevVO. von 1931	=	Verordnung über die Devisenbewirtschaftung vom 1. August 1931 (RGBl. I S. 421)
DevVO. von 1932	=	Verordnung über die Devisenbewirtschaftung vom 23. Mai 1932 (RGBl. I S. 231)
DJ.	=	Deutsche Justiz
DNotZ.	=	Deutsche Notarzeitschrift
DGWR.	=	Deutsches Gemein- und Wirtschaftsrecht
DRAnz.	=	Deutscher Reichs- und Preußischer Staatsanzeiger
DSt.	=	Devisenstelle
DurchfVO.	=	Durchführungsverordnung zum Gesetz über die Devisenbewirtschaftung vom 4. Februar 1935 (RGBl. I S. 114)
Etscheid-Böhmer	=	Etscheid-Böhmer, Handbuch für das deutsche Devisenrecht, Berlin 1936
Flad-Berghold	=	Flad-Berghold-Fabricius, „Das neue Devisenrecht", Berlin, nach dem Stande vom März 1937
Frank	=	Reinhard Frank, Das Strafgesetzbuch für das Deutsche Reich, 17. Auflage, Tübingen 1926
GBO.	=	Grundbuchordnung
Hartenstein	=	Hartenstein, Devisennotrecht, Berlin 1936
HGB.	=	Handelsgesetzbuch
HRR.	=	Höchstrichterliche Rechtsprechung
JW.	=	Juristische Wochenschrift
KG.	=	Kammergericht
KO.	=	Konkursordnung
Lengemann	=	Schriftenreihe zum Devisenarchiv, Heft III: Dr. Lengemann, „Kaufvertrag und Devisenrecht"
Lion-Hartenstein	=	Lion-Hartenstein, Steuer- und Devisennotrecht, Berlin 1932
MorG.	=	Gesetz über die Zahlungsverbindlichkeiten gegenüber dem Ausland vom 9. Juni 1933 (RGBl. I S. 349)
RAO.	=	Reichsabgabenordnung
RE., Rderl.	=	Runderlaß, und zwar immer die für die DSt. bestimmten Runderlasse
RG.	=	Reichsgericht
RGBl.	=	Reichsgesetzblatt
RGSt.	=	Entscheidungen des Reichsgerichts in Strafsachen
RGZ.	=	Entscheidungen des Reichsgerichts in Zivilsachen
Ri.	=	Richtlinien für die Devisenbewirtschaftung vom 19. Dezember 1936 (RGBl. I S. 1021)
RiVO.	=	Richtlinienverordnung zur DevVO. von 1932
RiÄndVO.	=	Richtlinienänderungsverordnung zu der Richtlinienverordnung vom 4. Februar 1935 (RGBl. I S. 119)
RStBl.	=	Reichssteuerblatt
RStDB.	=	Reichsstelle für Devisenbewirtschaftung

SaarVO.	=	Verordnung über die Einführung der Gesetzgebung über die Devisenbewirtschaftung und den Zahlungsverkehr mit dem Ausland im Saarland vom 23. Februar 1935 (RGBl. I S. 278)
StAnpG.	=	Steueranpassungsgesetz vom 16. Oktober 1934 (RGBl. I S. 925)
Stein-Jonas	=	Stein-Jonas, Kommentar zur Zivilprozeßordnung
Steiner	=	Steiner, „Zwangsversteigerung und Zwangsverwaltung", München, 5. Auflage 1935
StGB.	=	Strafgesetzbuch
StPO.	=	Strafprozeßordnung
StrSen.	=	Strafsenat
ÜSt.	=	Überwachungsstelle
Urbanek	=	Urbanek, „Das deutsche Devisenrecht", Berlin 1936
VO.	=	Verordnung
VVG.	=	Volksverratsgesetz vom 12. Juni 1933, RGBl. I S. 360, in der Fassung des Abschnittes III des Steueranpassungsgesetzes vom 16. Oktober 1934 (RGBl. I S. 925)
VZollG.	=	Vereinszollgesetz
Werner	=	Schriftenreihe zum Devisenarchiv, Heft I: Otto Werner, „Aus der Praxis der Devisenprüfungen bei Industrie und Handelsfirmen"
Wilmanns	=	Schriftenreihe zum Devisenarchiv, Heft IV: Dr. Wilmanns, „Devisenwirtschaft — Warum und Wie?"
ZPO.	=	Zivilprozeßordnung
ZVG.	=	Zwangsversteigerungsgesetz.

Einleitung.

Dem vorliegenden Handbuch möchte ich folgende grundsätzlichen Ausführungen vorherschicken.

I. Wir haben nun in Deutschland seit fast 6 Jahren Devisenbewirtschaftung. In den Anfängen derselben meinte man, daß ihre Dauer nur einige Jahre ausfüllen werde. Diese Erwartung wurde nicht erfüllt, vielmehr fand das Devisenrecht eine Entwicklung und einen Ausbau durch eine Fülle von so vielen Verordnungen und Gesetzen, daß in manchen Kreisen die durchaus nicht gerechtfertigte Ansicht herrscht, man habe es beim Devisenrecht mit einem nur von einem Fachmann zu verstehenden Rechtszweige zu tun. Dem ist jedoch nicht so. Denn einmal sind die grundlegenden Normen des Devisenrechts in dem Devisengesetz in leicht übersehbarer Form zusammengefaßt; dann bieten die nach klaren Gesichtspunkten zusammengestellten Richtlinien und heute in dem RStBl. und den verschiedensten Zeitschriften und Werken laufend erscheinenden Runderlasse der RStDB. und sonstige vorhandenen Übersichten die Möglichkeit, sich schnell über einschlägige Fragen zu unterrichten.

II. Bei der tief in das gesamte Rechts- und Wirtschaftsleben eingreifenden Bedeutung des Devisenrechtes konnte es nicht ausbleiben, daß schon in den Anfängen der Devisengesetzgebung diese insbesondere auch Richtern, Notaren und Rechtsanwälten Fragen brachte, über die rasch eine umfassende Literatur erschien. Wenn man heute nach Jahren der Devisenbewirtschaftung sich nun die Frage stellt, welche Aufgaben die Devisengesetzgebung dem Richter, Notar und Rechtsanwalt stellt, wird man feststellen müssen, daß diese insofern sich teilweise von anderen Personen- und Wirtschaftskreisen abheben und größere Schwierigkeiten bringen, als die genannten Stellen und Personen, namentlich die Gerichte und Rechtsanwälte sehr häufig mit Fragen nicht nur des geltenden, sondern auch des im Laufe der Entwicklung der Devisengesetzgebung jeweils maßgebenden Devisenrechtes befaßt werden. Dann wird man weiter feststellen können, daß die genannten Stellen und Personen ihre Aufgabe mit darin erblicken müssen, daß sie insbesondere jederzeit im Auge behalten, ob ein genehmigungspflichtiger Tatbestand inmitte liegt. Die Frage, ob die Genehmigung erteilt wird, oder erteilt werden kann bzw. darf, tritt abgesehen von der Aufgabe bei der Beratung in wirtschaftsrechtlichen Punkten im allgemeinen in den Hintergrund. Demgemäß wurde in diesem Handbuch Wert darauf gelegt, daß vor allem verhütet wird, daß von den Personenkreisen, für die das Handbuch in erster Linie bestimmt ist, die Frage, ob eine Genehmigungspflicht grundsätzlich besteht, nicht falsch beantwortet wird. Soweit es in den einzelnen Fällen, namentlich im Interesse von Notar und Rechtsanwalt angezeigt erschien, wurden auch die wirtschaftlichen Möglichkeiten, die das Devisenrecht auch jetzt noch in reichem Maße beim Zahlungsverkehr mit dem Auslande beläßt, angedeutet. Auch die in Teil III abgedruckten Runderlasse der RStDB., die, soweit sie in den Rahmen dieses Buches gehören, hier mitveröffentlicht wurden, geben großenteils für Rechtsanwälte und Notare wichtige Anhaltspunkte bei der Beratung von Parteien.

III. Da, wie oben bereits darauf hingewiesen wurde, das Devisenrecht nicht nur in seiner jetzigen Geltung, sondern auch nach dem früheren Stande der Gesetzgebung Richtern und Rechtsanwälten Fragen stellt, erscheint es an sich hier angezeigt, einen kurzen Überblick über die Entwicklung der Devisengesetzgebung zu geben. Dabei können mit Rücksicht auf die obigen Ausführungen nicht wirtschaftliche Gesichtspunkte maßgebend sein. Die einzelnen hier einschlägigen Umstände, die für die Weiterentwicklung und Verschärfung des Devisenrechtes sprechen, sind in verschiedenen Schriften, insbesondere auch in der Einleitung zum Devisennotrecht von Hartenstein und in der Einleitung zum „Neuen Devisenrecht" von Flad-Bergholdt-Fabricius zu finden.

Ein Überblick käme hier also nur in der Form in Frage, daß die einzelnen Vorschriften, die von den Anfängen der Devisengesetzgebung bis heute ergangen sind, zusammengestellt werden. Dieser Überblick kann jedoch mit Rücksicht auf die in Teil III unter C abgedruckte Tabelle hier erspart werden, wo alle bisher geltenden und noch gültigen Gesetze und Verordnungen mit devisenrechtlichem oder dem Devisenrechte verwandten Inhalte zusammengestellt sind.

IV. Wie bereits in dem Vorwort ausgesprochen wurde, wird auch weiterhin mit dem Ergehen von Normen devisenrechtlichen Inhalts zu rechnen sein. Es dürfte jedoch, namentlich auf Grund des Gesetzes zur Änderung des Gesetzes über die Devisenbewirtschaftung vom 1. Dezember 1936, welches mit den neu in das DevG. eingefügten §§ 37 a, b DevG. die weitgehendsten Möglichkeiten zur Vorbeugung gegen die beabsichtigte Umgehung von Devisenvorschriften bietet, damit zu rechnen sein, daß das Devisenrecht in seiner jetzigen Fassung, von kleineren Änderungen abgesehen, die vielleicht wieder einmal zu einer Neufassung des DevG. führen mögen, bei einem vorläufigen Abschlusse in seiner Entwicklung angelangt ist.

I. Teil.

Überblick über das bestehende Devisenrecht.

Kapitel 1.

Allgemeines[1].

I. Über den Zweck der Devisenvorschriften gibt uns Ri. I/6 Aufschluß. In kurze Worte gefaßt, will diese Bestimmung sagen, daß die Devisengesetzgebung die Sicherung der deutschen Währung und den Schutz der deutschen Wirtschaft anstrebt. Die in Ri. I/6 enthaltene Generalklausel gibt zugleich eine allgemeine Richtlinie bei Anwendung der Devisenvorschriften und zwar nicht nur für die Devisenbehörden selbst, sondern auch anderen Stellen, wie z. B. den Gerichten, wenn sie in Zweifelsfragen eine Entscheidung zu treffen haben[2].

II. Das unter I bezeichnete Ziel soll durch verschiedene einschneidende Maßnahmen, welche den gesamten Zahlungsverkehr mit dem Auslande einer genauen Überprüfung unterziehen, erreicht werden. Die bestehenden gesetzlichen Maßnahmen lassen sich in Gebote und Verbote trennen. Von den bestehenden Geboten ist als besonders bedeutsam die Anbietungspflicht[3] hervorzuheben. Als weitere Gebote seien insbesondere die Auskunftspflicht und die Anzeigepflicht gemäß §§ 34 und 27 Abs. 2 DevG. erwähnt. Die wichtigsten Verbote bestehen darin, daß sowohl der Erwerb als auch die Verfügung bezüglich einer Reihe von volkswirtschaftlich bedeutsamen Werten verboten ist, es sei denn, daß hierzu die Genehmigung der zuständigen Devisenbehörden[4] eingeholt ist.

III. Die grundlegenden gesetzlichen Quellen finden sich

a) im Devisengesetz vom 4. Febr. 1935, RGBl. I, 106ff. in der Fassung der Verordnung über die Einführung der Gesetzgebung über die Devisenbewirtschaftung und den Zahlungsverkehr mit dem Auslande im Saarland vom 23. Febr. 1935 — RGBl. I S. 278 — und des Gesetzes zur Änderung des Gesetzes über die Devisenbewirtschaftung vom 1. Dez. 1936 — RGBl. I S. 1000 —[5]), welches in verhältnismäßig wenig Vorschriften das umfassende, früher in einer Reihe von Einzelverordnungen geregelte Gebiet nach klaren Gesichtspunkten zusammenfaßt.

---

[1]) Vgl. Hartenstein S. 28ff. und S. 529f. a. a. O., Flad-Berghold, A S. 5ff. a. a. O., Seeger in DevArch. 9 u. 10, 1937, Sp. 245ff. u. 273ff. über „Das Devisenrecht als Werkzeug der Devisenpolitik".

[2]) S. v. Edlinger im DGWR. 1937 S. 164.

[3]) Besonders in Kap. 9.

[4]) Vgl. Kap. 4ff.

[5]) Wegen des Wortlautes s. den kurzkommentierten Gesetzestext in Teil III unter A Ziff. 1.

b) in der Durchführungsverordnung zum Gesetz über die Devisenbewirtschaftung vom 4. Febr. 1935 — RGBl. I S. 114 — sowie in verschiedenen ergänzenden weiteren (zur Zeit 9) Durchführungsverordnungen[6]).

c) in der Verordnung zur Devisenbewirtschaftung (Richtlinien für die Devisenbewirtschaftung) vom 19. Dez. 1936, RGBl. I S. 1021ff., durch welche alle, die Richtlinien betreffenden Vorschriften, die sich noch vor kurzem in einer Reihe von Richtlinienänderungsverordnungen und in der Verordnung vom 4. Febr. 1935 fanden, neu zusammengefaßt wurden[7]).

d) in dem Gesetz betreffend die Zahlungsverbindlichkeiten gegenüber dem Ausland vom 9. Juni 1933, RGBl. I S. 349ff. (MorG.), durch welches die Transferierung von wiederkehrenden Leistungen gehemmt bzw. beschränkt wurde.

Wegen weiterer einschlägiger Gesetze mit devisenrechtlichem Inhalte verweise ich auf die Zusammenstellung in Teil III unter A.

IV. Was die Rechtsnatur und Geltungsbereich der angeführten Vorschriften betrifft, gilt folgendes:

a) Das Devisengesetz, das MorG. und die Durchführungsverordnungen[8]) haben ohne Zweifel materielle Gesetzeskraft. Bei den Richtlinienbestimmungen muß man unterscheiden, ob sie die Natur von Verwaltungsanweisungen, Auslegungsvorschriften oder reinen Ausnahmebestimmungen haben.

Verwaltungsanweisungen sind insbesondere die Richtlinienbestimmungen, wo Grundsätze aufgestellt sind, ob eine Genehmigung erteilt werden darf oder nicht (vgl. z. B. Ri. II/29 und 30). Sie sind keine echten, materielle Gesetzeskraft besitzende Bestimmungen. Im Gegensatz zu ihnen stehen die sogenannten Ausnahmebestimmungen, die sehr häufig vorkommen[9]). Sie sind echte Rechtsvorschriften. Dies ergibt sich auf Grund der ausdrücklichen Ermächtigung im § 2 Abs. 2 Satz 2 DevG. Den Ausnahmevorschriften, welche materielle Gesetzeskraft besitzen, sind gleichzustellen diejenigen Auslegungsvorschriften, welche, rein wörtlich betrachtet, zwar devisenrechtliche Bestimmungen auslegen, tatsächlich aber ihrem Inhalte nach Ausnahmen von den Vorschriften des Devisengesetzes bringen (vgl. z. B. Ri. II/40, 60 usw.). Wegen der Ausnahmen vom Devisengesetz bringenden Bestimmungen der Runderlasse der Reichsstelle für Devisenbewirtschaftung vgl. die Ausführungen am Ende dieser Ziffer.

Keine echten Rechtsvorschriften sind die sogenannten Auslegungsvorschriften, die sich ebenfalls zahlreich in den Ri. befinden (vgl. z. B. I/1,

---

[6]) Der Wortlaut dieser Vorschriften findet sich in Teil III unter A Ziff. 2ff.

[7]) S. auch RGBl. 1936 S. 1021, wo die vor dem Inkrafttreten der VO. vom 19. 12. 1936 geltenden Richtlinienverordnungen, die nun außer Kraft sind, zusammengestellt sind.

[8]) Vgl. die Ermächtigungsvorschrift des § 55 DevG.

[9]) Vgl. z. B. II/1, 2, 3, 28, 32 usw.

5 usw.). Während der Richter bei der Anwendung der Ausnahmevorschriften an diese gebunden ist, besteht eine solche Verpflichtung bezüglich der erwähnten Auslegungsvorschriften nicht. Trotzdem wird er diese, wenn er den Devisenvorschriften gerecht werden will, genau beachten und bei Anwendung des Devisenrechts berücksichtigen müssen[10]).

Besondere Bedeutung hat die Unterscheidung, ob es sich bei den Richtlinien um Auslegungs- oder Ausnahmevorschriften handelt, auch bei der Prüfung der Frage des zeitlichen Geltungsbereiches der Richtlinien. Darüber s. die Ausführungen unter b dieser Ziffer.

Den Richtlinienbestimmungen sind nach herrschender Rechtsauffassung die im RStBl.[11]) veröffentlichten Runderlasse der RStDB. und die in der Regel nicht veröffentlichten „Allgemeinen Erlasse" gleichzustellen.[11a]) Soweit die Runderlasse Ausnahmebestimmungen bringen, haben auch sie materielle Gesetzeskraft[12]). Soweit es sich um die „Allgemeinen Erlasse" handelt, ist ihnen nur die Natur von Verwaltungsanweisungen zuzuerkennen.

b) Das Devisenrecht gehört zum Teil dem öffentlichen und zum Teil dem Privatrechte an. Soweit es sich um öffentlich-rechtliche Vorschriften handelt, muß man wieder unterscheiden zwischen dem Devisenverwaltungs- und Devisenstrafrecht. Diese Unterscheidungen sind vor allem bei der Prüfung des Geltungsbereiches des Devisenrechtes zu beachten. Dieses ist nämlich, je nachdem man die anzuwendenden Devisennormen dem öffentlichen oder privaten Rechte zuteilt, verschieden umgrenzt.

Eine zusammenfassende Behandlung aller einschlägigen Fragen kann hier nicht erfolgen[13]). Mit Rücksicht auf den Zweck dieses Handbuches sei als wesentlich folgendes hervorgehoben:

---

[10]) Vgl. hierzu insbesondere die Ausführungen bei Hartenstein S. 30 a. a. O. unter Note 8. Dort ist unter anderem darauf hingewiesen, daß die Auslegungsvorschriften, soweit sie nicht tatsächlich Ausnahmebestimmungen sind, und daher materielle Gesetzeskraft haben, immerhin als wichtige Fingerzeige für die Auffassung derjenigen amtlichen Stellen zu werten sind, welche in erster Linie bei der Schaffung der Devisenvorschriften mitgewirkt haben und ihre Ausführungen überwachen müssen. Ebenso auch die Ausführungen des RG. in JW. 1934 S. 237, wo darauf hingewiesen ist, daß das Gericht die Berücksichtigung der aus den Richtlinien etwa zu entnehmenden Absichten des Gesetzgebers nur dann abzulehnen hat, wenn eine erweiternde Auslegung der Ri. mit dem allgemeinen Wortsinn der von der DevVO. (jetzt dem DevG.) gewählten Ausdrücke nicht vereinbar sein würde.

[11]) Die Runderlasse werden jetzt verschiedentlich laufend veröffentlicht. Erwähnt sei vor allem das RStBl. und das DevArch. In dem vorstehenden Handbuche werden nur RE. der Devisenstelle erwähnt werden (die unterscheidende Bemerkung, ob es sich um RE. der DSt. oder ÜSt. handelt, kann daher in allen Fällen wegbleiben).

[11a]) Die Übersicht über die bestehenden noch jeweils geltenden Runderlasse und allgemeinen Erlasse wird durch eine zeitweilig immer nach bestimmten Gesichtspunkten erfolgende Zusammenstellung erleichtert. Die letzte erfolgte mit RE. 70/37 vom 21. Mai 1937, abgedruckt im RStBl. 1937, S. 652ff. S. insbesondere auch die dort abgedruckte Anlage 2, wo die jetzt geltenden RE. unter Angabe der Fundstellen im RStBl. zusammengestellt sind.

[12]) Vgl. Hartenstein S. 30f. unter Noten 8 und 9, Flad-Berghold A S. 6.

[13]) Vgl. hierüber vor allem die Ausführungen bei Hartenstein, 4. Abschnitt, Vorbemerkungen S. 277ff.

Die Devisenvorschriften geben keine zusammenhängenden Anhaltspunkte für das Anwendungsbereich der Devisenvorschriften in zeitlicher, räumlicher und persönlicher Hinsicht. Vereinzelte Anhaltspunkte finden sich jedoch in einzelnen devisenrechtlichen Normen: So lassen eine Reihe von Vorschriften selbst erkennen, ob sie nur für Inländer [14]) oder Ausländer [15]) oder für jedermann Beschränkungen bringen oder ob sie nur im Inland begangene Handlungen oder auch im Auslande erfüllte Tatbestände erfassen wollen [16]); § 38 DevG. gibt eine teilweise Regelung, inwieweit Ausländer ohne Rechtsnachteile zu bleiben haben, wenn sie den Devisenvorschriften zuwider ungenehmigte Geschäfte abgeschlossen haben; Ri. I/7 befaßt sich mit dem räumlichen und persönlichen Geltungsbereich der devisenrechtlichen Verbote [17]); § 48 DevG. [18]) regelt den örtlichen Geltungsbereich des Devisenrechtes.

Alle übrigen, in den Devisenvorschriften nicht geregelten Fragen sind auf Grund allgemeiner Grundsätze, insbesondere, soweit sie aus dem internationalen Privat- und Strafrecht und den für den Geltungsbereich der öffentlich-verwaltungsrechtlichen Normen geltenden Rechtsanschauungen zu entnehmen sind [19]), zu beantworten.

Im besonderen sei noch auf folgende, namentlich für den Richter bedeutsame Gesichtspunkte hingewiesen.

Bei Fällung von Urteilen ist es von grundlegender Bedeutung, zu wissen, welche Devisenvorschriften zur Zeit der Begehung der Tat galten. In den meisten Fällen wird aus den einzelnen Verordnungen und Gesetzen selbst zu entnehmen sein, seit wann sie in Kraft traten. Soweit nichts bestimmt ist, haben die allgemeinen für das Inkrafttreten von Gesetzen und Verordnungen maßgebenden Grundsätze Beachtung zu finden [20]). Soweit es sich um den zeitlichen Geltungsbereich

---

[14]) Vgl. Kap. 3 unter Ziff. B I.

[15]) Vgl. Kap. 3 unter Ziff. B I.

[16]) Vgl. z. B. §§ 22 Abs. 2, 25 Abs. 1 DevG. usw., wo bestimmt ist, daß die Handlungen nur soweit sie von Inländern vorgenommen werden, genehmigungspflichtig sind, § 13 DevG., wo aus der Fassung zu entnehmen ist, daß die Handlung nur im Inland, aber sowohl von In- und Ausländern begangen werden kann usw.

[17]) Wegen der persönlichen Abgrenzung der Anbietungsvorschriften s. § 1 Durchf.-VO. und die ergänzenden Anbietungsbestimmungen.

[18]) Bei Anwendung dieser Norm ist ausnahmsweise die Staatsangehörigkeit und nicht die Inländereigenschaft (vgl. Kap. 3 unter Ziff. B I) maßgebend.

[19]) Nach allgemeinen Verwaltungsgrundsätzen erstrecken sich öffentlich-rechtliche Gebots- und Verbotsnormen grundsätzlich auf das deutsche Reichsgebiet und auf die Personen, die sich in diesem Gebiet befinden, wobei grundsätzlich Personen, die vorübergehend sich im Ausland aufhalten, ebenfalls den Devisenvorschriften als unterworfen gelten; entsprechend den in dem Vordersatz aufgestellten Grundsätzen sind die Grenzen des Geltungsbereiches der devisenrechtlichen Normen, soweit sie zivilrechtlicher Natur (wie insbesondere des § 38 DevG.) sind, festzulegen, jedoch (vgl. Hartenstein Note 22 zu § 38 DevG., S. 295 f. a. a. O.) mit der Ausnahme, daß dingliche Verfügungen über im Ausland befindliche bewegliche Sachen als gültig zu erachten sind, ohne daß es auf die Voraussetzungen des § 38 S. 3 DevG. ankommt.

[20]) S. auch die in DevArch. Nr. 13, 1937, Sp. 385 ff. abgedr. Tabelle, wo das Inkrafttreten aller bisher ergangenen Vorschriften zusammengestellt ist und die in Teil III unter C erfolgte Zusammenstellung.

von Richtlinienbestimmungen handelt, wird die Unterscheidung, ob es sich um Auslegungs- oder Ausnahmebestimmungen handelt (vgl. oben unter a dieser Ziffer) von Bedeutung sein. Im ersteren Falle bringen die Ri. nur Erläuterungen zu bereits bestehendem Rechte und werden daher auch rückwirkende Kraft haben können. Im letzteren Falle bestimmt sich das Inkrafttreten nach den oben ausgeführten Grundsätzen.

Soweit der Richter zu prüfen hat, ob strafbare Zuwiderhandlungen vorliegen, wird er die Bestimmungen der §§ 2 und 2a in der Fassung des Gesetzes zur Änderung des Strafgesetzbuches vom 28. Juni 1935, RGBl. I S. 839, zu beachten haben. Gegenüber dem früher im Strafrecht geltenden Grundsatz „nulla poena sine lege" wird der jetzt geltende Satz „nullum crimen sine poena" auch im Devisenstrafrecht Anwendung finden müssen. Mit Rücksicht auf wirtschaftliche Erwägungen wird aber eine vorsichtige Anwendung der Rechtsanalogie im Devisenstrafrecht angezeigt erscheinen[21]).

Kapitel 2.

Aufbau und Aufgaben der deutschen Devisenbewirtschaftung[1]).

A. Zusammenstellung der mit der Erledigung devisenrechtlicher Aufgaben betrauten Stellen.

I. Hier sind zunächst die eigentlichen Devisenbehörden, über die unter B Näheres auszuführen ist, zu erwähnen:

a) das Reichswirtschaftsministerium,
b) die Reichsstelle für Devisenbewirtschaftung,
c) die Devisenstellen,
d) die Überwachungsstellen,
e) das Reichsbankdirektorium und die ihm unterstellten Anstalten, nämlich die Reichshauptbank, die Reichsbankhauptstellen und die Reichsbankstellen.

---

[21]) S. auch die Ausführungen Hartensteins in DevArch. Nr. 5, 1936, Sp. 156ff. über Gerechtigkeit und Rechtssicherheit und 174ff., wo grundlegende Ausführungen über die Anwendung der Rechtsanalogie im Devisenstrafrecht gemacht sind.

[1]) Vgl. Hartenstein Bemerkungen zu §§ 1ff. S. 21ff., Flad-Bergholdt A S. 3ff., v. Edlinger in DGWR. 1936 S. 353ff., von Schaewen „Zuständigkeit und Verfahren der deutschen Devisenbehörden in Nr. 13, 1936, Sp. 440ff. des DevArch., Turowski, „Erteilung von Aktenauskünften durch die Devisenbehörden" im DevArch. Nr. 3, 1936, Sp. 94ff., Dreist, „Die devisenrechtliche Genehmigung" in Nr. 4, 1936, Sp. 124ff. des DevArch.; Klünder, „Überwachungsstellen als Organe der Rohstoffbewirtschaftung" in Nr. 19, 1936, Sp. 652ff. des DevArch.; Turowski, „Zur Verordnung über die geschäftsmäßige Hilfeleistung in Devisensachen" vom 29. Juni 1936 in Nr. 21, 1936, Sp. 700ff. des DevArch.; Turowski, „Zweifelsfragen zur Devisenberaterverordnung in Nr. 40, 1936, Sp. 1290f. des DevArch.; Hartenstein in JW. 1935 S. 657ff. und 737ff. über „Das neue Devisenrecht", bes. S. 657f.

II. Daneben werden als Hilfsbehörden tätig die Zollfahndungsstellen, welche den Oberfinanzpräsidien, früher Landesfinanzämtern, angegliedert sind und die Hauptzollämter, die besonders bei der Devisenkontrolle und im Devisenstrafrechte wichtige Aufgaben zu erledigen haben[2]). Als weitere Hilfsbehörden sind die Prüfungsstellen der Wirtschaftsgruppen im Zusatzausfuhrverfahren zu erwähnen, welche bei der Exportförderung Aufgaben zu erledigen haben.

III. Devisenrechtliche Aufgaben werden weiter erledigt

einmal von gewissen Anstalten des öffentlichen Rechts, welche keine Devisenbehörden sind und auch keine öffentliche rechtlichen Funktionen ausüben und zwar

1. der Golddiskontbank, welche besonders bei dem Verkehr mit Auslandsbonds von Bedeutung ist. Wegen dieses Begriffes siehe I/1 der Ri.;
2. der Konversionskasse für deutsche Auslandsschulden, geschaffen auf Grund des Gesetzes betreffend die Zahlungsverbindlichkeiten gegenüber dem Ausland, die bei der Durchführung des Transfermoratoriums[3]) wichtige Aufgaben zu erledigen hat;
3. der deutschen Verrechnungskasse, geschaffen auf Grund des Gesetzes über die Errichtung einer deutschen Verrechnungskasse vom 16. Okt. 1934, welche für die Prüfung der Konten zuständig ist, die auf Grund der zahlreichen, mit dem Auslande abgeschlossenen Verrechnungsabkommen bestehen,

und ferner der deutschen Treuhandgesellschaft von 1933 m. b. H., die die durch Rückzahlung von Stillhaltekrediten (s. unter B II die Ausführungen bezüglich der Reichsbank) und Einlösungsbeträgen für Zinsen der Dawes- und Younganleihe entstehenden Guthaben (Registerguthaben) verwaltet[4]).

B. Aufgaben der eigentlichen Devisenbehörden.

1. Das Reichswirtschaftsministerium und die Reichsstelle für Devisenbewirtschaftung.

a) Das Reichswirtschaftsministerium hatte bis zum 31. Dez. 1933 die leitenden Aufgaben auf dem Gebiete der Devisenbewirtschaftung inne. Auf Grund der stets wachsenden devisenrechtlichen Aufgaben wurde zu deren Erledigung durch das Gesetz vom 18. Dez. 1933, RGBl. I S. 1079 die Reichsstelle für Devisenbewirtschaftung (RStDB.) als selbständige Reichsbehörde geschaffen, welche jetzt die Aufgaben und Befugnisse des Reichswirtschaftsministers auf dem Gebiete der Devisenbewirtschaftung erledigt (vgl. § 1 Abs. 1 DevG.). Dem Reichswirtschaftsminister sind jedoch auch heute noch Aufgaben auf devisen-

---

[2]) Vgl. § 52 DevG. und §§ 21 ff. der DurchfVO. und §§ 1 ff. der 2. DurchfVO. zum DevG.

[3]) Das ist die Einstellung des Zinsendienstes und der Zahlung von sonstigen wiederkehrenden Leistungen an ausländische Gläubiger.

[4]) Vgl. hiezu Ri. I/11 und § 4 der 2. DurchfVO. zum DevG.

rechtlichem Gebiete verblieben. Vor allem steht ihm das Recht der Gesetzgebung auf dem Gebiete des Devisenrechtes zu[5]). Der Reichswirtschaftsminister regelt ferner die Rechtsverhältnisse der RStDV. im Einvernehmen mit den dafür zuständigen Reichsministern und ernennt den Leiter der Reichsstelle (vgl. § 1 Abs. 2 DevG.). Endlich steht ihm auch unter anderem die Befugnis gemäß § 34 Abs. 1 und 2 DevG.[6]) zu.

b) Die RStDV. hat ihre Aufgaben in der Aufstellung von Richtlinien an die ihr unterstellten Devisen- und Überwachungsstellen und in der Sachaufsicht über diese[7]). Da die Richtlinien[8]) als Ausnahmevorschriften auch Gesetzeskraft besitzen, hat mithin die RStDV. auch gesetzgeberische Befugnisse. Weitere Rechte stehen ihr insbesondere auf Grund des MorG., des § 1 Abs. 4, des § 6 Abs. 6, § 34 und § 37b[9]) DevG. zu. Erwähnt sei, daß in einer Reihe von Fällen wichtigerer Art, z. B. gemäß Ri. II/53 Abs. 3, IV/32 Abs. 2, 36 Abs. 1, 38 Abs. 2 bis 4 usw. die Entscheidung der RStDV. von den mit der Durchführung der Devisenbewirtschaftung betrauten Behörden einzuholen ist.

II. Die mit der Durchführung der Devisenbewirtschaftung betrauten Behörden.

Diese sind die Devisenstellen (DSt.), welche den Oberfinanzpräsidien, früher Landesfinanzämtern angegliedert sind, die Überwachungsstellen[10]) und die Reichsbank.

Für die sachliche Zuständigkeit dieser Behörden gilt folgendes: Grundsätzlich sind die DSt. für die Erledigung aller devisenrechtlichen Aufgaben zuständig (vgl. § 2 DevG. und Ri. I/14). Handelt es sich aber um die Erledigung von Aufgaben, die den Warenverkehr betreffen, so haben die Überwachungsstellen, errichtet auf Grund der VO. vom 4. 9. 1934[11]) tätig zu werden, es sei denn, daß auf Grund Ri. I/12 Abs. 3 die DSt. wieder zuständig sind. Für die Durchführung der Stillhalteabkommen, welche die Unterbindung der ungeregelten Zurückzahlung von kurzfristigen und einer Reihe von mittelfristigen Auslandskrediten bezwecken, ist die Reichsbank zuständig (vgl. § 4 DevG., Ri. I/11 und § 4 der 2. DurchfVO. zum DevG.). Wegen der Befugnisse der Reichsbank auf Grund des § 29 DevG. (Bankzwang) vgl. die Ausführungen in den Kapiteln 4ff. und besonders Kap. 9.

---

[5]) Vgl. § 55 DevG. und die Ausführungen von Hartenstein S. 407 a. a. O., wonach tatsächlich der Gesetzgeber auf dem Gebiete der Devisenbewirtschaftung der Reichswirtschaftsminister ist, da es sich hier nicht um Angelegenheiten handelt, die dem Gesamtministerium vorbehalten sind.

[6]) Es handelt sich um das Recht, Auskünfte und Versicherungen an Eides Statt verlangen zu können.

[7]) Sachaufsicht über die Überwachungsstellen besteht nur insoweit, als es sich um devisenrechtliche Fragen handelt.

[8]) Vgl. hierzu Kap. 1 IVa.

[9]) S. darüber die Ausführungen in Kap. 8.

[10]) Ihre Zahl wechselt; sie sind eingeteilt nach Art der von ihnen zu bewirtschaftenden Rohstoffe; beachte die Aufstellung der Überwachungsstellen bei Flad-Berghold D S. 6ff.

[11]) Siehe den in Teil III unter Ziff. A 30 abgedruckten Wortlaut dieser VO.

Bezüglich der örtlichen Zuständigkeit der Devisenbehörden sei auf § 2 Abs. 3 DevG. und Ri. I/15 bis 21 hingewiesen[12]).

C. Das Verfahren vor den eigentlichen Devisenbehörden.

Das Devisenrecht hat von einigen Einzelvorschriften (vgl. § 8 Abs. 2 DevG., Ri. I/29ff. usw.) abgesehen, keine Verfahrensvorschriften aufgestellt, die beachtet werden müssen. Die Gesuchsteller[13]) werden unter Begründung ihres Antrags und unter Beibringung etwa benötigter Nachweise (vgl. z. B. Ri. I/30 und IV/7 usw.) um Entscheidung der zuständigen Behörde nachsuchen. Vertretung in Devisenangelegenheiten ist zulässig. Dabei sind die Bestimmungen der VO. über die geschäftsmäßige Hilfeleistung in Devisensachen vom 29. Juni 1936 zu beachten[14]). Besonders hingewiesen wird dabei auf § 2 Ziff. 2 dieser VO., wonach zur geschäftsmäßigen Hilfeleistung unter anderem Rechtsanwälte und Notare keiner Genehmigung bedürfen. Ein Instanzenzug ist grundsätzlich nicht vorgesehen. Die Aufsichtsbeschwerde gegen die Entscheidungen der unteren Stellen an die vorgesetzte Stelle steht jedoch den Beteiligten nach allgemeinen Grundsätzen des Verwaltungsrechtes immer offen. An eine Frist ist diese Beschwerde nicht gebunden.

Ausnahmsweise ist ein formelles Beschwerdeverfahren vorgesehen und zwar einmal gemäß §§ 37a Abs. 3[15]) DevG., dann auf Grund der §§ 4 und 18 der VO. über die geschäftsmäßige Hilfeleistung in Devisensachen und endlich auf Grund des Gesetzes über Abwertungsgewinne vom 23. Dez. 1936, RGBl. I S. 1126ff.[16], [17]).

Kapitel 3.

Allgemeine Begriffe des Devisenrechtes.

Die genehmigungspflichtigen Tatbestände nehmen den größten Teil der devisenrechtlichen Vorschriften ein. Bei dem gesamten Zahlungsverkehr mit dem Auslande, sei es direkt, sei es indirekt, greifen die Verbote ein, welche den Verkehr mit einer Reihe von Gegenständen entweder unmittelbar kraft Gesetzes oder auf Grund Anordnung der Devisenbehörden[1]) Beschränkungen unterwerfen. Diese sollen an-

[12]) Wegen der Bedeutung von Entscheidungen unzuständiger Devisenbehörden s. die Bemerkungen in Fußnote 5 des Kap. 11.

[13]) Es wird sich in den meisten Fällen um die Erteilung einer Genehmigung, bei der Reichsbank um Anträge auf Zuteilung bzw. Freigabe von Werten handeln.

[14]) Der Wortlaut dieser Verordnung ist abgedr. in dem Teile III unter Ziff. A 15.

[15]) Siehe auch die Ausführungen in Kap. 8.

[16]) Der Wortlaut dieses Gesetzes nebst den DurchfVO.en hierzu ist abgedr. im Teile III unter Ziff. A 16—20.

[17]) Wegen weiterer verfahrensrechtlicher Fragen, insbesondere soweit sie für die Gerichte von Bedeutung sind, siehe die Bemerkungen in Kap. 11, insbesondere unter den Fußnoten 10, 11 und 12.

[1]) Vgl. bes. Kap. 8.

schließend entsprechend dem Zwecke dieses Buches[2]) nicht nach verschiedenen Wirtschaftszweigen, sondern nach Art der zu bewirtschaftenden Werte geordnet in den folgenden Kapiteln zusammengestellt werden.

Vor allem wird darauf geachtet werden, aufzuzeigen, wann eine genehmigungspflichtige Handlung gegeben ist und wann von der Genehmigungspflicht auf Grund besonderer Sachlage eine Ausnahme besteht[3]). Nicht dagegen werden die den Richter im allgemeinen weniger interessierenden Fragen behandelt werden, wann mit der Erteilung einer Genehmigung zu rechnen sein wird. Soweit diese Frage im Einzelfalle von Bedeutung ist, wird an entsprechender Stelle auch über diese das Nötige ausgeführt werden.

Bei Anwendung der die Genehmigungspflicht regelnden Vorschriften finden sich bei einer Reihe von Bestimmungen Begriffe, deren Erläuterung den folgenden Kapiteln vorangestellt werden muß.

A. Allgemeines.

Bei den vorkommenden Begriffsbestimmungen wird man zweckmäßig zwischen denjenigen unterscheiden, die speziell devisenrechtliche Fachausdrücke verständlich machen wollen und denjenigen, die den Umfang der Bedeutung von allgemeinen Rechtsbegriffen für das Devisenrecht festlegen wollen.

Zu den Begriffsbestimmungen der ersten Art gehören hauptsächlich die in Ri. I/1 zusammengefaßten Erläuterungen, wie z. B. Altguthaben, freie Reichsmarkguthaben, Sperrguthaben, Ausländersonderkonten usw.[4]). Zu den Begriffsbestimmungen der letzteren Art gehören vor allem die in den §§ 6—8 DevG. zusammengefaßten Erläuterungen, wie z. B. Verfügung, Erwerb, Gold, Edelmetalle, Ausländer, Inländer usw. Bei den Begriffsbestimmungen der ersteren Art wird der sie anwendende Richter oder Notar meistens wegen nicht genügender Kenntnis der Fachausdrücke sich über ihre Bedeutung vergewissern, so daß eine richtige Anwendung derselben gewährleistet sein dürfte. Bei den Erläuterungen der zweiten Art besteht jedoch die Gefahr, daß die in Frage stehenden Begriffe eine Auslegung finden, wie sie allgemein im Rechtsleben üblich ist und nicht, wie sie der Devisengesetzgeber allgemein oder in einem besonderen Falle gerade verlangt. Richter und Notare werden daher gerade bei diesen Begriffen eine sorgfältige Prüfung ihrer Bedeutung vornehmen. Besondere Vorsicht ist insbeson-

---

[2]) S. die Einleitungsworte.

[3]) Eine Zusammenstellung der wichtigsten Ausnahmebestimmungen findet sich jeweils auch in der kurzen ergänzenden Kommentierung der im Teile III unter A Ziff. 1ff. abgedr. Gesetzestexte.

[4]) Daneben sei auf die im DevArch. enthaltenen Kurzberichte und Erläuterungen hingewiesen, wo häufig in der Devisenpraxis vorkommende sonstige in Ri. I/1 nicht enthaltene Begriffe näher umschrieben werden.

dere in den Fällen angebracht, wenn die Devisengesetzgebung selbst in der Auslegung nicht einheitlich ist[5]).

Eine zusammenfassende Darstellung aller in Frage kommenden Erläuterungsbestimmungen ist hier nicht möglich. Die grundlegenden Begriffe werden jedoch anschließend und in den folgenden Kapiteln erläutert.

B. Einzelheiten.

I. Von grundlegender Bedeutung ist es, bei der Anwendung von devisenrechtlichen Normen zu wissen, ob die beteiligten Personen In- oder Ausländer sind. In zahlreichen Fällen[6]) machen die Devisenbestimmungen einen Unterschied, ob die in Frage kommenden Personen In- oder Ausländer sind und eine Verkennung der Eigenschaft der Beteiligten wird immer zu einer unrichtigen Entscheidung führen müssen. Deshalb sollen im folgenden zunächst alle Fragen zusammengestellt werden, die bei der Untersuchung, ob es sich um einen Inländer oder Ausländer im Sinne der Devisenvorschriften handelt, geprüft werden müssen[7]).

Im Hinblicke auf die besondere Bedeutung[8]) der richtigen Feststellung der In- oder Ausländereigenschaft von Beteiligten hat der Gesetzgeber selbst diese Begriffe festgelegt (vgl. § 6 Abs. 6 DevG.) und Vorsorge getroffen, daß bei der Feststellung der In- bzw. Ausländereigenschaft keine widersprechende Behandlung vorkommen kann[9]).

---

[5]) Vgl. z. B. den Begriff „Forderungen in ausländischer Währung" im Sinne des § 6 Abs. 2 DevG. und im Sinne des § 5 der DurchfVO. zum DevG., s. ferner den Begriff „Verfügung" im Sinne des § 7 DevG. und im Sinne von Ri. II/40.

[6]) Vgl. z. B. die §§ 11, 12, 14 usw.

[7]) Hartenstein S. 67ff. a. a. O. unter Bemerkungen Nr. 27ff.; Flad-Bergholz A S. 19f.; Hartenstein in JW. 1935 S. 660 unter IV Ziff. 2 der Abhandlung „Das neue Devisenrecht"; Reisecke in JW. 1936 S. 841ff. über „Die devisenrechtliche In- oder Ausländereigenschaft eines Unternehmens"; Wilmanns über „Die In- und Ausländereigenschaft nach dem Devisengesetz "in Nr. 9, 1936, Sp. 316ff. des DevArch.; Klünder über „Devisenpflichten des Inländers im Ausland" in Nr. 16, 1936, Sp. 558ff. des DevArch. und siehe hierzu RE. 23/35 über vorübergehenden Aufenthalt im Auslande, bei welchem die Inländereigenschaft nicht verloren geht; Wilmanns in Nr. 17, 1936, des DevArch. Sp. 588ff. über „Zweifelsfragen bei der Behandlung ausländischer Niederlassungen inländischer Firmen" und siehe hierzu RE. 152/36 über die In- und Ausländereigenschaft bei Gesellschaften und Körperschaften und die damit zusammenhängenden Fragen und die Ausführungen von Wilmanns in Nr. 38, 1936, Sp. 1234ff. des DevArch. über „Die devisenrechtliche Behandlung ausländischer Niederlassungen inländischer Firmen". S. ferner den im RStBl. 1933 S. 1132 abgedr. Erlaß des Reichswirtschaftsministeriums an die Spitzenverbände der Wirtschaft (Dev. I 49 131/33 über den Begriff „Ort der Leitung" vom 25. Okt. 1933.

[8]) Die Unterscheidung ist von Bedeutung nicht nur bei der Prüfung, ob ein genehmigungspflichtiger Tatbestand gegeben ist, sondern auch bei der Anbietungspflicht (vgl. den in Note 7 oben erwähnten RE. 152/36 und die Ausführungen in Kap. 9 unter Ziff. I. Die Unterscheidung kann auch von steuerrechtlicher Bedeutung sein, vgl. hierzu die Ausführungen von Hüsgen in Nr. 23, 1936, Sp. 772ff. des DevArch. über „Steuerliche Bewertung der Vermögenserträgnisse von Devisenausländern".

[9]) Hierüber s. die Ausführungen im Kap. 11 unter Ziff. B III.

§ 6 Abs. 6 S. 1 DevG. bestimmt, daß Ausländer im Sinne des DevG. Personen, die im Ausland, und Inländer Personen, die im Inlande ihren Wohnsitz oder gewöhnlichen Aufenthalt, Sitz oder Ort der Leitung haben, sind. Diese Vorschrift bezieht sich sowohl auf natürliche wie juristische Personen[10]), gleichgültig, ob sie dem öffentlichen oder Privatrecht angehören. Die bei der Auslegung der Begriffe Ausländer und Inländer maßgebenden Begriffe Wohnsitz[11]) und gewöhnlicher Aufenthalt[12]) bestimmen sich nach dem Steuerrecht[13]). Was den Begriff „Ort der Leitung" betrifft, ist auf den in Fußnote 7 erwähnten Erlaß des Reichswirtschaftsministeriums vom 25. Okt. 1933 zu verweisen. Als Inland ist das politische Reichsgebiet anzusehen, während das außerhalb dieses Gebietes befindliche Territorium als Ausland zu gelten hat[14]). Die Staatsangehörigkeit ist ohne Bedeutung[15]).

Nach den vorstehenden Ausführungen hängt die Frage, ob jemand als Inländer oder als Ausländer zu gelten hat, von der Auslegung einer Reihe von Begriffen ab, ohne deren genaue Anwendung man schwerlich zu einem richtigen Ergebnis kommen wird. Bei der Bedeutung des Begriffes In- oder Ausländer ist daher, wenn man sich unter Umständen nicht sogar strafbar machen will, eine genaue Prüfung aller einschlägigen Fragen Pflicht der zur Auslegung der Begriffe In- oder Ausländer berufenen Personen[16]).

---

[10]) Vgl. hierzu JW. 1933 S. 1327 und die dort wiedergegebenen Ausführungen des RG. 2. Sen. v. 2. März 1933, wonach Sinn und Zweck der Devisenbestimmungen keinen Zweifel lassen, daß als „im Inlande ansässige Personen" nicht nur natürliche Personen, sondern auch juristische Persönlichkeiten und sonstige Personenvereinigungen, Kapitalgesellschaften und dergleichen zu gelten haben.

[11]) Vgl. hierzu § 13 des Steueranpassungsgesetzes vom 16. Okt. 1934, RGBl. I S. 927. Dort ist bestimmt: Einen Wohnsitz im Sinne der Steuergesetze hat jemand dort, wo er eine Wohnung inne hat unter Umständen, die darauf schließen lassen, daß er die Wohnung beibehalten und benutzen wird. S. auch den in Teil III unter Ziff. A 34 abgedr. Gesetzestext.

[12]) Vgl. hierzu § 14 des Steueranpassungsgesetzes, insbesondere Abs. 1, wo folgendes bestimmt ist: Den gewöhnlichen Aufenthalt im Sinne der Steuergesetze hat jemand dort, wo er sich unter Umständen aufhält, die erkennen lassen, daß er an diesem Orte oder in diesem Lande nicht nur vorübergehend verweilt. S. auch den in Teil III unter Ziff. A 34 abgedr. Gesetzestext.

[13]) Vgl. hierzu JW. 1933 S. 2140 und 1934 S. 1501ff., wo das RG. 1. Sen. in zwei Entscheidungen ausspricht, daß die Begriffe „Wohnsitz" und „gewöhnlicher Aufenthalt" gem. §§ 80 und 81 der RAbgO., also wie im Steuerrecht auszulegen sind.

[14]) Die Insel Helgoland und die badischen Zollausschlüsse gehören (entgegen der Vorschrift des § 13 DevG.) zum Inland. S. auch § 9 Abs. 3 der DurchfVO. zum DevG., wo der Begriff „Deutsches Wirtschaftsgebiet" festgelegt ist, der hier keine Anwendung zu finden hat.

[15]) Vgl. hierzu RG. in JW. 1933 S. 2140 und 1934 S. 2969 und Hartenstein in JW. 1935 S. 660. Siehe aber den Ausnahmefall des § 48 DevG., dessen Anwendung von der deutschen Staatsangehörigkeit abhängig ist.

[16]) Vgl. Entscheidung des Reichswirtsch.-Ger. 7 S. XXIV 3/36 vom 11. Juni 1936, abgedr. in DevArch. Nr. 23, 1936 Sp. 774, wonach Fahrlässigkeit eines Bankangestellten bestehen kann, wenn die Frage der Ausländereigenschaft nicht genügend geprüft wird.

Anhaltspunkte für die Beurteilung wird man in Zweifelsfragen immer an Hand der großen über diese Frage vorhandenen Literatur und Rechtsprechung[17]) finden. Nötigenfalls wird man sich immer Gewißheit verschaffen können, wenn man bei der zuständigen Devisenstelle einen Bescheid gemäß § 6 Abs. 6 letzter Satz DevG. erholt.

Im Hinblick auf die Fülle der Fragen können diese alle nicht hier erörtert werden. Es seien lediglich folgende besonders zu beachtende Gesichtspunkte hervorgehoben:

a) Vorsicht ist namentlich am Platze, wenn es fraglich ist, ob ein Wechsel der In- oder Ausländereigenschaft anzunehmen ist. Dies wird namentlich bei Ein- und Auswanderung in Frage kommen. Anderseits hat ein vorübergehender, unter Umständen auch längerer Aufenthalt im Inland, z. B. zu Heilzwecken[18]) oder umgekehrt ein vorübergehend längerer Aufenthalt im Auslande nicht den Verlust der Ausländer- bzw. Inländereigenschaft zur Folge[19]).

b) Besondere Vorsicht ist auch angebracht bei der Prüfung der In- und Ausländereigenschaft von juristischen Personen, namentlich wenn sie im Inlande sich befinden und Ausländer beteiligt sind und umgekehrt, wenn sie im Auslande sich befinden und Inländer beteiligt sind. Ebenso ist auf die Sonderfragen aufmerksam zu machen, wenn es sich um Zweigniederlassungen von ausländischen Gesellschaften oder Körperschaften im Inlande oder umgekehrt um Zweigniederlassungen von inländischen Gesellschaften oder Körperschaften im Auslande handelt. Anhaltspunkte gibt hier einmal Ri. I/5, wo bestimmt ist: Zweigniederlassungen einer ausländischen Firma im Inlande und inländische Betriebe eines Ausländers gelten ohne Rücksicht darauf, ob sie rechtlich selbständig sind oder nicht, als Inländer, auch wenn sich der Ort ihrer Leitung[20]) im Auslande befindet; Zweigniederlassungen einer inländischen Firma im Auslande und ausländische Betriebe eines Inländers gelten ohne Rücksicht darauf, ob sie rechtlich selbständig sind oder nicht, als Ausländer, wenn sich nicht der Ort ihrer Leitung im Inlande befindet[20a]).

Weitere hierhergehörige Fragen finden Beantwortung in der ein-

---

[17]) Vgl. insbesondere die in Fußnote 7 dieses Kap. angegebene Literatur.

[18]) Vgl. hierzu den Kurzbericht in Nr. 31, 1936, Sp. 1012ff. des DevArch., wonach entgegen der in RE. 30/34 ausgesprochenen Vermutung auch bei einem längeren Aufenthalt als von drei Monaten im Inland bei Vorliegen besonderer Umstände jemand Ausländer im Sinne der Devisenbestimmungen sein kann.

[19]) S. auch den bereits in Fußnote 7 dieses Kapitels erwähnten RE. 23/35 über vorübergehenden Aufenthalt im Auslande, bei welchem man nicht die Inländereigenschaft verliert. Wegen der Fragen, die sich für Jugendliche ergeben, die besonders von Vormündern usw. zu beachten sind, s. Kap. 19 unter Ziff. A IV a.

[20]) Vgl. hierzu den oben in Fußnote 7 erwähnten Erlaß des Reichswirtschaftsministeriums vom 25. Okt. 1933.

[20a]) Wegen der Bedeutung der In- bzw. Ausländereigenschaft, wenn Personen kraft eines besonderen Amtes usw. handeln, insbesondere Konkursverwalter, Vormünder usw. siehe auch die Ausführungen in den Kapiteln 19 und 25.

schlägigen Literatur und namentlich in dem in Fußnote 7 erwähnten RE. 152/36 und den verschiedenen Entscheidungen[21]).

c) Endlich sei auch auf die Möglichkeit hingewiesen, daß jemand gleichzeitig devisenrechtlich als In- und als Ausländer zu gelten hat und daher den Vorschriften, die für In- und Ausländer gelten, untersteht[22]).

II. Als weitere Begriffe, deren Erläuterung den folgenden Kapiteln vorangestellt werden soll, kommen folgende in Frage:

a) Der Erwerb. Grundsätzlich ist der Erwerb im Sinne der Devisenvorschriften dem Erwerb im Sinne der allgemeinen Rechtsnormen gleichzustellen. Nach diesem versteht man unter Erwerb die Erlangung des Eigentums bzw. eines absoluten Rechtes an einem Gegenstande. Gemäß § 7 Abs. 1 und 2 DevG. findet der Begriff Erwerb eine erweiterte Auslegung[23]). Häufig sind die für den Erwerb von Werten einschlägigen Devisenbestimmungen verschieden, je nachdem es sich um einen Erwerb gegen inländische Zahlungsmittel oder um einen sonstigen, also nicht gegen inländische Zahlungsmittel erfolgenden Erwerb handelt, bzw. ob der Erwerb entgeltlich oder unentgeltlich ist[24]).

Ein Sonderfall des Erwerbes ist die „Inzahlungnahme", welche

---

[21]) Vgl. Urteil des RG. VII. Sen. vom 20. März 1936, VII 333/1934, abgedr. in DevArch. Nr. 11/1936 Sp. 380, wonach eine inländische off. Handelsgesellschaft während der Liquidation Deviseninländer bleibt, auch wenn der Inhaber Devisenausländer ist; s. RG. in JW. 1934 S. 2969, wonach eine im Inlande eingetragene GmbH. ihre Inländereigenschaft auch dadurch nicht verliert, daß sich sämtliche Geschäftsanteile in der Hand eines ausländischen Gesellschafters befinden und dieser als alleiniger Geschäftsführer die Verwaltung vom Auslande aus führt.

[22]) S. hierzu Hartenstein S. 76 Noten 42f. und RG. in JW. 1937 S. 317, wonach eine Person, die gleichzeitig im Inlande und im Ausland Wohnsitz oder gewöhnlichen Aufenthalt hat, sowohl den für Inländer als auch den für Ausländer geltenden devisenrechtlichen Beschränkungen und Verboten unterworfen ist und die zustimmende Anmerkung von Hartenstein ebendort. Wegen der zwecks Vermeidung von Härten möglichen Freistellung von devisenrechtlichen Beschränkungen s. Hartenstein Note 43 zu § 6 DevG. S. 78ff. a. a. O. und die Ausführungen in Kap. 9 unter Fußnote 9 und in Kap. 10 unter A I.

[23]) § 7 Abs. 1 erweitert den Begriff „Erwerb" insofern allgemein, als als Erwerb im Sinne des Devisengesetzes auch der Erwerb im Wege der Zwangsvollstreckung gilt; § 7 Abs. 2 erweitert den Erwerbsbegriff im Falle des Erwerbes von Wertpapieren insofern, als als Erwerb von Wertpapieren im Sinne des DevG. auch der Erwerb eines Anspruches auf Übereignung von Wertpapieren, insbesondere durch Gutschrift auf Stückekonto gilt.

[24]) Die Unterscheidung, ob es sich um einen Erwerb gegen inländische Zahlungsmittel oder nicht handelt, ist insofern von Bedeutung, als die letztere Erwerbsart, wenn sie Zahlungsmittel und Forderungen in ausländischer Währung zum Gegenstand hat (man spricht dann von Devisenanfall), keiner Genehmigung bedarf, jedoch die Anbietungspflicht auslöst (vgl. hierzu die Ausführungen in den Kap. 4, 5 und 9.

Die Unterscheidung, ob es sich um einen entgeltlichen bzw. unentgeltlichen Erwerb handelt, spielt neben dem eben erwähnten Falle des Erwerbes ausländischer Zahlungsmittel und Forderungen in ausländischer Währung besonders beim Erwerbe von Wertpapieren eine Rolle (vgl. den Wortlaut von §§ 21ff.).

besonders beim Erwerb von Wertpapieren devisenrechtlich bedeutsam wird[25, 26]).

b) Die Verfügung. Auch dieser Begriff ist grundsätzlich der gleiche wie im bürgerlichen Rechte. Nach diesem ist unter Verfügung jedes, auf die Änderung oder Aufhebung eines Rechtes gerichtete Rechtsgeschäft zu verstehen. Im Gegensatz zur Verfügung stehen mithin Verpflichtungsgeschäfte, soweit nicht die Devisenbestimmungen diese ausdrücklich der Verfügung gleichstellen[27]), und die bloße Besitzübertragung. Keine Verfügung ist im Devisenrechte auch die bloß tatsächliche Verfügung im wirtschaftlichen Sinne[28]).

Nach dem Gesagten umfaßt der Begriff Verfügung beispielsweise nicht nur die Eigentumsübertragung und Verpfändung von Gegenständen, sondern auch eine Reihe von weiteren Rechtsgeschäften. Soweit es sich um Forderungen handelt, fällt unter den Begriff Verfügung neben der Einziehung und Begleichung auch die Aufrechnung, die Stundung, der Erlaß, die Kündigung, die Änderung der Zins- und Tilgungsbestimmungen, die Abtretung, die Erteilung einer unwiderruflichen Vollmacht[29]) usw. Weitere Einzelheiten finden sich in den vorhandenen zahlreichen Entscheidungen[30]), welche sich mit

[25]) Vgl. § 25 Abs. 4 DevG. und die Entscheidung des RG. 3. Sen. v. 12. Juni 1933, abgedr. in JW. 1933 S. 1838 und die Entscheidung des KG. v. 18. April 1934, abgedr. in JW. 1934/1255, wo der Begriff „Inzahlungnahme" behandelt ist.

[26]) Beachte auch die Entscheidung des RG. 3. Straffen. vom 14. Dez. 1936, abgedr. in JW. 1937, S. 628 u. in DevArch. 1937 Nr. 9 Sp. 253ff., wonach bei Zahlung mittels Postanweisung nach dem Auslande mit Hilfe eines gefälschten Passes ein ungenehmigter Erwerb (also nicht eine ungenehmigte Versendung von ausländischen Zahlungsmitteln in das Ausland) in Tateinheit mit Urkundenfälschung vorliegt (diese Entscheidung kommt wegen ihrer Bedeutung auch in der amtlichen Sammlung der Reichsgerichtsentscheidungen zum Abdruck).

[27]) Vgl. § 7 Abs. 2 Satz 2, wonach als Verfügung über Wertpapiere auch die Einräumung eines Anspruches auf Übereignung von Wertpapieren, insbesondere durch Gutschrift auf Stückekonto zu gelten hat.

[28]) Vgl. hierzu insbesondere die Ausführungen von Hartenstein in Note 11 zu § 9 S. 104f. a. a. O. und die Abhandlung von Hartenstein in Nr. 5, 1936, Sp. 156ff. des DevArch. über „Gerechtigkeit und Rechtssicherheit", wo sich derselbe gegen die Ausdehnung des Verfügungsbegriffes auf die bloß tatsächliche Verfügung in wirtschaftlichem Sinne wendet.

[29]) Über die Pflichten, die der Notar bei Beurkundungen betreffend die Erteilung einer unwiderruflichen Vollmacht mit Rücksicht auf die Devisenbestimmungen zu beachten hat, vgl. die Ausführungen in Kap. 20 unter Ziff. 3.

[30]) Vgl. RG. 1. Sen. v. 2. Juni 1933 in JW. 1933 S. 1774, wo darauf hingewiesen wird, daß der Begriff Verfügung im Sinne des Devisenrechts der Verfügung des bürgerlichen Rechts entspricht; wegen Verfügungen im Rahmen eines Gesamtrechtsüberganges vgl. die Entscheidung des KG. vom 14. Mai 1936, abgedr. in DevArch. Nr. 25, 1936, Sp. 840ff.; vgl. DevArch. Nr. 13, 1936, Sp. 450, wo darauf hingewiesen, daß die Saldenziehung der Buchungsmaschine eine genehmigungspflichtige Verrechnung darstellt; vgl. den im DevArch. Nr. 17, 1936, Sp. 592ff. behandelten Fall der Umwandlung eines in einem Lande mit Devisenbewirtschaftung festliegenden Ausfuhrguthabens in hochwertige Valuta eines Landes ohne Devisenbewirtschaftung; wegen der ebenfalls Verfügungen darstellenden Preisnachlässe vgl. RE. 151/36 betreffend Gewährung von Preisnachlässen und Aufhebung von Kaufverträgen bei der Ausfuhr nach Abwertungsländern; s. DevArch. Nr. 42 Sp. 1362f., wo darauf hingewiesen ist,

den verschiedenartigsten Fällen von Verfügungen befassen und in verschiedenen Kapiteln des II. Teiles[31]). Endlich sei auf die vorhandene, zu dem Begriff Verfügung im Sinne der Devisenbestimmungen stellungnehmende Literatur hingewiesen[32]).

Die Frage, ob die Verfügung entgeltlich oder unentgeltlich erfolgt, ist im Devisenrecht ohne Bedeutung. Was die Person des Verfügenden betrifft, muß darauf hingewiesen werden, daß bei gegebenen Voraussetzungen (z. B. bei Forderungen) unter Umständen auch Dritte ebenso wie Gläubiger und Schuldner Verfügungen vornehmen können[33]). Dieser Gesichtspunkt ist namentlich für das Devisenstrafrecht von Bedeutung.

c) Verschiedentlich werden im Devisenrecht an den Begriff „Veräußerung" Rechtsfolgen angeknüpft. Dieser Begriff bedeutet grundsätzlich dasselbe wie Verkauf. Der Begriff wird offensichtlich im Devisenrecht nicht gleichmäßig angewandt. Während im Falle der §§ 17 und 20 unter Veräußerung der Verkauf zu verstehen sein wird, will § 25 Abs. 1 DevG. den Begriff Veräußerung der Übertragung des Eigentums oder eines sonstigen absoluten Rechtes an Wertpapieren gleichstellen[34]).

d) Der Begriff „zugunsten eines Ausländers", welcher häufig in Verbindung mit dem Begriffe „aushändigen" oder „verfügen" oder in den Fällen der §§ 15ff. DevG. in der Fassung „zugunsten eines Ausländers entstandenen Forderung" devisenrechtliche Bedeutung gewinnt, hat verschiedentlich zu Meinungsverschiedenheiten in Literatur und Rechtsprechung Anlaß gegeben. Hartenstein vertritt[35]) mit Recht im Interesse der Rechtssicherheit die Auffassung, daß die mit den Worten „zugunsten eines Ausländers" ausgedrückte Begünstigung eine solche im Rechtssinne und nicht nur im wirtschaftlichen Sinne sein muß[35a]).

Auch der hier mitzubehandelnde Begriff „aushändigen zugunsten eines Ausländers" hat noch immer keine genügende Klärung gefunden. Das Reichsgericht, 4. Strafsenat, Urteil vom 24. Jan. 1936, abgedr. in JW. 1936 S. 1051 und im DevArch. Nr. 7/1936 Sp. 263ff. hat sich

daß auch die Gewährung von Nachlässen auf Forderungen aus Dienstleistungen aus Anlaß der Abwertung genehmigungspflichtig ist und DevArch. Nr. 6/1937 Sp. 169 betreffend die Preisnachlässe bei Lieferungen nach Ländern, die nicht abgewertet haben.

[31]) Vgl. insbesondere Kap. 16 und 17 betreffend Belastungen von Grundbesitz und die Verfügung über Rechte an Grundstücken, Kap. 19 betr. Verfügungen im Familien- und Erbrecht und Kap. 20 betr. Verfügungen im Handels- und Gesellschaftsrecht.

[32]) Vgl. insbesondere Hartenstein S. 99ff. a. a. O. und vgl. in JW. 1935 S. 738ff., ferner Flad-Berghold A S. 23ff.

[33]) Vgl. hiezu Hartenstein in Note 8 zu § 9 DevG. S. 101 a. a. O.

[34]) Vgl. hiezu Hartenstein S. 161 a. a. O. Note 3 zu § 17 DevG. und S. 205 a. a. O. Note 2 zu § 25 DevG.

[35]) Vgl. Hartenstein S. 114 a. a. O. Note 5 zu § 11 DevG. betreffend den Begriff „zugunsten eines solchen" und Hartenstein in DevArch Nr. 5 Sp. 164, wo sich der Verfasser gegen die Verwässerung des Rechtsbegriffes der „zugunsten eines Ausländers entstandenen Forderung" wendet.

[35a]) So auch RG. 1. StrSen., Urt. vom 23. Febr. 1937. 1 D 819/36, abgedr. in DevArch. Nr. 24/1937 Sp. 711 ff.

dahingehend festgelegt, daß der Sachverhalt des „Aushändigens zugunsten eines Ausländers" rein äußerlich und tatsächlich zu beurteilen ist. Dieser Rechtsauffassung widersprechen Hartenstein und Turowski[36]), indem sie darauf hinweisen, daß dieser Begriff im Interesse einer sicheren Rechtsanwendung nicht verwischt werden dürfe.

e) Die Begriffe „versenden" und „überbringen":

Unter „versenden" versteht man das Hinüberschaffen von Gegenständen durch Vermittlung dritter Personen, gleichgültig wer dieselben sind, während der Vorgang des Überbringens darin besteht, daß man selbst, gleichgültig für wen, sei es für sich selbst oder für einen Dritten Werte über die Grenze bringt[37]). Belanglos ist, ob die Handlungen durch einen Inländer oder einen Ausländer vorgenommen werden[38],[39]).

Kapitel 4.

Der Verkehr mit Zahlungsmitteln[1]).

A. Begriff und Arten der Zahlungsmittel.

Anhaltspunkte für den Begriff der Zahlungsmittel gibt uns das DevG. in § 6 Abs. I DevG. Dort ist bestimmt, daß als Zahlungsmittel im Sinne dieses Gesetzes Geldsorten (Münzgeld, Papiergeld, Banknoten usw.), Auszahlungen, Anweisungen, Schecks und Wechsel zu gelten haben. Reichsmarknoten im Sinne des DevG. sind Reichsbanknoten, Rentenbankscheine und Privatbanknoten.

Eine genaue Beantwortung aller einschlägigen Fragen bezüglich des Begriffes der Zahlungsmittel läßt sich jedoch auf Grund des § 6 Abs. 1 DevG. nicht geben, da diese Bestimmung nicht abschließend ist. Dies ergibt sich auch schon aus der Fassung des § 6 Abs. 1, wo nur einzelne Beispiele von Zahlungsmitteln angeführt sind und aus dem Umstand, daß keine Voraussetzungen gegeben sind, welche darauf schließen lassen, daß die Aufzählung in § 6 Abs. 1 eine abschließende sein soll.

Eine feste Umschreibung des Begriffes Zahlungsmittel gibt uns Hartenstein[2]), wonach als Zahlungsmittel all das anzusehen ist, was im wirtschaftlichen Verkehr Geldfunktionen zu erfüllen bestimmt und in einem körperlichen Gegenstand verbrieft ist.

---

[36]) Vgl. DevArch. Nr. 7/1936 Sp. 264ff., wo die Ansicht von Hartenstein wiedergegeben, und JW. 1936 S. 1051f., wo die Ansicht von Turowski wiedergegeben ist.

[37]) Vgl. hierzu RG. in JW. 1935 S. 356ff. und 861ff. und JW. 1934 S. 2920, wo dargelegt ist, daß unter „Überbringen" auch das Hinüberschaffen über die Grenze zu eigenen Gunsten zu verstehen ist.

[38]) S. JW. 1934 S. 2920, wo das Reichsgericht festgestellt, daß auch Ausländer dem Verbote des Überbringens (gleiches muß für das Versenden gelten) unterliegen.

[39]) S. auch Fußnote 26 dieses Kapitels und die bez. der Versendung und Verbringung von Werten einschlägigen strafrechtlichen Ausführungen in Kap. 26 unter III.

[1]) Vgl. Hartenstein S. 54ff. a. a. O. Noten 2ff. zu § 6 DevG. und Flad-Bergbold A S. 14ff.

[2]) Vgl. Hartenstein S. 54 a. a. O.

Auf Grund der von Hartenstein gegebenen Begriffsbestimmung wird der Richter im Zweifel immer unterscheiden können, ob es sich um Zahlungsmittel handelt oder nicht. In Zweifelsfällen ergeben sich auch Anhaltspunkte in der vorhandenen Literatur und Rechtsprechung und in manchen Fällen hat die RStDB. selbst für die Klarstellung Sorge getragen[3]).

B. Gemeinsame Vorschriften für in- und ausländische Zahlungsmittel.

Für diese gilt allgemein das Versendungs- und Verbringungsverbot in das Ausland gemäß § 13 Abs. 1 DevG. Soweit es sich um die Versendung von Geldsorten handelt, ist das Verbot insofern verschärft, als diese (und zwar auch im Rahmen der Freigrenze des § 28 DevG.[4]) nur unter Beachtung der in § 13 Abs. 4 vorgeschriebenen Versendungsformen durch die Post in das Ausland versandt werden dürfen.

Soweit von dem Versendungsverbot Ausnahmevorschriften in den Richtlinien bestehen, ist auf diese in der Kommentierung zu § 13 DevG. hingewiesen.

C. Vorschriften für die Behandlung von ausländischen Zahlungsmitteln[5]).

Wegen des Begriffes sei auf Ri. I/2 verwiesen.

Bei der Behandlung der einschlägigen Vorschriften muß man folgendes unterscheiden:

I. § 9 Abs. 1 und § 29 Abs. 1 DevG. schaffen Erwerbsbeschränkungen für ausländische Zahlungsmittel. Diese dürfen gegen inländische Zahlungsmittel nur mit Genehmigung und auch mit dieser nur von der Reichsbank oder durch deren Vermittlung erworben werden. Keiner Erwerbsbeschränkung unterliegt mithin der sogenannte Devisenanfall, d. h. der Erwerb, der auf andere Weise, als durch inländische Zahlungsmittel erfolgt.

Die bestehenden Ausnahmefälle sind bei dem in Teil III abgedruckten Gesetzestext zusammengestellt.

---

[3]) Wegen des Begriffes Quittungen vgl. RE. 116/35; diese gelten nicht als Zahlungsmittel im Sinne des DevG. Wegen der Begriffe „Briefmarken" und „internationale Postantwortscheine" vgl. RE. 157/36 und die Abhandlung von Trier über „Briefmarken und internationale Postantwortscheine" in Nr. 39/1936 Sp. 1260ff. des Dev.-Arch. An den angeführten Stellen ist zum Ausdruck gebracht, daß auch Briefmarken und internationale Antwortscheine die Funktion von Zahlungsmitteln erfüllen können. Wegen der Frage, ob bei der Versendung von Geldscheinen der Vorkriegszeit ins Ausland Devisenvorschriften eingreifen können, vgl. DevArch. Nr. 35/1936 Sp. 1140ff., wo u. a. dargelegt ist, daß Devisenvorschriften dann eingreifen können, falls die Versendung der Noten etwa zu dem Zwecke erfolgt, um von Sammlern einen Preis zu erlösen. In diesem Falle greift jedoch nicht § 13 DevG. ein.

[4]) Vgl. Kap. 10 B I.

[5]) Siehe die in DevArch. Nr. 38, 1936 Sp. 1254 ff. abgedruckte Bekanntmachung des Reichsbankdirektoriums über den Verkehr mit ausländischen Zahlungsmitteln vom 31. Okt. 1936.

II. § 9 Abs. 2 unterwirft die Verfügung über ausländische Zahlungsmittel, die auf Grund Devisenanfalls erworben wurden, der Genehmigungspflicht. Ausländische Zahlungsmittel, die mithin auf Grund einer Genehmigung erworben wurden, dürfen zu dem Zwecke, zu dem sie gewährt wurden, ohne Genehmigung verwendet werden. Auch von dem Verfügungsverbote bestehen Ausnahmen. Darüber siehe die in Teil III beim § 9 erfolgte Zusammenstellung.

Zu I und II sei ergänzend hinzugefügt, daß die zum Erwerb nötige Genehmigung nicht die Genehmigungsfreiheit zur Verfügung über ausländische Zahlungsmittel seitens eines anderen ersetzt und umgekehrt.

III. Bezüglich der Anbietungspflicht von ausländischen Zahlungsmitteln vgl. Kap. 9.

IV. Wegen des Verbots der Termingeschäfte, des Kurszwangs und verschiedener ergänzender Vorschriften siehe §§ 30ff. DevG.

D. Vorschriften bezüglich der inländischen Zahlungsmittel[6]).

Bei der devisenrechtlichen Behandlung muß man unterscheiden zwischen

I. der Einfuhr,
II. der Ausfuhr,
III. dem Zahlungsverkehr im Inland.

I. Vorschriften, die für die Einfuhr von inländischen Reichsmarknoten und Scheidemünzen gelten:

Bezüglich der Einfuhr von anderen Zahlungsmitteln als Reichsmarknoten und inländischen Scheidemünzen bestehen keine devisenrechtlichen Beschränkungen. Für die Einfuhr dieser Werte gelten jedoch die Beschränkungen der §§ 1—5 der 3. DurchfVO., der §§ 1 und 2 der 5. DurchfVO. und der hierher gehörigen Ri. II/82 bis 85. Auf Grund dieser Bestimmungen ist folgendes auszuführen:

a) Grundsätzlich dürfen Reichsmarknoten und inländische Scheidemünzen nur mit Genehmigung aus dem Auslande oder den badischen Zollausschlußgebieten nach dem Inland eingesandt oder eingebracht werden (vgl. § 1 Abs. 1 Satz 1 der 3. DurchfVO. und § 1 der 5. Durchf.-VO. zum DevG.). Die Einfuhr ist jedoch in den Fällen des § 1 Abs. 1 S. 2 der 3. DurchfVO., sowie dieser Bestimmung i. V. mit § 1 der 5. DurchfVO. und der Ri. II/83—85 gestattet.

b) Für Reichsmarknoten und inländische Scheidemünzen, die dem vorstehenden Verbote zuwider eingeführt werden, gilt folgendes:

1. Der Empfänger von eingesandten Reichsmarknoten bzw. inländischen Scheidemünzen darf diese Werte nur mit Genehmigung für sich oder einen anderen als Erfüllung oder als Sicherheit für eine Forderung oder als Darlehen oder als Schenkung oder aus einem anderen Rechtsgrunde annehmen. Er hat den Empfang der Werte binnen drei Tagen unter Angabe des Namens und der Anschrift des

[6]) Vgl. hiezu insbesondere die Ausführungen von Flad-Bergholt unter A 142ff.

Absenders, soweit ihm dieser bekannt ist, der für ihn zuständigen Devisenstelle anzuzeigen[7]). Keine Anzeige ist nach II/85 der Ri. nötig.

2. Werden Werte der hier zu behandelnden Art eingebracht, so findet das unter 1 Ausgeführte entsprechende Anwendung, wenn der Empfänger der Werte oder derjenige, an den dieser im Auftrage des Einbringers eine Zahlung leistet, weiß, oder den Umständen nach annehmen muß, daß die Noten aus dem Auslande eingebracht worden sind. Als eingebracht im Sinne der hier einschlägigen Vorschriften gelten auch Reichsmarknoten, die an einen Ausländer im Inland entgegen dem § 1 Abs. 1 der 3. DurchfVO. bzw. des § 1 der 5. DurchfVO. i. V. m. § 1 Abs. 1 der 3. DurchfVO. zuwider eingesandt worden sind (vgl. § 2 Abs. 3 der 3. DurchfVO.)[8]).

II. Die Ausfuhr von Zahlungsmitteln in das Ausland. Hier ist auf das allgemein für Zahlungsmittel jeder Art unter B Ausgeführte hinzuweisen. Wegen der für Reichsmarknoten und inländische Scheidemünzen geltenden ergänzenden Vorschriften siehe Ri. II/27 und 27A.

III. Der Zahlungsverkehr mit inländischen Zahlungsmitteln im Inlande.

Hier greift in erster Linie § 11 Abs. 1 DevG. ein, wonach nur mit Genehmigung ein Inländer[9]) inländische Zahlungsmittel einem Ausländer[9]) oder zugunsten eines solchen einem Inländer im Inlande aushändigen[10]) darf. Diese Vorschrift behandelt nach ihrem Wortlaute nur die aktive Seite, nämlich das „Aushändigen". Aber auch die Empfangnahme von inländischen Zahlungsmitteln zugunsten eines Ausländers wird durch diese Vorschrift insofern erfaßt, als in ihr unter Umständen eine strafbare Beihilfe liegen kann, soweit nicht überhaupt andere Bestimmungen eingreifen, die ebenfalls die Empfangnahme von inländischen Zahlungsmitteln verbieten. Solche Vorschriften sind einmal die oben unter D I behandelten Bestimmungen über unzulässig eingeführte Reichsmarknoten und inländische Scheidemünzen, die Bestimmungen der §§ 9 und 11 Abs. 2 DevG. insoweit, als in der Empfangnahme von inländischen Zahlungsmitteln eine Verfügung über eine Forderung, sei es in in- oder ausländischer Währung, liegt und endlich der § 12 DevG., der unter anderem bestimmt, daß inländische Kreditinstitute, zu welchen auch die Postscheckämter gehören, Reichsmarkbeträge, die bei ihnen eingezahlt werden, bei dem von ihnen geführten Konto eines Ausländers nur mit Genehmigung gutschreiben dürfen[11]).

---

[7]) Vgl. § 2 Abs. 2 der 5. DurchfVO. zum DevG.

[8]) Wegen weiterer Einzelheiten, insbesondere der durch die oben erwähnten Vorschriften nicht geschaffenen Prüfungspflicht des Empfängers von inländischen Zahlungsmitteln siehe die Ausführungen in RE. 181/36, der auszugsweise in Teil III unter B I b abgedruckt ist.

[9]) Siehe Kap. 3 unter Ziff. B I.

[10]) Siehe Kap. 3 unter Ziff. B II d.

[11]) Wegen weiterer Einzelheiten siehe auch die in Kap. 5 behandelten Fragen über den Verkehr mit Forderungen und die bei dem in Teil III abgedruckten Gesetzestext angeführten Ausnahmebestimmungen.

Kapitel. 5.

Der Verkehr mit Forderungen[1]).

I. Begriff und Arten.

Forderungen im Sinne der Devisenvorschriften sind grundsätzlich nur auf Geldleistungen gerichtete Ansprüche. Es scheiden daher für die nachfolgenden Ausführungen insbesondere die Mitgliedschaftsrechte, gleichgültig, ob sie in Wertpapieren verkörpert sind oder nicht, aus. Soweit es sich um Forderungen i. S. von §§ 11 Abs. 2, 15, 18 Abs. 1 DevG. handelt, fallen unter diese auch die Hypotheken, Grund- und Rentenschulden; soweit es sich um Forderungen im Sinne von § 11 Abs. 2 des DevG. handelt, fallen unter diese auch Eigentümergrundschulden (vgl. Ri. II/15). Eine Einschränkung findet der Begriff Forderungen, soweit es sich um die Anbietungspflicht handelt; denn gemäß § 5 Abs. 2 der DurchfVO. zum DevG. gelten **nicht** als Forderungen im Sinne des § 1 der DurchfVO. Forderungen aus Versicherungs- oder Rückvergütungsprämien, sowie solche andere Forderungen aus Versicherungs- oder Rückversicherungsverträgen, die noch nicht fällig sind.

Bei der devisenrechtlichen Behandlung der Forderungen unterscheidet man einmal zwischen Forderungen in inländischer und ausländischer Währung. Was unter Forderungen in in- bzw. ausländischer Währung zu verstehen ist, ergibt sich aus § 6 Abs. 2 DevG., aus Ri. I/3 und, soweit es sich um die Anbietungspflicht handelt, aus § 5 Abs. 1 der DurchfVO. Weiter wird man bei der Behandlung auseinanderhalten müssen, wem die Forderungen zustehen bzw. für wen sie begründet werden sollen; soweit es sich um Forderungen handelt, die Ausländern zustehen, wird auch der Entstehungsgrund bzw. die Entstehungszeit untersucht werden müssen[2]).

II. Vorschriften bei der Begründung von Forderungen in in- und ausländischer Währung.

Man muß hier unterscheiden

a) die Begründung von Forderungen eines Inländers[3]) gegen einen Ausländer[3]) und

b) die Begründung von Forderungen eines Ausländers gegen einen Inländer,

c) die Begründung von Forderungen eines Ausländers gegen einen Ausländer.

---

[1]) Vgl. die Ausführungen von Hartenstein S. 57 ff. a. a. O. zu § 6 Abs. 2 DevG., S. 98 ff. zu §§ 9 ff., JW. 1935 S. 737 ff., „Das neue Devisenrecht", II. Teil, Flad-Bergholz A S. 16 und 23 ff., Bemerkungen zu § 6 Abs. 2 und § 9 ff.

[2]) Vgl. § 11 Abs. 2 einerseits und §§ 15 ff. anderseits und die Unterscheidungen in den folgenden Ausführungen.

[3]) Bezüglich dieses Begriffes s. Kap. 3 unter Ziff. B I.

Zu a:

Die Begründung von Forderungen eines Inländers gegen einen Ausländer unterliegt grundsätzlich keinen devisenrechtlichen Beschränkungen. Die Entstehung von Forderungen, insbesondere durch Export gegen Ausländer ist nur erwünscht. Einschränkungen ergeben sich jedoch auf Grund des § 14 DevG., wonach die Gewährung von Krediten, gleichgültig in welcher Währung, an Ausländer nur mit Genehmigung erfolgen darf.

Was unter Krediteinräumung zu verstehen ist, ergibt sich aus § 14 DevG. und Ri. II/31ff. Über die für Richter und Notare besonders bedeutsamen Fälle wird an einschlägiger Stelle in verschiedenen Kapiteln des II. Teiles Näheres gebracht werden[4]).

Zu b.

Auch die Begründung von Forderungen eines Ausländers gegen einen Inländer unterliegt im allgemeinen keinen Beschränkungen[5]). Solche bestehen nur auf Grund des § 37 DevG., welcher die Kreditwürdigkeit des Deutschen Reiches im Ausland sicherstellen will und auf Grund des § 12 DevG., nach welcher Bestimmung nur mit Genehmigung auf einem bei einem inländischen Kreditinstitut geführten Konto eines Ausländers Reichsmarkbeträge, die aus Bareinzahlungen, Überweisungen oder sonstigen Vergütungen eines Inländers stammen, gutgeschrieben werden dürfen. Wegen der Ausnahmevorschriften von § 12 DevG. s. die Zusammenstellung bei dem in Teil III abgedruckten Gesetzestext.

Zu c.

Grundsätzlich können hier keine Einschränkungen Platz greifen; da jedoch gemäß Ri. II/15 als Forderungen im Sinne von § 11 Abs. 2 usw. auch Hypotheken usw. gelten, ergeben sich bei Bestellung von dinglichen Rechten an inländischem Grundbesitz unter Ausländern devisenrechtliche genehmigungspflichtige Tatbestände[6]).

III. Die Behandlung von Forderungen in ausländischer Währung.

a) Die Erwerbs- und Verfügungsbeschränkungen. Hier greifen im wesentlichen die gleichen[7]) Rechtsgrundsätze ein, wie sie für den Ver-

---

[4]) S. vor allem Kap. 16 bezüglich der Bestellung von dinglichen Rechten an Grundstücken.

[5]) Siehe Hartenstein S. 775 a. a. O., wo unter Note 6 bemerkt ist, daß die Aufnahme eines Valutadarlehens durch einen Inländer bei einem Ausländer als solche keinerlei Genehmigung bedarf, einerlei ob die Devisen im Ausland oder im Inland zur Verfügung gestellt werden. Devisenrechtliche Beschränkungen treten erst bei der Verfügung über dieses Darlehen auf.

[6]) S. Kap. 16.

[7]) S. oben Kap. 4 unter Ziff. C; s. auch die ebenfalls hier anwendbaren Bestimmungen bez. der Terminsgeschäfte und des Kurszwanges gem. §§ 30 ff. DevG. (und oben in Kap. 4C IV).

kehr mit ausländischen Zahlungsmitteln gelten, d. h. die Verfügung [8]) und der Erwerb [9]) gegen inländische Zahlungsmittel dürfen nur mit Genehmigung erfolgen.

Die einschlägigen Ausnahmebestimmungen zu § 9 DevG. finden sich bei dem in Teil III abgedruckten Gesetzestext.

b) Bezüglich der Anbietungsvorschriften, die für ausländische Zahlungsmittel gelten, ist auf die zusammenfassenden Ausführungen in Kap. 9 zu verweisen.

IV. Die Behandlung von Forderungen in inländischer Währung.

a) Verfügungsbeschränkungen [10]).

1. Allgemeine Regelung.

Hier greift § 11 Abs. 2 DevG. ein, nach welchem nur mit Genehmigung über Forderungen, die auf Reichsmark oder Goldmark lauten, zugunsten eines Ausländers [11]) verfügt werden darf. Nach dem Wortlaut dieser Bestimmung werden also nur Verfügungen zugunsten eines Ausländers, also nicht Verfügungen zugunsten eines Inländers erfaßt [12]). Dagegen ist bei der Anwendung des § 11 Abs. 2 DevG. kein Unterschied zu machen, ob die Forderung, über die verfügt wird, einem Inländer oder einem Ausländer zusteht und ob der Schuldner der Forderung ein Inländer oder ein Ausländer ist [13]).

2. Besondere Vorschriften bestehen für die sogenannten gesperrten Forderungen [14]) der §§ 15—20 DevG. [15]). Für die rechtliche Behandlung dieser Forderungen sei vorbehaltlich der im Anhang zu diesem Kapitel gemachten Ausführungen bez. der verschiedenen Arten von Ausländerguthaben bei inländischen Kreditinstituten folgendes zusammenfassend erwähnt:

Gegenüber den unter 1 behandelten Forderungen unterliegen die hier zu behandelnden Forderungen verschärften Bestimmungen. Vor

---

[8]) S. oben Kap. 3 unter Ziff. B II b und die Ausführungen bei Hartenstein S. 100 ff., wo die wichtigsten auftretenden Fälle erörtert sind.

[9]) S. oben Kap. 3 unter Ziff. B II a.

[10]) Wegen der besonderen für den Hypotheken- und Grundstücksverkehr einschlägigen Fragen s. Kap. 17.

[11]) S. Kap. 3 unter Ziff. B II d.

[12]) Genehmigungsfrei sind daher die Verfügungen, die darin bestehen, daß ein Ausländer seine Forderung an einen Inländer abtritt (anders liegt der Fall bei den Forderungen der unter Ziff. 2 behandelten Art).

[13]) Beachte jedoch die von diesem Grundsatze bestehende Ausnahme in Ri. II/19. Wegen der weiteren zahlreichen Ausnahmevorschriften s. die Zusammenstellung in Teil III bei dem dort abgedruckten Gesetzestext.

[14]) Der Begriff Sperrforderungen (vgl. Ri. I/1) ist gegenüber dem Begriff Sperrguthaben der weitere; unter die letzteren fallen nur solche Sperrforderungen, die sich gegen ein inländisches Kreditinstitut wenden (vgl. Ri. I/1). Die Zusammenstellung der verschiedenen Sperrguthaben erfolgt im Anhang zu diesem Kapitel.

[15]) Neben den in §§ 15—20 DevG. erfaßten Sperrforderungen sei noch auf die alten Fremdwährungsforderungen nach § 9 Abs. 2 DevG. i. V. mit Ri. II/1 und die Forderungen eines Ausländers gegen die Konversionskasse für deutsche Auslandsschulden (§ 23 DevG.) hingewiesen.

allem ist darauf hinzuweisen, daß bei letzteren grundsätzlich jede Verfügung, gleichgültig zu wessen Gunsten sie erfolgt, genehmigungspflichtig ist. Weitere Einschränkungen gegenüber den in § 11 Abs. 2 erfaßten Forderungen ergeben sich aus den für §§ 15ff. DevG. geltenden Richtlinien, welche gegenüber den für § 11 Abs. 2 geltenden Richtlinien wesentlich geringere Erleichterungen vom Genehmigungszwang bringen[16]).

b) Wegen der Anbietungspflicht von Forderungen in inländischer Währung s. die Ausführungen in Kap. 9.

Anhang zu Kapitel 5[1]).

Die Ausländerguthaben unter besonderer Berücksichtigung der Sperrguthaben und Sonderkonten.

Im Kapitel 5 wurden die rechtlichen Grundlagen für die devisenrechtliche Behandlung von Forderungen aufgezeigt. Dabei wurde unter IV a 2 auf die für gesperrte Forderungen geltende gesetzliche Sonderregelung hingewiesen. Unter diese gesperrten Forderungen gehören die bereits unter Fußnote 14 von Kapitel 5 näher umschriebenen Sperrguthaben, welche im Gegensatz zu dem kleinen Kreis der freien Guthaben stehen. Die letzteren zerfallen in freie Währungsguthaben (vgl. Ri. II/1 und die Umschreibung in Ri. I/1) und die freien Reichsmarkguthaben (vgl. Ri. II/12 und die Umschreibung in Ri. I/1). Die ersteren umfassen, wenn man den Begriff Sperrguthaben im weiteren Sinne nimmt[2]), insbesondere die Sperrguthaben (im engeren Sinne) und die Sonderkonten[3]).

Wegen der großen devisenwirtschaftlichen Bedeutung der beiden letzterwähnten Arten von Ausländerguthaben soll über diese noch das Nachfolgende kurz bemerkt werden:

I. Die Sperrguthaben (im engeren Sinne).

a) Man unterscheidet folgende Arten:

1. Altguthaben,
2. Auswandererguthaben,
3. Wertpapiersperrguthaben, wobei man zu unterscheiden hat, ob diese aus Alt- oder Neubesitz herrühren,
4. Kreditsperrguthaben,

---

[16]) Wegen der weiteren (mehr wirtschaftlichen) Unterschiede zwischen den Forderungen der in § 11 Abs. 2 DevG. und §§ 15 ff. DevG. behandelten Art siehe die auch für Sperrforderungen allgemein sinngemäß Anwendung findenden, im Anhang zu diesem Kapitel gemachten Ausführungen über Entstehung und Verwendungsmöglichkeiten der Sperrguthaben.

[1]) Vgl. vor allem Baer in DevArch. Nr. 19, 1936 Sp. 644 ff. über „Ausländerkonten bei Kreditinstituten", Raab in DevArch. „Die neue Reisemark" in Nrn. 5/6, 1936 Sp. 168 ff. und 226 ff., Fabricius in DevArch. Nr. 26 Sp. 866 ff. über „Ausländer-Inkasso-Konten"; siehe ferner die Ausführungen von Wilmanns S. 92 ff. a. a. O. und Urbanek S. 59 ff.

[2]) Vgl. die Ausführungen von Urbanek S. 59 a. a. O.

[3]) Wegen der Begriffsbestimmung s. Ri. I/1.

5. Sortensperrguthaben,
6. die Registerguthaben,
7. die Guthaben bei der Konversionskasse,
8. die Tilgungssperrguthaben.

b) Über die Entstehungsart der unter 1—5 und 8 erwähnten Guthaben geben uns die in Ri. I/1 enthaltenen Begriffsbestimmungen näheren Aufschluß. Bei den Registerguthaben handelt es sich um die durch Reichsmarkrückzahlungen an die Reichsbank für Rechnung der „Treuhandgesellschaft von 1933" (vgl. Ri. I/11 Abs. 1) auf Grund der Stillhalteabkommen (darüber s. die Begriffsbestimmung in Ri. I/1 und § 4 DevG.) entstandenen Guthaben, bei den Konversionskassenguthaben um Guthaben bei der Konversionskasse, entstehend durch Einzahlungen von Erträgnissen und regelmäßigen Tilgungsbeträgen inländischer Vermögensanlagen eines Ausländers. (Wegen des Überganges von Konversionskassenguthaben zum Tilgungssperrguthaben siehe RE. 163/35).

c) Bezüglich der Verwendungsmöglichkeiten[4]) ist zunächst auf die Richtlinien und die einschlägigen Runderlasse zu verweisen. Vor allem sei, soweit es sich um die unter a 1—5 aufgeführten Guthaben (vgl. aber die Einschränkung bez. der Wertpapiersperrguthaben) handelt, auf die gemeinsamen Verwendungsmöglichkeiten nach Ri. II/53ff. und den für die Anlage von Sperrguthaben bedeutsamen RE. 241/35[5]) hingewiesen. Wegen der Auflösung von Sperrguthaben auf dem Wege über Sonderkonten (beispielsweise der Registerguthaben)[6]) siehe die Ausführungen unter II dieses Anhanges.

Wegen weiterer Einzelheiten s. die unter Fußnote 1 erwähnte Literatur.

II. Die Sonderkonten[3]).

a) Hierher gehören vor allem die in Ri. II/55 Abs. 1, IV/48 Abs. 5 und IV/51 erwähnten Sonderkonten, welche Verwertungsmöglichkeiten für die geschuldeten gesperrten Kapitalien und wiederkehrenden Leistungen geben. Daneben seien die Reiseverkehrssonderkonten, welche eine Verwertung der Registerguthaben, die Sonderkonten gemäß Ri. IV/57, welche eine Verwertung der Auswandererguthaben und die Sonderkonten gemäß Ri. IV/52 und 54, die eine Verwertung von laufenden Bezügen (Pensionen, Renten usw.) ermöglichen, angeführt. Neben diesen Sonderkonten, welche mit Ausnahme des Sonderkontos nach Ri. IV/52 und 54 die Auflösung[7]) von Sperrguthaben der unter I behandelten Art zum Gegenstand haben, seien noch erwähnt die Ausländersonderkonten für Inlandszahlungen, d. h. Reichsmarkguthaben

---

[4]) Hier wird grundsätzlich nur auf die mehr wirtschaftlichen Möglichkeiten hingewiesen. Bezüglich der rechtlichen Behandlung gilt das in Kap. 5 unter IVa 2 Ausgeführte.

[5]) Abgedr. in Teil III unter Ziff. B II a 3.

[6]) S. die in Fußnote 1 erwähnte Abhandlung von Raab.

[7]) S. die Ausführungen unter Ic am Ende.

eines Ausländers bei einer Devisenbank, die durch Bezahlung eingeführter Waren entstanden sind und über die im Rahmen der Bestimmungen von Ri. IV/14 ohne Genehmigung verfügt werden darf (vgl. Ri. I/1), die Ausländerinkassokonten gem. Ri. IV/13[8]), wobei den letzteren nur beschränkt die Natur von Sonderkonten zuzuerkennen ist, da das kontoführende Kreditinstitut die eingezahlten Beträge ohne besondere Genehmigung nur an die Deutsche Verrechnungskasse weiterleiten darf und andere Zahlungen mit Ausnahme gewisser Nebenkosten für Rechnung des Kontoinhabers nicht ohne Genehmigung erfolgen dürfen und endlich das Sonderkonto der ausländischen Versicherungsunternehmungen gem. Ri. IV/38.

b) Gemeinsam läßt sich bezüglich der unter a zusammengestellten Konten sagen: Grundsätzlich bedarf die Errichtung der Sonderkonten (vgl. die Ausnahme von Ri. IV/54 Abs. 4) einer Genehmigung der Devisenstelle. Entsprechend dem aus der Begriffsbestimmung der Sonderkonten (vgl. Ri. I/1) zu entnehmenden Wesen derselben läßt sich ersehen, daß über die auf diesen befindlichen Guthaben in dem durch die Richtlinien oder die Genehmigungen der Devisenstelle festgelegten Rahmen zu Zahlungen im Inlande für eigene Rechnung des Kontoinhabers ohne Genehmigung verfügt werden darf. Nach dem Gesagten handelt es sich für Richter und Notare (für die ersteren im Zivil- und Strafprozeß, für die letzteren namentlich als Treuhänder und Vermögensverwalter) hier vor allem darum, auf Grund der verschiedenen Arten der Sonderkonten unter Berücksichtigung der Genehmigungen und der Richtlinien festzustellen, wozu diese berechtigen, ob und zu welcher Leistung und in welcher Form eine Verurteilung des Schuldners erfolgen darf[9]).

Kapitel 6.

Der Verkehr mit Wertpapieren[1]).

A. Begriff und Arten der Wertpapiere.

I. Begriff.

Unter Wertpapieren versteht man im allgemeinen Rechtleben jene Papiere, deren Innehabung zur Ausübung des in ihnen verbrieften Rechtes notwendig ist. Die Devisenbestimmungen kennen einen so

---

[8]) S. die in Fußnote 1 erwähnte Abhandlung von Fabricius.

[9]) Wegen weiterer Einzelheiten siehe die in Fußnote 1 erwähnte Literatur; wegen der besonders für den Notar im Rahmen des Grundstücks- und Hypothekenverkehrs bedeutsamen Fragen siehe Kap. 18 unter A II.

[1]) Siehe Hartenstein Note 18 ff. zu § 6 DevG. S. 61 a. a. O. und S. 180 ff. zu §§ 21 ff. DevG., Flad-Berghold A S. 15 ff. zu § 6 DevG. und Vorbemerkungen zu §§ 21 ff. DevG., A S. 44 ff., Kühne in JW. 1934 S. 2013 ff. und 2098 ff. über „Devisengesetzgebung und Wertpapierverkehr" der gleiche in DevArch. Nr. 17 und 18 Sp. 580 ff. und 622 ff. über „Der Wertpapierverkehr im Devisenrecht".

weiten Begriff der Wertpapiere nicht. Wertpapiere im Sinne des Devisenrechtes sind vielmehr nur solche, die ihrem Wesen nach für den Börsenhandel in Frage kommen. Nach dem Gesagten sind daher Wertpapiere insbesondere: Inhaberschuldverschreibungen, Aktien, Kuxen usw.; ferner auf Grund ausdrücklicher Bestimmung von Ri. I/4 die Zins- und Gewinnanteilsscheine. Dagegen sind keine Wertpapiere die meisten Orderpapiere, insbesondere die Wechsel und Schecks, die Sparkassenbücher, Legitimationspapiere und auf Grund ausdrücklicher Bestimmung von Ri. I/4 Abs. 1 die im § 363 HGB. genannten Urkunden und die Hypotheken, Grund- und Rentenschuldbriefe[2]).

II. Arten von Wertpapieren.

a) Ausländische Wertpapiere[3]):

Hier muß man unterscheiden:

1. ausländische Wertpapiere, die auf eine beliebige Währung lauten und an keiner deutschen Börse zum amtlichen Handel oder zum Freiverkehr zugelassen sind (reine ausländische Wertpapiere), gem. § 21 Abs. 1 DevG.;

2. ausländische Wertpapiere, die auf eine beliebige Währung lauten, aber an einer deutschen Börse zum amtlichen Handel oder zum Freiverkehr zugelassen sind (sog. ausländische Arbitragepapiere), gem. § 21 Abs. 2 DevG. und der 8. DurchfVO. zum DevG.

b) Inländische Wertpapiere[3]):

Hier hat man zu unterscheiden:

1. Wertpapiere, die auf Reichsmark, Goldmark oder einen Sachwert lauten. Bei diesen kann man wieder unterscheiden:

aa) inländische Wertpapiere der im § 22 Abs. 2 DevG. behandelten Art[4]);

bb) die im § 23 DevG. behandelten unverzinslichen Schuldscheine der Konversionskasse für deutsche Auslandsschulden (sog. Skrips);

cc) sonstige inländische Wertpapiere, die also nicht Sonderregelungen unterworfen sind, und für welche nur die im DevG. für Wertpapiere allgemein geltenden Vorschriften zu beachten sind[5]).

2. Wertpapiere, die auf eine ausländische Währung lauten:

aa) Die Wertpapiere der in § 22 Abs. 1 DevG. bezeichneten Art, nämlich die ausschließlich oder wahlweise auf eine ausländische Währung lautenden Wertpapiere, die nicht an einer deutschen Börse zum Handel zugelassen sind[6]);

---

[2]) Wegen der nicht durch Wertpapiere verbrieften Anteilsrechte an Gesellschaften und Körperschaften s. § 24 DevG. und die Ausführungen im Anhang zu diesem Kapitel.

[3]) Vgl. § 6 Abs. 3 S. 1 DevG.; ausländische Wertpapiere sind von einem Ausländer (wegen dieses Begr. s. oben Kap. 3 unter Ziff. B I) ausgestellte, inländische Wertpapiere sind von einem Inländer (s. oben Kap. 3 unter Ziff. B I) ausgestellte Wertpapiere.

[4]) Die von den deutschen Hypothekenbanken ausgegebenen Auslandsmarktpfandbriefe.

[5]) Vgl. bes. §§ 25 ff. DevG. § 13 DevG., § 1 Abs. 2 Ziff. 5 DurchfVO. zum DevG.

[6]) Die sog. deutschen Auslandsbonds.

bb) die im § 23 DevG. behandelten verzinslichen Schuldverschreibungen für deutsche Auslandsschulden (sog. Fundierungsbonds).

B. Behandlung der Wertpapiere.

Der Verkehr mit Wertpapieren unterliegt einer Reihe von Beschränkungen.

I. Beschränkungen beim Erwerb[7]).

Diese finden sich in den §§ 21 ff. DevG. und in der 8. DurchfVO. zum DevG.[8]) nebst der auf Grund dieser VO. erlassenen Bekanntmachung der RStDB. über den Handel mit ausländischen Wertpapieren vom 27. Febr. 1937[8]):

Darnach sind mangels vorliegender Genehmigung verboten der Erwerb der in §§ 21 Abs. 1 und 2, 22 Abs. 1[9]) und 2[10]), 23 und 25 Abs. 1 DevG. bezeichneten Art. Soweit es sich um Werte der in § 21 Abs. 2 DevG. bezeichneten Art handelt, stützt sich die Genehmigungspflicht auf die 8. DurchfVO. zum DevG. i. V. m. der Bekanntmachung der RStDB. über den Handel mit ausländischen Wertpapieren vom 27. Febr. 1937.

Die §§ 21 Abs. 1 und 2, 22 Abs. 1 und 23 DevG. verbieten allgemein

---

[7]) Bezüglich des Begriffes Erwerb sei auf die Ausführungen in Kap. 3 unter Ziff. B IIa und § 7 DevG. verwiesen. Daneben sei noch ausdrücklich folgendes bemerkt:

Die §§ 21 ff. stellen es für die Begründung der Genehmigungspflicht immer auf die Entgeltlichkeit, d. h. des gegen irgend eine Gegenleistung (nicht bloß Geld) erfolgenden Erwerbes ab; wegen der Bedeutung der Unentgeltlichkeit des Erwerbes von Wertpapieren für die Anbietungspflicht s. § 1 Abs. 2 Ziff. 5 der DurchfVO. Soweit der Erwerb für fremde Rechnung erfolgt (Kommissionsgeschäft) unterliegt er den gleichen devisenrechtlichen Beschränkungen wie im Falle des Erwerbs für eigene Rechnung. Als Erwerb im Sinne der §§ 21 ff. DevG. gilt nur der Erwerb des Eigentums. Kein Erwerb von Wertpapieren liegt daher beim Erwerb von sonstigen dinglichen Rechten an Wertpapieren vor (vgl. aber hierzu § 25 Abs. 2 DevG.); wegen des Erwerbes von Ansprüchen auf Übereignung von Wertpapieren s. § 7 Abs. 2 DevG. Wegen der Beschränkungen für den Besitz und die Übertragung des Besitzes von Wertpapieren s. die Ausführungen unter Ziff. IIIb dieses Kap.

[8]) Abgedr. in Teil III unter Ziff. A 9 und 9a.

[9]) Von den in § 22 Abs. 1 behandelten deutschen Auslandsbonds befindet sich (auch schon vor der Devisenbewirtschaftung) ein großer Teil im Besitze von Inländern. Hier bestand und besteht ein großes Interesse an der Befreiung von den bestehenden Beschränkungen. Diesem Bedürfnis wurde durch das sogenannte Zertifizierungsverfahren entsprochen, dessen Wesen darin besteht, daß der Eigentümer eine Bescheinigung erhält, die ihn berechtigt, das Stück im Inlande ohne Genehmigung zu veräußern. Auch zum Erwerb solcher zertifizierter Inlandsbonds bedarf es keiner Genehmigung (vgl. Kühne im DevArch. 1936 Sp. 624). Wegen der einzelnen einschlägigen Bestimmungen und Erlasse s. Hartenstein S. 194 ff. zu § 22 DevG., S. 898 ff. und Hartenstein Nachtrag S. 59 f. a. a. O. S. auch die Ausführungen in Teil II Kap. 17 unter Fußnote 11.

[10]) Eine Aufzählung der unter § 22 Abs. 2 fallenden, von den deutschen Hypothekenbanken ausgegebenen Auslandsmarkpfandbriefen erfolgt im Gesetz nicht. S. aber die Bemerkungen bei Hartenstein S. 198 zu § 22 DevG. a. a. O. und die Bekanntmachungen des Reichswirtschaftsministers vom 17. Mai 1933, deutscher Reichsanzeiger Nr. 117 und vom 31. Jan. 1935, Deutscher Reichsanzeiger Nr. 27.

jeden entgeltlichen Erwerb, gleichgültig ob er sich unter In- oder Ausländern abspielt; § 22 Abs. 2 verbietet Inländern den entgeltlichen Erwerb der dort behandelten Wertpapiere von einem Ausländer, § 25 Abs. 1 verbietet Inländern mit Ausnahme von Devisenbanken den Erwerb von Wertpapieren allgemein, wenn er von Ausländern abgeleitet wird. § 25 Abs. 4 DevG. verbietet abschließend die Inzahlungnahme[11]) von Wertpapieren seitens eines Inländers von einem Ausländer.

II. Verfügungsbeschränkungen[12]).

Hier ist zunächst auf die Verfügungsbeschränkungen der in §§ 21 Abs. 1 und 2, 22 Abs. 1 und 23 DevG. bezeichneten Art hinzuweisen. Soweit es sich um Werte der in § 21 Abs. 2 bezeichneten Art handelt, stützt sich die Genehmigungspflicht auf die 8. DurchfVO. zum DevG. i. V. m. der unter I. erwähnten Bekanntmachung der RStDV. vom 27. Febr. 1937. Weiter besteht das Veräußerungsverbot des § 25 Abs. 1 DevG., das für alle Arten von Wertpapieren gilt. § 25 Abs. 2 DevG. endlich unterwirft die Bestellung eines Pfandrechtes oder von Sicherungseigentum an Wertpapieren durch einen Ausländer zugunsten eines Inländers der Genehmigungspflicht[13]).

III. Sonstige Beschränkungen.

a) Beschränkungen bezüglich der Versendung von Wertpapieren.

Hier greift § 13 DevG. ein, wonach Wertpapiere nur mit Genehmigung ins Ausland oder die badischen Zollausschlüsse versandt oder überbracht werden dürfen.

b) Beschränkungen des Depotgeschäftes.

Diese finden in § 26 DevG. ihre gesetzliche Regelung. § 26 DevG. schafft neben den unter I. und II. zusammengestellten Erwerbs- und Verfügungsbeschränkungen in gewissen Grenzen auch Beschränkungen beim Wechsel des tatsächlichen Gewahrsams.

In diesem Rahmen ist auf die Vorschriften der 7. DurchfVO. zum DevG.[14]), [15]) hinzuweisen, durch welche der Depotzwang für die ausländischen Wertpapiere der in § 21 Abs. 2 und 3 DevG. bezeichneten Art eingeführt wurde.

---

[11]) Wegen dieses Begriffes s. Kap. 3 unter Ziff. B IIa.

[12]) Wegen dieses Begriffes s. die Ausführungen in Kap. 3 unter Ziff. II b und § 7 DevG. Die Besitzübertragung ist keine Verfügung (vgl. jedoch auch die Ausführungen unter Ziff. IIIb dieses Kapitels, woraus ersichtlich ist, daß auch die Besitzübertragung von Wertpapieren devisenrechtlichen Beschränkungen unterliegt.

[13]) Wegen des umgekehrten Falles, also der Bestellung eines Pfandrechtes oder Sicherungseigentum an Wertpapieren durch einen Inländer zugunsten eines Ausländers s. § 14 Abs. 2 DevG.

[14]) Abgedr. in Teil III unter Ziff. A 8.

[15]) Vgl. hierzu auch die 1., 2. u. 3. Bekanntmachung der RStDV. über die Verwahrung ausländischer Wertpapiere vom 20. und 30. Nov. 1936 und 14. Juni 1937, veröffentlicht im Deutschen Reichsanzeiger Nr. 271 und 279 vom 20. und 30. Nov. 1936 und Nr. 133 vom 14. Juni 1937.

c) Beschränkungen zum Zwecke der Wertpapiernummernkontrolle.

Diese strebt die Vermeidung von illegalen Wertpapierverkäufen durch Ausländer im Inlande an und will die Umgehung von § 20 DevG. verhindern. Die einschlägigen Vorschriften finden sich in § 27 DevG. und in verschiedenen ergänzenden Richtlinien, insbesondere Ri. II/29 und II/28d und f.

d) Wegen der Anbietungspflicht siehe die zusammenfassenden Ausführungen im Kapitel 9.

Anhang zu Kapitel 6.

Der Verkehr mit den nicht durch Wertpapiere verbrieften Rechten an Gesellschaften und Körperschaften[1]).

I. Begriff.

Unter die nicht durch Wertpapiere verkörperten Gesellschaftsrechte, die in § 24 DevG. ihre rechtliche Behandlung finden, fallen, soweit es sich um Anteilsrechte an inländischen[2]) Gesellschaften handelt, vor allem Rechte, die sich aus der Mitgliedschaft bei einer G. m. b. H.[3]), OHG., KG. und der Gesellschaft des BGB. ergeben. Soweit es sich um Rechte an ausländischen[2]) Gesellschaften handelt, seien besonders die shares der englischen privaten Companies erwähnt.

II. Rechtliche Behandlung:

Gemeinsam für die inländischen und ausländischen Gesellschaftsrechte gilt § 24 S. 2 DevG., wonach die Verfügung über die hier zu behandelnden Rechte zugunsten[4]) eines Ausländers[2]) der Genehmigung bedarf. Soweit es sich um inländische Anteilsrechte eines Ausländers handelt und dieser zugunsten eines Ausländers verfügen will, entfällt gemäß Ri. II/65 die Genehmigungspflicht nach § 24 S. 2 DevG. Handelt es sich um Anteilsrechte an ausländischen Gesellschaften und Körperschaften, so bedarf der entgeltliche Erwerb der Genehmigung (§ 24 S. 1 DevG.)[5]).

---

[1]) Vgl. Hartenstein S. 202 ff. a. a. O. zu § 24 DevG.; Flad-Berghold A S. 54 f. zu § 24 DevG.

[2]) Vgl. die Ausführungen in Kap. 3 unter Ziff. B I bezüglich der Begriffe Inländer und Ausländer.

[3]) Vgl. Hartenstein Note 18 zu § 6 DevG. S. 61 a. a. O. Dort ist ausgeführt, daß Geschäftsanteile an Gesellschaften mit beschränkter Haftung auch dann nicht als Wertpapiere zu behandeln sind, wenn über sie Anteilsscheine ausgestellt worden sind; sie fallen also immer unter § 24 DevG.

[4]) Vgl. die über diesen Begriff gemachten Ausführungen in Kap. 3 unter Ziff. B II d.

[5]) Es bedarf also auch der Erwerb durch Sacheinlagen der Genehmigung.

Kapitel 7.

Der Verkehr mit Gold und Edelmetallen.

A. Der Verkehr mit Gold[1]).

I. Begriff und Abgrenzung.

Im Devisenrecht ist zu unterscheiden zwischen den in Kurs befindlichen Goldmünzen und der Ware Gold.

Soweit es sich um in Kurs befindliche Goldstücke handelt, ist das oben in Kapitel 4 über Zahlungsmittel Ausgeführte zu beachten. Hier soll nur Gold als Ware behandelt werden.

Die Begriffsbestimmung findet sich in § 6 Abs. 4 DevG., wo bestimmt ist, daß als Gold im Sinne der Devisenbestimmungen außer Kurs gesetzte Goldmünzen[2]), Feingold und legiertes Gold, roh oder als Halbfabrikat anzusehen ist.

II. Die für Gold geltenden devisenrechtlichen Beschränkungen.

a) Verfügungs- und Erwerbsbeschränkungen.

Diese sind in § 10 DevG. verankert, wo bestimmt ist, daß sowohl der Erwerb[3]), als auch die Verfügung[4]) über Gold genehmigungspflichtig sind. Aus der Fassung dieser Bestimmung ergibt sich, daß jeder Erwerb, gleichgültig, ob er von einem In- oder Ausländer hergeleitet wird, ob er entgeltlich oder unentgeltlich erfolgt, immer der Genehmigung bedarf.

Daneben ist § 11 Abs. 1 DevG. zu beachten, wonach die Aushändigung von Gold an einen Ausländer oder zugunsten[5]) eines solchen an einen Inländer im Inland genehmigungspflichtig ist.

b) Versendungsbeschränkungen:

Hier gilt grundsätzlich das gleiche, was oben in Kap. 4 B über die Versendung[6] von Zahlungsmitteln ausgeführt wurde (vgl. § 13 DevG.). Daneben ist die ergänzende Bestimmung des § 4 der 5. DurchfVO. zum DevG. zu beachten, wonach als Gold[7]) i. S. von § 13 DevG. auch solche ganz oder teilweise aus Gold hergestellte Halb- und Fertig-

---

[1]) Vgl. Hartenstein, insbesondere die Ausführungen zu § 10 DevG. S. 109 f., Flad-Bergholb A S. 25 f. zu § 10 DevG. Hartenstein in DevArch. Nr. 15 Sp. 506 f. in seiner Abhandlung zur 5. DurchfVO.; Krebs, „Der Verkehr mit Gold nach den bestehenden Devisenvorschriften" und „Die Vorschriften über die Goldbewirtschaftung" in DevArch. Nr. 3 und 34, 1936, Sp. 92 ff. und 1098 ff.

[2]) Vgl. hiezu die Ausführungen bei Hartenstein Note 4 zu § 10 DevG. und RE. 48/35 und Hartenstein Noten 23 f. zu § 6 DevG. S. 65 a. a. O.

[3]) S. Kap. 3 unter Ziff. B II a.

[4]) S. Kap. 3 unter Ziff. B II b.

[5]) S. Kap. 3 unter Ziff. B II d.

[6]) S. Kap. 3 unter Ziff. B II e.

[7]) Durch diese Vorschrift sollen Mißbräuche abgestellt werden, daß Waren, die sonst nicht aus Gold bestehen, wie z. B. Autonummern und Gardinenringe zum Zwecke der Vermögensverschiebung in das Ausland gebracht werden.

fabrikate, die üblicherweise nicht aus diesen Metallen hergestellt werden, gelten[8]).

c) Wegen der Anbietungsvorschriften s. Kap. 9.

d) Wegen der Verbote von Termingeschäften über Gold s. § 30 Abs. 2 DevG.

B. Edelmetalle[9]).

I. Begriff:

Die einschlägige Bestimmung findet sich in § 6 Abs. 5 DevG. Nach dieser Vorschrift sind Edelmetalle im Sinne der Devisenbestimmungen Silber, Platin und Platinmetalle in den im Handel mit solchen Metallen üblichen Formen.

II. Devisenrechtliche Behandlung.

Erwerbs- und Verfügungsbeschränkungen bestehen hier nicht. Es besteht jedoch das Versendungsverbot des § 13 DevG. i. V. m. § 4 der 5. DurchfVO. zum DevG.[10]). Beschränkungen bestehen noch gemäß § 30 Abs. 2 DevG., wonach Termingeschäfte über Edelmetalle gegen inländische Zahlungsmittel verboten sind.

Kapitel 8.

Die Verfügungsbeschränkungen gem. §§ 37 a, b DevG.[1]).

I. Grundsätzlich bestehen die im Devisenrecht geltenden genehmigungspflichtigen Tatbestände unmittelbar kraft Gesetzes und nur für die in den §§ 9—28 DevG. behandelten Werte. Bezüglich sonstiger Vermögensgegenstände bestehen mittelbar Beschränkungen gem. den für Auswanderer geltenden Vorschriften[2]). Eine Sonderstellung nehmen die Grundstücke insofern ein, als diese grundsätzlich keinen Verfügungsbeschränkungen unterliegen, jedoch aber auf Vorbehalt der Devisenstellen hin den in § 18 Abs. 2 DevG. festgesetzten Beschränkungen unterworfen sind. Im übrigen konnten andere, als in den §§ 9—28 DevG. erwähnte Vermögenswerte bis zum Inkrafttreten des Gesetzes zur Änderung des DevG. vom 1. Dez. 1936[3]) auf Anordnung der Devisenbehörden hin keinen devisenrechtlichen Beschränkungen unter-

---

[8]) S. auch die Ausführungen unter B dieses Abschnittes bezüglich der auch für sonstige Edelmetalle geltenden Vorschrift des § 4 der 5. DurchfVO.

[9]) Siehe Hartenstein, insbesondere Noten 25 f. zu § 6 DevG. S. 67 a. a. O.

[10]) Vgl. die einschlägigen Ausführungen unter A dieses Kapitels.

[1]) Vgl. Bergholb in Nr. 43/1936 Sp. 1380 ff. in der Abhandlung „Das Gesetz zur Änderung des Gesetzes über die Devisenbewirtschaftung" und Flad-Bergholb A S. 73ff.

[2]) Diese erfassen den Erlös bzw. den Ersatz bzw. Erträgnisse von Werten der in § 6 der 3. und § 5 der 5. DurchfVO. bezeichneten Art (s. auch die Ausf. in Kap. 10 unter Ziff. A II).

[3]) Abgedruckt in Teil III unter Ziff. A 1 a.

worfen werden. Durch die Einfügung der §§ 37a und b DevG. wurde dieser Rechtszustand im Interesse der Verhinderung von Umgehungen der Devisenvorschriften geändert. Die genannten Vorschriften sehen nun die Möglichkeit vor, daß Werte jeder Art auf Anordnung der Devisenstellen, bzw. der RStDB. Verfügungsbeschränkungen der in dem 2. Abschnitt des DevG. bezeichneten Art unterworfen werden können. Darüber hinaus können auch sonstige sichernde Anordnungen getroffen werden, die zur Verhinderung der beabsichtigten Vermögensverschiebungen erforderlich sind. Durch § 42 Abs. 1 Ziff. 8 sind die §§ 37a, b, um sie wirksamer zu gestalten, auch mit Androhung von Strafen bei Verstößen geschützt.

Im einzelnen ist folgendes auszuführen:

Man muß unterscheiden zwischen den Anordnungen nach § 37a und § 37b.

a) Zu § 37a DevG.:

Voraussetzung für die Anwendung dieser Vorschrift ist, daß bestimmte Tatsachen vorliegen, aus denen zu schließen ist, daß ein Inländer unter Verletzung oder Umgehung der bestehenden Vorschriften Vermögenswerte der Devisenbewirtschaftung entziehen will[4]). Erwägungen allgemeiner Art rechtfertigen eine Maßnahme nach § 37a nicht. Es müssen vielmehr bestimmte Tatsachen vorliegen, die den mit der Maßnahme Betroffenen verdächtig machen.

Der Inhalt der Anordnung kann nach dem Wortlaut des § 37a DevG. sehr weit sein. Man hat zu unterscheiden zwischen Verfügungsbeschränkungen über Vermögensgegenstände und sonstigen sichernden Anordnungen.

Die Verfügungsbeschränkungen können das gesamte Vermögen des Betroffenen ergreifen; in der Regel werden aber im wesentlichen nur solche Werte erfaßt werden, die besonders ins Gewicht fallen, wie Grundstücke, Hypotheken, Darlehensforderungen, Bankguthaben, Wertpapiere, Beteiligungen usw.[5]).

Auch die sonstigen sichernden Anordnungen, die von den Devisenstellen getroffen werden können, können sehr mannigfaltig sein. In Frage kommen insbesondere die Entziehung eines Passes, die Auferlegung von Aufenthaltsbeschränkungen usw.[6]).

b) Zu § 37b DevG.:

Durch diese Vorschrift wird § 37a ergänzt. Sie ermächtigt die RStDB., auch in anderen, als den in § 37a genannten Fällen, die Anordnungen zu treffen, die zur Sicherung der Devisenbestände erforderlich sind. Nach dem Wortlaute des § 37b ist das Eingreifen der

---

[4]) Vor allem wird bei Auswanderern zu prüfen sein, ob nicht eine Maßnahme nach §§ 37a, b gerechtfertigt ist.

[5]) Vgl. auch die Ausführungen in Kap. 16 unter Ziff. A Va.

[6]) S. auch RE. 171/36 I 2c, abgedruckt in Teil III unter Ziff. B I a.

RStDB. nicht an den Nachweis einer drohenden Vermögensverschiebung gebunden, so daß die Ermächtigung auf Grund dieser Vorschrift noch wesentlich weitgehender ist, als die des § 37a.

II. Die Verfahrensvorschriften bezüglich §§ 37a, b:

Diese finden sich teilweise im DevG., teilweise in der 9. DurchfVO. zum DevG. vom 20. Febr. 1937, RGBl. I/255.

Die Anordnungen nach § 37a sind zu begründen und dem Betroffenen mitzuteilen bzw., wenn dies nicht möglich ist, im Deutschen Reichsanzeiger und Preußischen Staatsanzeiger bekannt zu geben. Gegen die Anordnungen nach § 37a ist die Beschwerde an die RStDB. zulässig, die jedoch keine aufschiebende Wirkung hat. Soweit die Anordnungen Grundstücke oder Rechte an Grundstücken betreffen[7]), sind sie von der Eintragung im Grundbuche ausgeschlossen.

Bezüglich der Anordnungen nach § 37b sind im DevG. keine Verfahrensvorschriften wie für die Anordnungen nach § 37a vorgesehen[8]).

Bezüglich des Vollzuges von Maßnahmen nach §§ 37a, b ist § 1 und 2 der 9. DurchfVO. maßgebend. Bezüglich der Kosten von Maßnahmen gem. §§ 37a, b sei auf § 3 der 9. DurchfVO. verwiesen[9]), [10]).

Kapitel 9.

Die Anbietungspflicht[1]).

Im Devisenrecht hat man zu unterscheiden zwischen der auf Grund verschiedener Aufrufe bestehenden (einmaligen) Anbietungspflicht und der fortlaufenden Anbietungspflicht. Was die erstere betrifft, so liegt sie zwar zeitlich zurück, besteht jedoch immerhin auch nach Ablauf der im Gesetz vorgeschriebenen Anbietungsfrist fort. Sie hat jedoch im wesentlichen nur mehr Bedeutung auf dem Gebiete des Devisenstrafrechts. Das Grundlegende über die, auf Grund der verschiedenen Aufrufe bestehende (einmalige) Anbietungspflicht ist daher bei Be-

---

[7]) Vgl. auch Kap. 16 unter Fußnote 25.

[8]) Die Aufsichtsbeschwerde an den Reichswirtschaftsminister wird nach allgemeinen verwaltungsrechtlichen Grundsätzen jedenfalls auch zulässig sein.

[9]) § 37a, b DevG. können, was auch die Gerichte und Staatsanwaltschaften betreffen wird, insofern zu Fragen Anlaß geben, als die Devisenbehörden sich bei der Vornahme von sichernden Anordnungen der Hilfe anderer Behörden bedienen werden. Diese sind auf Grund der gesetzlichen Vorschriften (§§ 37a, b DevG.) hierzu ohne Zweifel verpflichtet.

[10]) S. auch § 41a DevG., wonach für Maßnahmen auf Grund des DevG. oder der Durchführungsverordnungen hierzu (also insbesondere für Maßnahmen nach §§ 37a, b DevG.) eine Entschädigung nicht gewährt wird.

[1]) Vgl. Hartenstein Bemerkungen, insbesondere zu § 35 DevG. S. 258 ff. und § 1 ff. der DurchfVO. zum DevG. S. 411 ff., Flad-Bergholde, Bemerkungen zu § 35 DevG. A S. 70 ff. und § 1 ff. der DurchfVO. zum DevG. A S. 110 ff., Etscheit-Böhmer S. 4 ff. a. a. O., Baer in JW. 1935 S. 1061 ff. über „Die devisenrechtliche Anbietungspflicht".

handlung der einzelnen Devisenstrafbestimmungen ausgeführt[2]). Hier soll im Nachfolgenden nur das Wichtigste über die fortlaufende Anbietungspflicht zusammengestellt werden.

Im wesentlichen stellen sich folgende Gruppen von Fragen ein:

I. Wer ist anbietungspflichtig?

a) Zunächst erfaßt die Anbietungspflicht alle Inländer[3]);

Anbietungspflichtig sind nach § 1 Abs. 1 der DurchfVO. zum DevG.

1. alle natürlichen Personen (Einzelpersonen), die im Inlande ihren Wohnsitz oder gewöhnlichen Aufenthalt haben,

2. alle inländischen in § 1 Abs. 1 Ziff. 1—4 der DurchfVO. zum DevG. bezeichneten Personenvereinigungen;

b) anbietungspflichtig sind ferner Einwanderer, also Personen, die Deviseninländer werden (vgl. § 2 der DurchfVO.)[4]);

c) anbietungspflichtig sind endlich Auswanderer (vgl. § 6 der 3. DurchfVO. und § 5 der 5. DurchfVO. zum DevG.)[5]).

Zu a—c:

Die genannten anbietungspflichtigen Personen und Personenvereinigungen haben nicht nur in ihrer Eigenschaft als Eigentümer der Anbietungspflicht nachzukommen. Diese erfaßt auch alle anderen Personen, die auf Grund irgend eines Rechtsverhältnisses oder auf Grund irgend welcher Umstände die tatsächliche Gewalt über die anbietungspflichtigen Werte ausüben. Die Anbietungspflicht besteht daher insbesondere für Bevollmächtigte, den Ehemann als Verwalter des Gesamtgutes oder des eingebrachten Gutes der Ehefrau, gesetzliche Vertreter, Pfleger, Testamentsvollstrecker, Vorstände von Vereinigungen, Treuhänder usw.[6]). Auch der Eigenbesitzer (z. B. der Dieb) ist anbietungspflichtig. Die Anbietungspflicht der genannten Personen steht *neben* der der Eigentümer und diese können sich bei unterlassener Anbietung nicht mit dem Hinweise entschuldigen, sie seien der Ansicht gewesen, nur die Bevollmächtigten usw. müßten den Anbietungspflichten nachkommen[7]), [8]), [9]).

---

[2]) Vgl. Kap. 27 unter Ziff. A I e 1.

[3]) Vgl. Kap. 3 unter Ziff. B I.

[4]) Vgl. hierzu auch die Ausführungen in Kap. 10 unter A I.

[5]) Vgl. auch die ergänzenden Ausführungen in Kap. 10 unter A II.

[6]) Vgl. § 35 DevG. und RAO. §§ 103 ff.

[7]) Vgl. JW. 1933 S. 427, wo die Entscheidung des RG., 3. Sen. vom 9. Jan. 1933, abgedr. ist, nach welcher zur Anbietung der ihr gehörigen Devisen die Ehefrau ohne Rücksicht auf den Güterstand der Eheleute verpflichtet ist.

[8]) Das gleiche muß selbstverständlich auch umgekehrt gelten.

[9]) Ausnahmen von der Anbietungspflicht (in persönlicher Hinsicht) können bestehen kraft Gesetzes (vgl. § 4 der DurchfVO. und Ri. II/21) und auf Grund eines Freistellungsbescheides der RStDB. gemäß § 1 Abs. 4 DevG. (vgl. die Ausführungen von *Wilmanns* in DevArch. Nr. 1/2, 1936, Sp. 10 ff., über „Freistellungen vom Devisengesetz").

II. Was ist anzubieten?

a) Soweit es sich um Inländer handelt:

Anbietungspflichtig sind alle in § 1 Abs. 2 der DurchfVO. zum DevG. näher bezeichneten Werte[10]). Die Verpflichtung zur Anbietung der dort zusammengestellten Werte ist nach ausdrücklicher gesetzlicher Vorschrift an die Voraussetzung geknüpft, daß sie auf andere Weise als auf Grund einer schriftlichen Genehmigung der Devisenstelle oder Überwachungsstelle erworben wurden oder daß sie zwar auf Grund einer solchen Genehmigung oder der Freigrenze erworben wurden, jedoch diese Genehmigung nachträglich unwirksam wurde bzw. der Pflichtige die auf Grund der Freigrenze erworbenen Werte noch einen Monat nach dem Erwerb besitzt.

Den ohne Genehmigung erworbenen Werten stehen die Werte, die auf Grund einer erschlichenen Genehmigung erlangt sind, gleich[11]),[12]).

b) Soweit es sich um Einwanderer handelt:

Bei den Einwanderern, also Personen, die die Inländereigenschaft durch Ein- oder Rückwanderung erwerben, muß man unterscheiden zwischen der nach der Einwanderung bestehenden laufenden Anbietungspflicht, für die das gleiche wie für Inländer gilt und der anläßlich der Einwanderung sich einstellenden einmaligen Anbietungspflicht. Diese hat in § 2 der DurchfVO. ihre gesetzliche Regelung gefunden. Nach dieser Vorschrift haben die Einwanderer ebenso wie die Inländer die Werte der in § 1 Abs. 2 Ziff. 1—4 und 6 genannten Art anzubieten. Darüber hinaus besteht für sie noch die Verpflichtung, Wertpapiere jeder Art, soweit sie nicht in § 1 Abs. 2 Nr. 3 erfaßt werden[13]), und Forderungen gegen Inländer, über die der Einwanderer vor der Einwanderung nur mit Genehmigung verfügen konnte (also Sperrforderungen), anzubieten, wenn die genannten Werte erst nach dem 31. Dez. 1933 erworben wurden[14])[15]).

---

[10]) Wegen des in Teil III unter Ziff. A 2 abgedr. Gesetzestextes erübrigt sich hier eine Aufzählung der anbietungspflichtigen Werte.

[11]) Vgl. Baer in JW. 1935 S. 1062 unter 2. Dagegen ist die Frage, ob Handlungen, die auf Grund einer erschlichenen Genehmigung vorgenommen wurden, als ohne Genehmigung vorgenommen zu erachten sind, zu verneinen.

[12]) Ausnahmen von der Anbietungspflicht (in sachlicher Beziehung) bestehen einmal bezüglich der in § 1 Abs. 2 Ziff. 3 der DurchfVO. aufgeführten und nicht nach dem 12. Juli 1931 erworbenen Wertpapiere, wenn dies im Gesetzestext auch nicht mehr ausdrücklich erwähnt ist (s. Hartenstein in JW. 1935 S. 742). Daneben finden sich Ausnahmebestimmungen in Ri. II/62 Abs. 3 i. V. mit Abs. 1, Ri. III/2 und in § 5 der DurchfVO. Eine weitere Ausnahme besteht auf Grund der auch für die Anbietungspflicht geltenden (aber in den einzelnen Fällen verschieden geregelten) Freigrenzbestimmungen; darüber siehe unter Va) dieses Kapitels.

[13]) Die in § 1 Abs. 2 Ziff. 3 erfaßten Wertpapiere sind von den Einwanderern gemäß § 2 Abs. 2 dann anzubieten, wenn sie nach dem 12. Juli 1931 erworben wurden.

[14]) Vgl. § 2 Abs. 1 und 2 der DurchfVO.

[15]) Beachte auch die Ausführungen unter Va) wegen der Freigrenze.

c) Soweit es sich um Auswanderer handelt[16]).

Diese unterliegen grundsätzlich auch nach der Auswanderung bezüglich aller Werte, die von Inländern angeboten werden müssen, der Anbietungspflicht und zwar nicht nur hinsichtlich etwaiger bei der Auswanderung bereits in ihrem Besitze befindlicher anbietungspflichtiger Werte, sondern auch bezüglich des Erlöses und Ersatzes von den in § 6 der 3. DurchfVO. und § 5 der 5. DurchfVO. näher bezeichneten Werten[17]).

III. Wann sind die in Frage kommende Werte anzubieten?

Grundsätzlich beginnt die Anbietungspflicht mit dem Tage des Erwerbs der anzubietenden Werte. Vorbehaltlich der nachfolgenden einschränkenden Ausführungen sind auch noch nicht fällige Forderungen sofort anzubieten[18]). Die Anbietungspflicht beträgt grundsätzlich drei Tage (sog. Schonfrist), welche dem Pflichtigen belassen ist, um den Vorschriften nachzukommen[19]).

Von diesen Ausführungen bestehen jedoch gesetzliche Einschränkungen in zweifacher Hinsicht:

a) Die Einschränkungen, die darin bestehen, daß die Schonfrist auf Grund Gesetzes verlängert ist. Als solche Fälle sind anzuführen § 1 Abs. 4[20]), § 2 Abs. 1 und § 2 Abs. 3 der DurchfVO.

b) Einschränkungen, die zwar nicht darin bestehen, daß die dreitätige Schonfrist verlängert wird, sondern darin, daß der Beginn der Anbietungsfrist hinausgeschoben wird. Solche Fälle finden sich in § 1 Abs. 3, § 1 Abs. 2 S. 1 Ziff. 4 i. V. m. § 1 Abs. 2 S. 2 und § 5 der DurchfVO.; daneben ist noch zu beachten, daß Bürgschaftsforderungen von Kreditinstituten gegen Devisenausländer erst dann anbietungspflichtig sind, wenn feststeht, daß der inländische Hauptschuldner zahlungsunfähig ist oder wenn mit diesem eine nicht usancemäßige Prolongation vereinbart worden ist[21]).

IV. Wem sind die Werte anzubieten und welche Folgen ergeben sich aus der Anbietung?

a) Die Werte sind der örtlich zuständigen Reichsbankanstalt unmittelbar oder durch Vermittlung einer Devisenbank[22]) anzubieten (vgl. § 1 Abs. 1 der DurchfVO.).

---

[16]) S. auch die allgemeinen Ausführungen über Auswanderer in Kap. 10 unter Ziff. A II.

[17]) Wegen der bestehenden Freigrenze siehe unter Va dieses Kap.

[18]) Vgl. § 3 Abs. 1 der DurchfVO.

[19]) Wegen der Fragen, die sich ergeben, wenn während der Schonfrist die Anbietung unmöglich gemacht wird, s. Baer in JW. 1935 S. 1061 f. und in JW. 1934 S. 3059 und 3286 nebst den Anmerkungen von Schultze-Schlutius und Ranke.

[20]) Wegen der zu verneinenden Frage der Unterbrechung bzw. Hemmung dieser Frist, wenn sich der Pflichtige vor Ablauf der Frist wieder in das Ausland begibt, s. Hartenstein Note 21 zu § 1 der DurchfVO. S. 420 a. a. O. und Baer in JW. 1935 S. 1062.

[21]) Vgl. die Ausführungen in DevArch. Nr. 7, 1936, Sp. 271.

[22]) Wegen dieses Begriffes s. § 6 Abs. 8 DevG.

b) Die Anbietung ist rechtlich betrachtet ein Kaufsangebot, welches den allgemeinen bürgerlich-rechtlichen Bestimmungen unterliegt, soweit die devisenrechtlichen Normen nicht Ausnahmen verlangen. Besondere Formvorschriften sind grundsätzlich bei der Anbietung nicht zu beachten[23]).

Die sich auf Grund der Anbietung ergebenden verschiedenen gesetzlich vorgesehenen Möglichkeiten und Folgen finden sich in § 3 der DurchfVO. Dabei ist besonders darauf hinzuweisen, daß, wenn die Reichsbank dem Anbietenden selbst die Verwendung der angebotenen Werte überläßt (vgl. § 3 Abs. 2 S. 3 der DurchfVO.), bzw. diese gemäß § 36 DevG. auf Gesuch hin zu volkswirtschaftlich gerechtfertigten Zwecken freigibt, die Verwendung der Werte nur im Rahmen der gesetzlichen Bestimmungen (also bei verkehrsbeschränkten Werten, wie ausländischen Zahlungsmitteln usw. nur mit Genehmigung der zuständigen Devisenstelle) erfolgen darf.

V. Zusammenfassende Bemerkungen.

a) Freigrenzebestimmungen[24]).

1. Grundsätzlich besteht, soweit es sich um Inländer handelt, keine Freigrenze. Nur bei ausländischen Scheidemünzen sieht § 1 der DurchfVO. nach dem Stande des § 3 Ziff. 1 der 6. DurchfVO. zum DevG. für die Anbietung von ausländischen Scheidemünzen eine Freigrenze bis zum Gegenwerte von RM. 2.— vor.

2. Für die Einwanderer besteht die Freigrenze nach § 28 DevG. Sie haben also Werte bis zum Gegenwerte von RM. 10.— nicht anzubieten. Dabei ist aber zu beachten, daß Familienmitglieder zusammengerechnet werden (vgl. § 2 Abs. 1 letzter Satz der DurchfVO.).

3. Für Auswanderer besteht der Freibetrag von RM. 1000.—. Das in Ziff. 2 für Familienmitglieder Ausgeführte ist auch hier zu beachten (vgl. § 6 der 3. und § 5 der 5. DurchfVO. zum DevG.).

b) Für Exporteure gelten die Sondervorschriften der §§ 9 ff. der DurchfVO. zum DevG.

c) Wegen der Anmeldungs- und Anbietungsverpflichtungen von Rechtsanwälten und der öffentlichen Verwaltung s. auch die Abdrucke aus der JW. und DJ. in Teil III unter Ziff. B III c 1. und 4.

d) Abschließend sei noch auf die in Kap. 10 unter Ziff. C 7 und 8 erwähnten und den Anbietungsvorschriften in gewissem Sinne verwandten Bestimmungen über die Anmeldung von Zahlungsverpflichtungen gegenüber dem Ausland und die Erfassung von Abwertungsgewinnen aufmerksam gemacht.

---

[23]) Wegen der für die Exporteure geltenden Vorschriften s. unter V b.

[24]) Vielfach herrscht die Ansicht, daß die Anbietungspflicht bei Werten, die den Freibetrag übersteigen, nur insoweit besteht, als der Freibetrag überschritten wird. Diese Auffassung ist nicht richtig. Es müssen vielmehr, wenn jemand Werte besitzt, die den Freibetrag übersteigen, alle Werte, einschließlich der innerhalb der Freigrenze liegenden, angeboten werden.

Kapitel 10.

Sonstige Devisenvorschriften.

A. Ein- und Auswanderung.

I. Die Einwanderung.

Die wichtigsten devisenrechtlichen Fragen, die sich aus der Einwanderung ergeben, wurden bereits oben in Kapitel. 9 unter Ziff. IIb erörtert, wo die für Einwanderer geltenden Anbietungsvorschriften behandelt wurden. Im Zusammenhang mit der Anbietungspflicht wird vor allem die Frage auftauchen, inwieweit Einwanderer zwecks Vermeidung von Härten von der Anbietungspflicht freizustellen sind[1]).

Wegen weiterer Fragen siehe die in Fußnote 1 angeführte Literatur.

II. Die Auswanderung.

a) Den Begriff des Auswanderers hat der Gesetzgeber selbst festgelegt, indem er bestimmt, daß Auswanderer im Sinne des DevG. natürliche Personen sind, die nach dem 3. Aug. 1931 Ausländer geworden sind (vgl. § 6 Abs. 6 S. 2 DevG.).

b) Bei der Behandlung der für Auswanderer einschlägigen Vorschriften hat man zu unterscheiden zwischen den allgemein für Ausländer geltenden Vorschriften und den insbesondere für die Auswanderung einschlägigen Bestimmungen, welche namentlich die illegale Vermögensverschiebung in das Ausland verhindern wollen. Diese Sonderbestimmungen befinden sich in § 6 der 3. und in der 4. und in § 5 der 5. DurchfVO. zum DevG. Nach diesen Vorschriften bleiben grundsätzlich die für Inländer geltenden devisenrechtlichen Beschränkungen hinsichtlich der Werte (bzw. ihres Erlöses oder Ersatzes), die schon vor der Auswanderung der Devisenbewirtschaftung unterlagen, für Auswanderer auch nach der Auswanderung in Kraft. Daneben erstrecken sich die Beschränkungen und Verbote auch auf den Erlös von Waren und gewerblichen Schutzrechten, die ein Auswanderer besitzt oder mit sich führt und ferner auf den Erlös und die Erträgnisse von Urheber- und Verlagsrechten, die der Auswanderer im Zeitpunkte der Auswanderung innehat, sofern er diese Urheber- und Verlagsrechte unter Lebenden oder von Todes wegen erworben hat[2]) (vgl. § 6 Abs. 1 der 3. und § 5 Abs. 1 der 5. DurchfVO. zum DevG.).

Wegen weiterer Einzelheiten, insbesondere des zeitlichen Geltungsbereiches, der bestehenden Freibeträge, der bestehenden ergänzenden Vorschriften ist auf die angeführten gesetzlichen Bestimmungen die

---

[1]) Vgl. die Ausführungen von Wilmanns in Nr. 1/2, 1936, Sp. 10 ff. des Dev.-Arch. über „Freistellungen von Devisengesetz" und in Nrn. 31 und 32, 1936, Sp. 996 ff. und 1024 ff. über „Devisenrecht und Einwanderung".

[2]) Im Gegensatz stehen also die Urheber- und Verlagsrechte aus eigenen Schöpfungen des Auswanderers.

Ri. IV/56, 57 und 62, die bestehenden Runderlasse[3]) und die vorhandene Literatur[4]) zu verweisen.

B. Freigrenze, Reiseverkehr, Grenzverkehr und Studienaufenthalte[5]).

I. Die Freigrenze.

Man muß hier unterscheiden zwischen der eigentlichen Freigrenze des § 28 DevG. und den sonstigen in verschiedenen Devisenbestimmungen vorkommenden Freibeträgen.

Unter der eigentlichen Freigrenze ist die Grenze zu verstehen, bis zu welcher allgemein unter bestimmten Voraussetzungen genehmigungspflichtige Handlungen ohne Genehmigung der Devisenbehörden vorgenommen werden dürfen. Das über diese Freigrenze im Nachfolgenden kurz Ausgeführte hat im allgemeinen, soweit möglich, auch auf die sonst vorgesehenen Freibeträge (vgl. § 1 Abs. 1 letzter Satz und § 2 Abs. 1 der DurchfVO., Ri. II/80 Abs. 1 und § 6 Abs. 2 der 3. und § 5 Abs. 2 der 5. DurchfVO. zum DevG.) sinngemäß Anwendung zu finden.

Bei der Behandlung der Freigrenzebestimmungen ist zunächst als besonders wichtig hervorzuheben, daß die einschlägigen Bestimmungen mit der zunehmend angespannten Devisenlage immer mehr verschärft wurden. Auf Grund einer Reihe von Einzelvorschriften wurde nämlich im Laufe der letzten Jahre die Möglichkeit, die Freigrenze auszunützen, so sehr eingeschränkt, daß sie heute nur mehr geringe praktische Bedeutung hat. Der Strafrichter dagegen, der oft noch Devisenzuwiderhandlungen vergangener Jahre abzuurteilen hat, wird immer darauf zu achten und zu prüfen haben, welchen Geltungsbereich die Freigrenze zur Zeit der Begehung der Tat hatte.

Will man den Umfang der Bedeutung der jetzt geltenden Freigrenze genau feststellen, so wird man unter Beachtung des § 28 DevG. und der Ri. II/73 ff. folgendes entnehmen können:

Der noch bestehende Freibetrag von RM. 10.— kann nur von Inländern für eigene (vgl. Ri. II/74) erlaubte Zwecke in Anspruch genommen werden. Eine Ausnützung der Freigrenze durch juristische Personen ist ausgeschlossen (vgl. Ri. II/79). Die Freigrenze ist nur gestattet zur Vornahme der in § 28 Abs. 1 genau bezeichneten ge-

---

[3]) Vgl. vor allem RE. 1/36 nebst den Ergänzungen durch RE. 12, 46, 153 und 178/36. RE. 1/36 behandelt unter IV die Abwanderung von Betrieben. RE. 45/36 behandelt die Auswanderung nach Palästina.

[4]) Vgl. vor allem die Abhandlung von Raab in DevArch. Nr. 8, 1936, Sp. 284 ff. über „Das Devisenrecht der Auswanderung".

[5]) Vgl. Hartenstein zu § 28 DevG. S. 218 ff., ferner S. 634 ff. zu Ri. II/73 ff., Flad-Bergholb, A S. 60a ff., B S. 131 ff., Thiele in JW. 1934 S. 2817 ff. über „Die Bedeutung der Freigrenze im Devisenstrafrecht", Böhmer in DevArch. 1936 Nrn. 9 und 10 Sp. 324 ff. und 354 ff., Hartenstein in DevArch. 1936 Nr. 15 Sp. 500 ff. in seinen Ausführungen „Zur Fünften Durchführungsverordnung und Fünften Richtlinienänderungsverordnung".

nehmigungspflichtigen Handlungen und jedoch auch hier nur mit den Einschränkungen des § 28 Abs. 2 DevG. und der Ri. II/81 A. Endlich kann die Freigrenze nur unter Einhaltung der bestehenden Formvorschriften und zwar der Ri. II/78 (Paßeintragung) und der in RE. 75/36 näher behandelten Bestimmungen, die bei Zahlungen auf Grund der Freigrenze durch Postanstalten oder Banküberweisungen zu beachten sind[6]), ausgenutzt werden.

Wegen weiterer Einzelheiten ist auf die unter Fußnote 1 angeführte Literatur und die bestehenden Runderlasse[7]) zu verweisen.

II. Der Reiseverkehr.

Hier hat man zu unterscheiden zwischen den Devisenvorschriften, die für den Reiseverkehr von Inländern im Auslande, und denjenigen, die für den Reiseverkehr von Ausländern im Inlande gelten.

a) Der Reiseverkehr von Inländern im Auslande.

Die jetzt noch bestehende Freigrenze von RM. 10.— bietet für Auslandsreisen nur geringe Möglichkeiten. Ri. II/80 sieht jedoch vor, daß auf Grund einer Dringlichkeitsbescheinigung[8]) Werte in Höhe von RM. 50.— über den allgemeinen Freigrenzenbetrag zur Verfügung gestellt werden können.

Endlich bestehen noch Vergünstigungen auf Grund der verschiedenen, mit einer Reihe von Ländern abgeschlossenen Reiseverkehrsabkommen[9]). Auf Grund dieser können höhere Beträge zu Reisezwecken zur Verfügung gestellt werden.

Bei Inanspruchnahme dieser Abkommen ist vor allem zu beachten, daß die erlangten und nicht verbrauchten Beträge wieder abzuliefern sind, daß keine Verbringung von Reisezahlungsmitteln in ein anderes Land als das Abkommensland gestattet ist und daß die erworbenen Zahlungsmittel nur zu Reisezwecken verwendet werden dürfen[10]).

Soweit die erwähnten Vergünstigungen nicht ausreichen oder nicht Anwendung finden können, ist jeweils um die Erteilung der benötigten Genehmigung nachzusuchen.

---

[6]) Vgl. RE. 75/36 unter Ziff. 4; darnach hat jeder, der durch eine Postanstalt auf Grund der Freigrenze eine Zahlung ins Ausland betätigen will, durch Unterschrift eines Formulars, auf welchem alle Punkte zusammengestellt sind, in welchen die Freigrenze nicht in Anspruch genommen werden darf, zu erklären, daß er die Zahlung nur zu einem der noch erlaubten Zwecke vornehme. Eine ähnliche Regelung ist für Banküberweisungen vorgesehen.

[7]) Vgl. RE. 75/36 und RE. 100/36, durch welchen unter anderem auch klargestellt wird, daß die genehmigungsfreie Gutschrift von Reichsmarkbeträgen bis zu 10.— RM. auf freiem Reichsmarkkonto nach Ri. II/47 Abs. 4 und Ri. IV/47 Abs. 3 durch Ri. II/81 A nicht ausgeschlossen ist.

[8]) Vgl. RE. 8/1937.

[9]) Vgl. RE. 39/37; s. auch unter Ziff. VII dieses RE. die Möglichkeit der Befürwortung der Zuteilung von Zahlungsmitteln für Reisezwecke durch die Devisenstellen.

[10]) Bezüglich des Reiseverkehrs auf Seeschiffen s. RE. 19/37 und 81/37.

b) Der Reiseverkehr von Ausländern im Inlande.

Ein großer Teil der Reisekosten wird von Ausländern mit der sogenannten Reisemark bestritten[11]).

Wegen der hier einschlägigen Strafbestimmungen s. Näheres unter Kap. 27 in Ziff. B I.

Wegen der Benützung von Sperrguthaben zu Reisezwecken ist auf Ri. II/55, IV/48 und 51 i. V. m. II/55 zu verweisen[12]).

Bezüglich des Einfuhrverbotes von Reichsmarknoten sei auf die Ausführungen in Kap. 4 unter Ziff. D I und Ri. II/83 Bezug genommen.

III. Studienaufenthalte im Auslande.

Hier ist auf RE. 64/36 und 72/37 zu verweisen.

IV. Der Grenzverkehr.

Hier ist insbesondere der RE. 175/36 zu beachten[13]).

C. Sonstige Vorschriften.

1. Hier sei auf § 34 DevG. hingewiesen, welcher in Abs. 1 das Recht des Reichswirtschaftsministers, der RStDV. der Devisenstellen und der Reichsbank auf Auskunftserteilung und in Abs. 2 das Recht des Reichswirtschaftsministers, der RStDV., der Devisenstellen und des Reichsbankdirektoriums, sich eidesstattliche Versicherungen abgeben zu lassen, behandelt[14]).

2. In § 37 DevG. ist im Interesse der Wahrung der Kreditfähigkeit des deutschen Reiches für Inländer das Verbot aufgestellt, devisenrechtliche Verpflichtungen unter den dort näher bezeichneten Voraussetzungen einzugehen[15]).

3. Das wesentliche über die Bestimmungen des Gesetzes betreffend die Zahlungsverbindlichkeiten gegenüber dem Auslande vom 9. Juni 1933, abgedr. in Teil III unter Ziff. 12, ist in Kap. 18 ausgeführt. Auf das dort Gesagte wird hier Bezug genommen.

4. Hier erwähnt sei ferner die Verordnung über die geschäftsmäßige Hilfeleistung in Devisensachen vom 29. Juni 1936, RGBl. I/524 ff.[16]), die insofern auch für Notare und Rechtsanwälte von Bedeutung ist,

---

[11]) Vgl. die Ausführungen von Raab in DevArch. 1936 Nrn. 5 und 6 Sp. 168 ff. und 226 ff. über „Die neue Reisemark".

[12]) Vgl. auch die Ausführungen in Kap. 18 unter Ziff. II.

[13]) Vgl. auch die Ausführungen in Kap. 22 unter Ziff. II e 2 wegen der Zahlung von Zeugengebühren im Grenzverkehr.

[14]) Vgl. auch die hier einschlägigen Auszüge aus der JW. 1934 S. 3261 und der RDotZ. 1936 S. 514, abgedruckt in Teil III unter B II b 5 und III c 2 über die Auskunftspflicht der Rechtsanwälte und Notare. Wegen des Auskunftsrechtes der Überwachungsstellen s. § 10 der VO. über den Warenverkehr vom 4. Sept. 1934, RGBl. I S. 816 i. V. mit der VO. über Auskunftspflicht vom 13. Juli 1923, RGBl. I S. 723; siehe die Abdrucke in Teil III unter A Ziff. 30 und 31.

[15]) Vgl. auch die Ausführungen in Kap. 5 unter Ziff. II b.

[16]) Vgl. den Wortlaut in Teil III unter A Ziff. 15.

als diese keiner besonderen Erlaubnis bedürfen, Personen in fremden Devisensachen geschäftsmäßig Hilfe zu leisten.

5. Angeführt sei das Gesetz über die Fremdwährungsschuldverschreibungen vom 26. Juni 1936, RGBl. I S. 515, und die Verordnung über Fremdwährungsschulden vom 5. Dez. 1936, RGBl. I S. 1010; die genannten Bestimmungen sind zwar keine rein devisenrechtlichen Normen, greifen aber doch ergänzend in das Devisenrecht ein (vgl. Kap. 13 D)[17].

6. Das Gesetz zur Errichtung einer Deutschen Verrechnungskasse vom 16. Okt. 1934, RGBl. I/997, gibt die gesetzliche Grundlage zur Regelung des Verrechnungsverkehres mit ausländischen Staaten[18].

7. Das Gesetz über die Abwertungsgewinne vom 23. Dez. 1936, RGBl. I S. 1126 und die 1., 2., 3. und 4. DurchfVO. hierzu vom 28. Dez. 1936, RGBl. I S. 1151, vom 20. März 1937, RGBl. I S. 421, 23. April 1937, RGBl. I S. 547 und 11. Mai 1937, RGBl. I S. 587 geben die gesetzliche Handhabe für die gemeinschaftliche Erfassung und Verwendung der Abwertungsgewinne[19].

8. Endlich sollen hier noch die VO. des Reichspräsidenten über die Anmeldung von Zahlungsverbindlichkeiten gegenüber dem Ausland vom 27. Juli 1931, RGBl. I S. 403, die 1. und 2. DurchfVO. vom 27. Juli 1931, RGBl. I S. 403 und 30. März 1932, RGBl. I S. 172 und die alljährlich jetzt hierzu ergehenden, im RAnz. abgedruckten Bekanntmachungen erwähnt werden[20][21].

---

[17]) S. die Wortlaute in Teil III unter A Ziff. 28 und 29.

[18]) S. den in Teil III unter A Ziff. 13 abgedruckten Gesetzestext.

[19]) S. die in Teil III unter A Ziff. 16—20 einschließlich abgedruckten Gesetzestexte.

[20]) S. auch die im Teil III unter A Ziff. 26 und 27 abgedruckten Gesetzestexte.

[21]) Vgl. Werner S. 9 f.

II. Teil.

Die Bedeutung des Devisenrechtes für Gerichte, Notare und Rechtsanwälte.

Kapitel 11.

Grundsätzliches über die Beziehungen der Devisenbehörden zu den Gerichten[1]).

Aus den nachfolgenden Kapiteln ist zu ersehen, daß mannigfaltige Berührungspunkte zwischen den Devisenbehörden und den Gerichten bestehen. Es ist daher leicht möglich, daß in besonders gelagerten Fällen sich zwischen Gerichten und Devisenbehörden Meinungsverschiedenheiten einstellen. Zu den hier auftretenden allgemeinen[2]) Fragen sei als Wichtigstes folgendes ausgeführt:

Im einzelnen wird man folgende Fragengruppen auseinanderhalten müssen:

A. Können die Gerichte Entscheidungen[3]) von den Devisenbehörden nachprüfen, die diese im Rahmen ihres Aufgabenkreises treffen und nicht die (Vor-) Frage betreffen, ob ein genehmigungspflichtiger Tatbestand vorliegt?

Es handelt sich hier um solche Fälle, in welchen die Devisenbehörden im Rahmen ihres Ermessens[4]) entweder keine bzw. nur eine

---

[1]) Vgl. Hartenstein Note 9 zu § 39 DevG., S. 302 a. a. O., v. Edlinger in DGWR. 1936 S. 353 ff., Dreist in DevArch. Nr. 16, 1936, Sp. 548 ff. über „Ermessensentscheidungen der Devisenbehörden", Schaewen in DevArch. Nr. 13, 1936, Sp. 440 ff. über „Zuständigkeit und Verfahren der deutschen Devisenbehörden", Dreist in DevArch. Nr. 4, 1936, Sp. 124 ff. über „Die devisenrechtliche Genehmigung".

[2]) Wegen der Sonderfragen, die sich aus den Beziehungen der Devisenbehörden zu den Gerichten ergeben, vgl. die folgenden Kapitel.

[3]) Die Arten der Entscheidungen der Devisenbehörden sind, gerade im Hinblick auf den ständig wachsenden Aufgabenkreis der Devisenbehörden sehr mannigfaltig (z. B. die Befugnisse auf Grund des § 37a, b DevG., die Befugnisse auf Grund des Unterwerfungsverfahrens, die Befugnisse auf Grund des Gesetzes über die Erfassung der Abwertungsgewinne vom 23. Dez. 1936, RGBl. I S. 1126 usw.). Das Nähere über diese Befugnisse ist bei den einschlägigen Kapiteln des I. Teiles zu finden. Die obenstehenden Ausführungen befassen sich jedoch im wesentlichen nur mit den Entscheidungen, die auf Grund des allein den Devisenbehörden zustehenden und ihre Hauptaufgabe ausfüllenden Ermessens, ob sie auf Ansuchen eine Genehmigung (wegen der einzelnen Arten von Genehmigungen s. Fußnote 10) erteilen oder nur beschränkt erteilen oder überhaupt nicht erteilen sollen, ergehen.

Man wird jedoch die Ansicht vertreten müssen, daß auch auf sonstige Entscheidungen der Devisenbehörden, die diese im Rahmen ihres Ermessens treffen, das oben Gesagte Anwendung zu finden hat.

[4]) S. auch Fußnote 3.

beschränkte Genehmigung erteilt haben, weil die devisenrechtlichen Belange die Erteilung der Genehmigung nicht, bzw. nur beschränkt zuließen oder um Fälle, in welchen die erbetene Genehmigung erteilt wurde.

Bei Beantwortung der gestellten Frage ist von dem Grundsatze auszugehen, daß es unzulässig ist, daß eine Behörde in den Aufgabenkreis einer anderen eingreift und daß jede Behörde die Maßnahmen einer anderen, die diese im Rahmen ihres Aufgabenkreises[5]) trifft, zu achten hat.

So weist auch das RG.[6]) darauf hin, daß in den Devisenbestimmungen den Devisenbehörden ausdrücklich allein das Recht zur Entscheidung über die Erteilung oder Versagung einer gesetzlich notwendigen Genehmigung übertragen ist, und daß die Gerichte an die von einer anderen Behörde, z. B. einer Devisenbehörde getroffene Entscheidung, zum Unterschied von den der Entscheidung zugrunde liegenden Erwägungen — darüber s. unter B) — gebunden sind. Nach dem Gesagten unterliegen die hier in Frage stehenden Entscheidungen der Devisenbehörden keiner Nachprüfung der Gerichte und zwar, wie Hartenstein[7]) zutreffend darauf hinweist, auch dann nicht, wenn die Devisenbehörden nach Auffassung der Gerichte einer in den Richtlinien erteilten Anweisung nicht gefolgt sind. Dieser Ansicht von Hartenstein muß man schon deshalb zustimmen, da für die Einhaltung der in den Richtlinien erteilten Verwaltungsanweisungen der Reichsstelle nur diese zu sorgen zuständig ist.

Die im vorstehenden behandelte, den Gerichten nicht statthafte Nachprüfung von Entscheidungen der Devisenbehörden ist nicht zu verwechseln mit der im Interesse einer erfolgreichen Devisenbewirt-

---

[5]) An dieser Stelle ist auf die, auch die Gerichte interessierenden Fragen bz. der Bedeutung einer von einer unzuständigen Devisenbehörde getroffenen Entscheidung kurz einzugehen:

In § 5 DevG. ist durch den Gesetzgeber selbst bestimmt, daß auch Entscheidungen einer sachlich unzuständigen Devisenbehörde wirksam sind. Das gleiche wird auch in dem vom Gesetzgeber selbst nicht geregelten Falle gelten müssen, wenn eine Devisen- oder Überwachungsstelle eine Entscheidung getroffen hat, ohne daß, wie in den Richtlinien vorgesehen, die Weisung der Reichsstelle für Devisenbewirtschaftung eingeholt worden wäre (vgl. hierzu meine Ausführungen im DGWR. 1936 S. 355). Keine Regelung ist vom Gesetzgeber ferner für den Fall getroffen, daß eine örtlich unzuständige Devisenstelle eine Entscheidung getroffen hat. Wenngleich gewisse Bedenken dagegen bestehen, wird man aber auch hier die Ansicht (ebenso wie im Falle einer Entscheidung einer sachlichen und örtlich nicht zuständigen Devisenbehörde) vertreten dürfen, daß auch solche Entscheidungen rechtswirksam sind. Der Richter wird aber, wenn nicht besondere Gründe ein Gegenteiliges rechtfertigen, mit Rücksicht darauf, daß der vorstehende Fall nicht einwandfrei geklärt ist, vorsorglich veranlassen, daß die Genehmigung der zuständigen Devisenbehörde noch beigebracht wird. Wegen der Fragen, die sich ergeben, wenn mehrere Devisenbehörden keine Entscheidung treffen, weil sie sich für unzuständig halten, siehe unter B I b 3. dieses Kapitels.

[6]) Vgl. JW. 1934 S. 3070 f.

[7]) Vgl. S. 302 a. a. O. unter Note 9.

schaftung liegenden und seitens der Gerichte[8]) erfolgenden Überprüfung[9]) des Umfanges der Gültigkeit von Devisengenehmigungen[10]). Diese ist selbstverständlich nicht nur gestattet, sondern sogar Pflicht der Gerichte. Diese sind demnach insbesondere berufen, bei Erlaß von Entscheidungen die von den Beteiligten vorgelegten Devisengenehmigungen darauf zu untersuchen, wozu sie ermächtigen[11]) und ob sie noch gültig sind[12]).

---

[8]) Die Devisenvorschriften müssen von den Richtern genau beachtet werden. Soweit diese Pflicht besteht, wird auch ein Prüfungsrecht zu finden sein. Hier ist auch auf die für Behörden, also auch die Gerichte bestehende Anzeigepflicht von Devisenzuwiderhandlungen gem. der noch immer geltenden Vorschrift des § 20 der 1. StAmnVO. vom 23. Aug. 1931 (RGBl. I 449, 452) hinzuweisen (vgl. Friesecke in JW. 1936, 2782).

[9]) Es handelt sich hier eigentlich weniger um eine Nachprüfung von Genehmigungen der Devisenbehörden als vielmehr um ein Feststellen des in der Devisengenehmigung bzw. sonstigen Entscheidungen zum Ausdrucke kommenden Willens und Gestattens der zuständigen Devisenbehörde.

[10]) Hier ist kurz auf die verschiedenen Arten von Devisengenehmigungen hinzuweisen, die der Richter wegen ihrer verschiedenen Bedeutung auseinander halten muß: In Frage kommen einmal die allgemeinen Genehmigungen, die Sammelgenehmigungen und Einzelgenehmigungen (vgl. Ri. I/29 ff. und Ri. I/25 ff.), dann die Devisenerwerbs- und Devisenverwendungsgenehmigungen (vgl. Ri. I/22 ff.). S. auch noch die Fußnoten 11 und 12.

[11]) Der Umfang einer Genehmigung ergibt sich einmal schon aus der Art der Genehmigung (vgl. Fußnote 10 und die dort angeführten Ri.). Im übrigen wird jede Genehmigung genau die Höhe der zu erwerbenden, bzw. zu verwendenden Werte, die Art der Leistung und die Form, in der die Leistung zu erbringen ist, genau angeben. Das Gericht wird sich an diesen Wortlaut genau halten müssen und dementsprechend feststellen können, ob eine Handlung erlaubt oder nur zum Teil erlaubt ist oder war oder nicht. Zu beachten ist vom Richter besonders, daß oft eine Genehmigung nicht ausreicht (vgl. bes. Kap. 23 unter Ziff. I), daß in besonderen Fällen eine Genehmigung kraft ausdrücklicher gesetzlicher Bestimmung (vgl. Ri. III/4 Abs. 2) eine andere ersetzt und daß die Devisenbehörden möglicherweise in einer Genehmigungsurkunde bereits alle nötigen Genehmigungen erteilt haben (z. B. anläßlich der Bestellung einer Hypothek für einen Ausländer aus gesperrten Mitteln die Genehmigung der Bestellung der Hypothek und die Genehmigung zur Verfügung über das Sperrguthaben).

[12]) Genehmigungen erwachsen nicht in Rechtskraft; sie können daher bei Änderung von Umständen zurückgenommen werden. Dies kann nach der zutreffenden Ansicht von Hartenstein (s. Note 7 zu § 8 DevG. S. 91 f. a. a. O.) dann einseitig nicht mehr erfolgen, wenn von der Genehmigung bereits Gebrauch gemacht wurde und durch Vornahme des genehmigten Geschäftes subjektive Rechte erwachsen sind. Genehmigungen sind im übrigen nur gültig in der Person desjenigen, dem sie erteilt wurden, da Genehmigungen nicht übertragbar sind. Sie haben nur, wenn sie schriftlich erteilt wurden, Gültigkeit (vgl. § 8 Abs. 1 DevG.). Sie sind von sonstigen Bescheinigungen von Devisenbehörden zu unterscheiden (vgl. darüber besonders die Ausführungen in Kap. 27 Ziff. A I f.). Die Genehmigungen haben zeitliche Grenzen, was besonders in den Fällen vom Richter zu beachten ist, wenn es sich um längere Verfahren handelt (z. B. einstweilen eingestellte Zwangsversteigerungsverfahren) und der Richter die Beteiligten auf eine Verlängerung oder Erneuerung der Genehmigung hinweisen muß. Wegen der Bedeutung der Zuständigkeit der Devisenbehörden für die Gültigkeit einer Genehmigung s. oben die Bemerkungen unter Fußnote 5 dieses Kap. Erschlichene Genehmigungen sind grundsätzlich gültig. Vgl. auch die Ausführungen hierzu im Kap. 9 unter Fußnote 11.

B. Sind die Gerichte an die von den Devisenbehörden und diese an die von den Gerichten getroffenen Vorentscheidungen, ob ein genehmigungspflichtiger Tatbestand vorliegt, gebunden?

Hier ist von dem Grundsatz auszugehen, daß nach allgemeinen Regeln des Verwaltungsrechtes mangels einer ausdrücklichen Vorschrift keine Befugnis einer Verwaltungsbehörde besteht, verbindlich über eine Vorfrage zu entscheiden, von welcher die Entscheidung eines Gerichtes abhängig ist[13]). Der gleiche Grundsatz muß umgekehrt gelten, d. h. die Gerichte können (wenn nicht eine ausdrückliche Bestimmung ein anderes vorschreibt) nicht Entscheidungen über Vorfragen mit der Maßgabe treffen, daß sie für die Verwaltungsbehörde bindend wären[14]).

Nach dem Gesagten ist die unter B aufgeworfene Frage grundsätzlich zu verneinen.

Die bestehende Unabhängigkeit zwischen Devisenbehörden und Gerichten voneinander kann aber leicht öfters zu Unzuträglichkeiten führen, die im Interesse der Beteiligten und der gesamten Wirtschaft vermieden werden müssen. Devisengesetzgebung und Rechtsprechung vereinigen sich daher, um den aus der grundsätzlichen Ungebundenheit von Verwaltungsbehörden (hier Devisenbehörden) und Gerichten möglicherweise entstehenden Schädigungen von Beteiligten zu begegnen. Im einzelnen ist hierzu folgendes auszuführen:

I. Anläßlich der Neufassung der Devisenbestimmungen (im Febr. 1935) wurde in die Ri. die Bestimmung III/11 aufgenommen, nach der es für die Devisenstellen bindend ist, wenn eine Behörde der freiwilligen oder streitigen Gerichtsbarkeit entgegen der Auffassung einer Devisenstelle eine Handlung für genehmigungspflichtig hält. Die Devisenstellen werden daher in allen Fällen, in welchen sie keinen genehmigungspflichtigen Tatbestand erblicken, doch die nach Ansicht der Gerichte nötige Genehmigung erteilen; die durch das Fehlen der nach Ansicht der Gerichte etwa nötigen Genehmigung möglicherweise eintretenden Schädigungen Dritter sind daher jetzt grundsätzlich unterbunden. Die Frage der Bedeutung eines Negativattestes[15]) ist für das Gebiet des Devisenrechtes nun wohl praktisch nicht mehr von Interesse[16]).

Zu der Vorschrift von Ri. III/11 ist jedoch noch folgendes auszuführen:

a) Fragen, deren Beantwortung sich zwar nicht aus dem Wortlaut, wohl aber aus dem Sinne von Ri. III/11 beantworten lassen:

---

[13]) Vgl. hierzu die Ausführungen von Hartenstein S. 302 a. a. O. und die dort angeführten Literaturstellen und die vor einiger Zeit in JW. 1936 S. 628 ff. erschienene Abhandlung von Schantz über „Die rechtliche Bedeutung unrichtiger Negativatteste“.

[14]) Vgl. die Ausführungen von Schantz a. a. O.

[15]) Das ist die Bescheinigung einer Verwaltungsbehörde, daß keine Genehmigung nötig sei.

[16]) Vgl. hierzu die Bemerkungen des KG. in JW. 1934/3070, ferner Hartenstein, Devisennotrecht S. 302, und neuerdings Schantz in JW. 1936 S. 629.

1. Aus dem Sinne von Ri. III/11, welcher Schädigungen der Wirtschaft vermieden wissen will, die dadurch entstehen können, daß die Devisenstellen ohne zwingende Gründe keine oder eine verspätete Genehmigung erteilen, geht hervor, daß auch untere gerichtliche Instanzen, und zwar unabhängig von der Rechtskraft ihrer Entscheidungen bindend für die Devisenstellen entscheiden können, ob eine Handlung genehmigungspflichtig ist. Hätte der Gesetzgeber das Gegenteil gewünscht, so hätte er dies sicher noch ausdrücklich zum Ausdruck gebracht.

2. III/11 wird auch in den Fällen Anwendung finden, in welchen die Notare (z. B. in Baden in Zwangsversteigerungssachen) an Stelle der Gerichte tätig werden[17]).

b) Ungeklärte Fragen, die sich aus Ri. III/11 ergeben:

1. Schon in meinen Ausführungen in DNotZ. 1935 S. 536f. habe ich darauf hingewiesen, daß Ri. III/11 nur eine Verwaltungsanweisung des RStDV. an die DSt. enthält; diese sind daher bei Meinungsverschiedenheiten zwischen ihnen und den Gerichten bzw. den Behörden der freiwilligen Gerichtsbarkeit, insbesondere den Grundbuchämtern, ob eine Handlung genehmigungspflichtig ist, nicht direkt an die Auffassung der Gerichte, sondern nur auf Grund der Anweisung der RStDV. gebunden, welche m. E. jederzeit berechtigt ist, von dieser Verpflichtung zu entbinden. Auf dem Wege über die RStDV. (z. B. wenn die DSt. nicht vor Anhörung der RStDV. entscheiden will oder, wenn gegen die Entscheidungen der DSt. Aufsichtsbeschwerden erhoben werden oder wenn, wie in den Fällen von Ri. II/53 Abs. 3 usw. die Entscheidungen der RStDV. einzuholen sind) können Mißhelligkeiten, die durch III/11 gebannt werden sollen, wieder, wenn auch wohl sehr selten, vorkommen.

2. Durch III/11 der Ri. ist nur der Fall ausdrücklich geregelt, daß Meinungsverschiedenheiten zwischen den Devisenstellen und den Gerichten bestehen. Da sich auch Fälle ergeben können, in welchen Meinungsverschiedenheiten zwischen der Reichsbank oder den Überwachungsstellen einerseits und den Gerichten anderseits bestehen, stellt sich die Frage ein, ob auch in diesen Fällen III/11 Anwendung finden kann. M. E. kann die Frage bejaht werden, soweit es sich um Meinungsverschiedenheiten zwischen den Gerichten und den Überwachungsstellen handelt, da diese der RStDV. unterstellt sind; soweit es sich um Streitigkeiten zwischen den Gerichten und der Reichsbank handelt, wird, wenn gleich eine bejahende Antwort wünschenswert wäre, die Frage zu verneinen sein, da die RStDV. den Reichsbankanstalten keine Weisungen erteilen kann.

3. Endlich sei noch darauf hingewiesen, daß III/11 ausdrücklich nur den Fall regelt, in welchem ein Streit besteht, ob ein genehmigungspflichtiger Tatbestand vorliegt. Nicht ist durch III/11 der Fall geregelt, in welchem eine Devisenbehörde deshalb keine Genehmigung erteilt,

[17]) Vgl. hierzu meine Ausführungen in DNotZ. 1935/537.

weil sie sich für unzuständig hält; z. B. eine Devisenstelle erteilt keine Genehmigung, weil sie annimmt, daß es sich um einen Fall handle, in welchem eine andere Devisenstelle oder eine Überwachungsstelle zuständig sei; die andere Devisenstelle bzw. Überwachungsstelle lehnt die Entscheidung wiederum ab, weil sie sich für unzuständig hält. Durch einen solchen Streit kann durch die Verzögerung, die bis zur Entscheidung durch eine Devisenbehörde (wenn überhaupt eine ergeht) eintritt, leicht eine Schädigung der Beteiligten bedingt sein.

Zu a und b: Nach dem Ausgeführten, insbesondere den Bemerkungen unter b, dürfte eine Neufassung der Ri. III/11 und zwar am besten, wegen der damit verbundenen Gesetzeskraft im Rahmen einer Durchführungsverordnung als wünschenswert erscheinen. Anläßlich der Neuregelung könnten alle unter a und b angeschnittenen Fragen zusammenfassend berücksichtigt werden.

II. Ebenso wie es zu Unzuträglichkeiten führen mußte, wenn Devisenstellen entgegen der Ansicht der Gerichte keine Genehmigungspflicht annahmen, und deshalb keinen Genehmigungsbescheid erteilten, so ist es auch vom devisenrechtlichen und wirtschaftlichen Standpunkt aus unerwünscht, wenn Gerichte entgegen der Auffassung der Devisenbehörden keine Genehmigungspflicht annehmen und Entscheidungen fällen, die nach Ansicht der Devisenstellen erst nach Erteilung ihrer Genehmigung hätten getroffen werden dürfen. Namentlich wenn beide Parteien durch die Nichteinlegung von Rechtsmitteln verhindern wollen, daß in einer höheren Instanz von dieser eine Genehmigungspflicht angenommen wird und dadurch die devisenrechtlichen Bestimmungen doch zur Geltung kommen, können sich Nachteile für die Deutsche Devisenbewirtschaftung einstellen.

Diesen möglichen Schädigungen der Deutschen Wirtschaft sucht das Kammergericht in seiner Entscheidung vom 7. März 1935, abgedruckt in der Deutschen Justiz 1935 S. 787[18]) teilweise für das Gebiet des Grundbuchwesens zu begegnen: Das KG. erklärt nämlich die Devisenstellen in Grundbuchsachen für beschwerdeberechtigt, wenn sie durch die Beschwerden geltend machen wollen, daß ein Rechtsgeschäft entgegen der Ansicht der Gerichte der devisenrechtlichen Genehmigung bedarf. Zu der vorstehenden Entscheidung des KG. habe ich bereits in DNotZ. 1935 S. 537 bemerkt, daß ihre Stichhaltigkeit wegen des Fehlens einer ausdrücklichen, die Beschwerdebefugnis zulassenden Bestimmung sehr zu bezweifeln ist; vgl. hierzu auch die oben erwähnten Ausführungen von Hesse a. a. O., welcher ebenfalls darauf hinweist, daß die Entscheidung des KG. doch gewissen Bedenken begegnen muß. Da anderseits die Entscheidung im Ergebnis unbedingt zu begrüßen ist und da wegen der ihr gegenüberstehenden Bedenken damit zu rechnen ist, daß nicht alle deutschen Gerichte sich der Rechtsprechung des Kammergerichtes anschließen werden, wäre es zweckmäßig, wenn durch eine ausdrückliche

---

[18]) S. auch die Anmerkung hierzu von Hesse a. a. O.

Bestimmung den Devisenstellen im vorliegenden Fall das Beschwerderecht zugebilligt wird.

Meines Erachtens sind nun devisenrechtliche Belange nicht nur in Fragen der freiwilligen Gerichtsbarkeit durch die Devisenbehörden zu wahren, sondern auch auf dem Gebiete der streitigen Gerichtsbarkeit; es wäre daher zu begrüßen, wenn den Devisenbehörden allgemein auf dem Gebiete der streitigen und der freiwilligen Gerichtsbarkeit das Recht zur Einlegung von Rechtsmitteln zuerkannt würde, wenn sie dadurch devisenrechtliche Belange wahren wollen.

III. Die Entscheidung der Vorfrage, ob ein genehmigungspflichtiger Tatbestand vorliegt, kann noch von der Beantwortung weiterer Vorfragen abhängig sein. Als wichtigste ist hier die Frage zu erwähnen, ob es sich in gewissen Fällen um einen Inländer oder einen Ausländer im Sinne der Devisenbestimmungen handelt (in einer Reihe von Fällen, z. B. bei der Aushändigung von Zahlungsmitteln, ist es von grundlegender Bedeutung, ob man es mit einem Inländer oder einem Ausländer zu tun hat; während im ersteren Falle keine Genehmigung vorliegen muß, ist im letzteren Falle eine solche einzuholen). Da die Frage, wann jemand Inländer oder Ausländer ist, nicht leicht zu beantworten ist und sie nicht selten in entgegengesetztem Sinne gelöst werden kann, können Mißhelligkeiten entstehen, wenn eine Behörde jemand als Inländer, eine andere Behörde als Ausländer behandelt. Den sich hier möglicherweise einstellenden Schwierigkeiten trägt § 6 Abs. 6 DevG. letzter Satz Rechnung, wo bestimmt ist, daß die Reichsstelle und die Devisenstelle mit bindender Wirkung für jedermann, also auch für die Gerichte, feststellen können, ob jemand Inländer oder Ausländer im Sinne der Devisenbestimmungen ist[19]), [20]), [20a]).

C. Die Bedeutung der nicht einheitlichen Würdigung eines devisenrechtlichen Tatbestandes durch verschiedene Gerichte.

Bei Beantwortung der hier sich einstellenden Fragen muß man unterscheiden zwischen den Fällen, wenn verschiedene Gerichte im Instanzenzuge den gleichen devisenrechtlichen Tatbestand verschieden beurteilen, und den Fällen, wenn anläßlich verschiedener Umstände der

[19]) Wegen der zu beachtenden Gesichtspunkte, wann jemand In- oder Ausländer im Sinne der Devisenbestimmungen ist, siehe Teil I im Kap. 3 unter Ziff. B I.

[20]) S. auch § 5 des Gesetzes zur Regelung von Kapitalfälligkeiten gegenüber dem Ausland; dort ist in Abs. 2 ein weiterer Fall angeführt, in welchem Gerichte an die dort angeführten Entscheidungen gebunden sind (vgl. auch die Ausführungen in Kap. 13 unter Fußnote 14).

[20a]) S. auch die Entscheidung des RG. 2. StrSen. v. 1. März 1937, abgedr. in JW. 1937 S. 1339, wonach der Feststellungsbescheid einer Devisenstelle nach § 10 der 8. DurchfVO. vom 17. 4. 1934 (RGBl. I S. 313 ff.), jetzt § 6 Abs. 6 letzter Satz DevG. auch dann für die Gerichte (und zwar auch die Strafgerichte) bindend ist, wenn er auf einen früheren Zeitpunkt abgestellt und in einem schwebenden Strafverfahren erlassen war. S. ferner die hier einschlägigen, während der Drucklegung in JW. 1937, S. 1608 erschienenen Ausführungen von Seeliger über „Die Feststellung der Devisenrechtlichen In- und Ausländereigenschaft."

gleiche (devisenrechtlich bedeutsame) Tatbestand von verschiedenen Gerichten, die unabhängig nebeneinander stehen, entgegengesetzt behandelt wird.

I. Die nicht einheitliche Würdigung eines devisenrechtlichen Tatbestandes im Instanzenzuge.

Bei der Unabhängigkeit der Gerichte von einander ist es selbstverständlich durchaus möglich und zulässig, daß Untergerichte bei der Fällung von Entscheidungen von der Auffassung der oberen Gerichte abweichen. Es ist jedoch auf die zutreffenden Ausführungen des LG. Berlin[21]) zu verweisen, wo folgendes gesagt ist:

„Der rechtlichen Beurteilung des Untergerichtes steht auch entgegen, daß das RG. als höchstes deutsches Gericht den vom Untergerichte festgestellten Sachverhalt für straffrei hält. Das RG. hat die Aufgabe, eine einheitliche Rechtsprechung und damit eine Rechtssicherheit zu garantieren. Wenn nun das RG. in neuester Zeit wohlbegründete Rechtssätze in strittigen Fragen aufstellt, kann es nicht die Aufgabe der Instanzgerichte sein, diese Auffassungen in entgegengesetzten Entscheidungen zu bekämpfen."

Nach dem Gesagten werden die Untergerichte gut tun[22]), vor Entscheidungen in Devisensachen sich mit der in der besonderen Frage geltenden Rechtsauffassung des Reichsgerichts vertraut zu machen und, wenn im einzelnen Falle nicht besonders gelagerte, eine andere rechtliche Würdigung zulassende Gesichtspunkte vorliegen, die Ansicht des RG. bei der Urteilsfällung zugrunde zu legen[23]).

II. Als Beispiel für die zweite Gruppe der hier zu behandelnden Fälle einer nicht einheitlichen rechtlichen Würdigung devisenrechtlicher Fragen durch die Gerichte sei folgendes erwähnt: Das Grundbuchamt hält eine Hypothekenbestellung für (devisenrechtlich) genehmigungsfrei und trägt die Hypothek im Grundbuch ein; später soll aus der Hypothekurkunde vollstreckt werden und das Vollstreckungsgericht ordnet auf Antrag aber das Versteigerungsverfahren nicht an, da es die Ansicht vertritt, daß die Hypothekbestellung mangels der nach seiner Ansicht nötigen Genehmigung unwirksam gewesen sei. In Fällen der beschriebenen Art drängt sich die Frage auf, wie am besten den möglicherweise entstehenden Mißhelligkeiten begegnet werden kann. Diese Frage (die

---

[21]) Vgl. LG. Berlin, 4. StrK., Urt. vom 15. Okt. 1935, abgedr. in JW. 1936 S. 408.

[22]) S. auch die zustimmende Bemerkung von Turowski zu obenstehenden Ausführungen in JW. 1936, 408.

[23]) Namentlich sei wegen der Vermeidung von unnützen Gerichtskosten und Anwaltsgebühren darauf hingewiesen, daß die Untergerichte sich an grundlegende, im einzelnen Falle einschlägige Ausführungen von Obergerichten zu halten haben. Eine unterliegende Partei weiß beispielshalber, daß das Obergericht ihre Rechtsanschauung billigen wird. Sie wird daher ein Rechtsmittel einlegen und voraussichtlich obsiegen. Hätte das Untergericht sich dem Standpunkt des Obergerichts angeschlossen und in der Urteilsbegründung darauf verwiesen, wäre voraussichtlich der 2. Instanzenzug vermieden worden und die Kosten dieser Instanz erspart gewesen.

auch auf anderen Rechtsgebieten, in welchen verschiedene Gerichte sich mit der Frage zu befassen haben, ob die nötige Genehmigung einer Verwaltungsbehörde vorliegt, sich einstellen kann) soll hier vom devisenrechtlichen Standpunkt behandelt werden.

Es bestehen zwei Möglichkeiten, durch welche, allerdings nicht restlos, den sich etwa einstellenden Schwierigkeiten begegnet werden kann: Einmal besteht für die Beteiligten die Möglichkeit, daß sie gegen die ablehnende Entscheidung des zweiten mit der strittigen Frage nochmals befaßten Gerichtes das zulässige Rechtsmittel einlegen. Es besteht so die Möglichkeit, daß die höhere Instanz die Ansicht des früher mit der strittigen Frage befaßten Gerichtes teilt. Dieser Weg ist aber nicht zuverlässig, da die höhere Instanz die Entscheidung der unteren billigen kann. Als weiterer Weg besteht der, daß sich die Beteiligten an die zuständige Devisenstelle wenden und diese um die Erteilung der nachträglichen Genehmigung[24]) bitten. Die Devisenbehörde wird, namentlich wenn sie annimmt, daß kein genehmigungspflichtiger Tatbestand vorliegt und ferner auch sonst, wenn keine dringenden wirtschaftlichen Gründe dagegen sprechen, die Genehmigung erteilen. Sie kann allerdings auch (was aber wohl selten der Fall sein wird) die Genehmigung verweigern, so daß sich die sich einstellenden Mißhelligkeiten unter Umständen nicht oder nur schwer beseitigen lassen, die vielleicht vermieden worden wären, wenn das Gericht, das erstmals mit der strittigen Frage befaßt war, einen strengen Standpunkt eingenommen hätte. Aus dem Gesagten rechtfertigt sich die Ansicht, daß es im Zweifel auch im Interesse der Beteiligten gelegen ist, wenn die Gerichte den strengeren Standpunkt vertreten und vorsorglich bei Unklarheiten die Genehmigung der Devisenbehörden verlangen.

Kapitel 12.

Der Einfluß der Devisengenehmigung für den Abschluß von genehmigungspflichtigen Geschäften[1]).

Der Devisengesetzgeber hat im wesentlichen zwei Mittel, um seinen Bestimmungen die nötige Beachtung zu verschaffen, nämlich einmal die Androhung von Strafen und dann die Androhung zivilrechtlicher Nachteile. Über diese soll in diesem Kapitel das Wichtigste ausgeführt werden.

---

[24]) Vgl. Kap. 14.

[1]) Vgl. Hartenstein S. 284 ff., Bemerkungen zu § 38 DevG., Noten 18—22 zu § 38 DevG. über die zivilrechtliche Wirksamkeit der Rechtsgeschäfte und Rechtshandlungen (internationales Privatrecht), Vorbemerkungen zu § 38 DevG. S. 277 ff. über das räumliche und persönliche Geltungsbereich der Devisenvorschriften; Flad-Bergbold A. S. 74 ff.; Thiele in JW. 1935 S. 3130 ff.

Während der Drucklegung ist in Nr. 22, 1937, Sp. 649 ff. des DevArch. die Abhandlung von Humburg über „Die rückwirkende Kraft einer nachträglichen Genehmigung der Devisenstelle (§ 38 S. 2 DevG.)" erschienen, die inhaltlich hier nicht mehr mit verarbeitet werden konnte, aber auf die noch ausdrücklich hier hingewiesen werden soll.

Bei der Behandlung der einschlägigen Fragen hat man zu unterscheiden zwischen den Fällen, wenn es sich um den Abschluß von genehmigungspflichtigen Geschäften, die im Inlande von Inländern vorgenommen werden, handelt und den Fällen, wenn es sich um sonstige Geschäfte handelt.

A. Die im Inlande von Inländern[2]) abgeschlossenen genehmigungspflichtigen Geschäfte.

Es sind folgende Fragegruppen zu behandeln:

I. Welche Arten von Geschäften sind mangels einer Genehmigung nichtig[2a])?

Bei der Prüfung der Frage, inwieweit Geschäfte mangels einer Genehmigung der Gültigkeit entbehren, hat man wieder zu unterscheiden zwischen den Geschäften, für die der Gesetzgeber eine ausdrückliche Regelung getroffen hat und anderen Geschäften.

a) Die Vorschriften, bei deren Nichtbeachtung der Gesetzgeber ausdrücklich die Nichtigkeit ausspricht.

Die Geschäfte der hier zu behandelnden Art sind in § 38 Abs. 1 DevG. zusammengestellt. Bei der Anwendung dieser Vorschrift ist vor allem zu beachten, daß der heutige § 38 S. 1 DevG. seine jetzige Fassung erst auf Grund einer langsamen Entwicklung der Devisengesetzgebung gefunden hat und er eine Reihe von Vorgängern hat. Der Richter und sonstige Personen, die diese Vorschrift anzuwenden haben, werden also in jedem einzelnen Falle zu untersuchen haben, wann das in Frage stehende Geschäft abgeschlossen wurde, ob es damals bereits genehmigungspflichtig und damals schon mangels der Genehmigung für nichtig erklärt worden war[3]). Daneben ist zu berücksichtigen, daß § 38 S. 1 seit der Neufassung im Februar 1935 durch die verschiedenen inzwischen ergangenen gesetzlichen Vorschriften eine Fortentwicklung gefunden hat und daß also noch andere Bestimmungen ausdrücklich die Nichtigkeit aussprechen[4]) [5]).

Was nun die einzelnen Tatbestände selbst betrifft[6]), die § 38 S. 1

---

[2]) Vgl. hierzu die Ausführungen in Kap. 3 unter Ziff. B I.

[2a]) Was unter Nichtigkeit i. S. des § 38 DevG. richtig zu verstehen ist, s. unter Fußnote 15 dieses Kap.

[3]) Vgl. die in Fußnote 1 zu § 38 DevG., abgedr. in Teil III unter Ziff. A 1, angegebene Entwicklung.

[4]) Vgl. § 4 der 3. DurchfVO. und § 1 der 5. DurchfVO. i. V. mit § 4 der 3. Durchf.-VO., abgedr. in Teil III unter Ziff. A 4 und 6, s. ferner § 38 DevG. in der Fassung der Ziff. 2 des Abänderungsgesetzes zum DevG. vom 1. Dez. 1936, RGBl. I S. 1000, durch welches § 37a in den § 38 aufgenommen wurde.

[5]) Das oben Gesagte ist auch zu beachten bei etwa noch zu erlassenen späteren ergänzenden Devisenbestimmungen.

[6]) Soweit es sich um den ebenfalls durch § 38 DevG. erfaßten und in § 11 Abs. 1 DevG. geregelten Tatbestand des bloßen „Aushändigens" handelt, ist es fraglich, ob er, falls er nicht mit einer rechtsgeschäftlichen Handlung zusammenfällt, unter die Nichtigkeitsvorschrift fällt. Es wird hier dann das gleiche gelten müssen, was unter A I b dieses Kapitels bezüglich der unter § 13 DevG. fallenden Handlungen gesagt wurde,

DevG. zusammenfaßt, so wird man feststellen können, daß im allgemeinen durch diese Bestimmung nur die Erfüllungsgeschäfte mangels einer Genehmigung mit Nichtigkeit belegt werden. Eine Ausnahme besteht nur hinsichtlich eines Verstoßes gegen die Vorschriften der §§ 37 und 14 DevG. Bei der letzteren Bestimmung handelt es sich teils um Erfüllungs-, teils um Verpflichtungsgeschäfte, während § 37 DevG. ein reines Verpflichtungsgeschäft behandelt. Soweit es sich in § 38 S. 1 DevG. um Erfüllungsgeschäfte handelt, ist jedoch damit noch nicht gesagt, daß nicht auch die diesen zugrunde liegenden Verpflichtungsgeschäfte im Hinblick auf § 139 BGB. ebenfalls nichtig sind. Im allgemeinen wird dies aber nicht der Fall sein, weil wohl immer die Verpflichtungsgeschäfte unter der Voraussetzung und in der Annahme geschlossen werden, daß die Genehmigung zu dem Erfüllungsgeschäfte erteilt werden wird [7]).

b) Devisenvorschriften, für deren Nichtbeachtung keine ausdrückliche gesetzliche Bestimmung die Nichtigkeit von Geschäften ausspricht.

In Frage kommen die Bestimmung von §§ 9 Abs. 1, 29, 10 und 13 DevG.

Was die letztere Bestimmung betrifft, so ist es verständlich, daß diese Bestimmung in § 38 S. 1 DevG. nicht mitaufgeführt ist, da letzten Endes nicht tatsächliche Handlungen, sondern nur Rechtsgeschäfte nichtig sein können.

Bezüglich der anderen Vorschriften ist es umstritten, ob ein strafbarer Verstoß gegen sie ohne weiteres die Nichtigkeit von abgeschlossenen Geschäften mit sich bringt, oder ob eine solche nur dann anzunehmen sei, wenn die Voraussetzungen des § 134 BGB. erfüllt sind, d. h. wenn (soweit dies tatbestandsmäßig möglich ist) beide Vertragsteile gegen devisenrechtliche Verbotsvorschriften verstoßen, wie dies z. B. der Fall ist, wenn der eine Teil ohne Genehmigung über Devisen verfügt und der andere Teil ohne Genehmigung diese erwirbt [8]). Die letztere Auffassung wird den Vorrang verdienen, so daß man zu dem Ergebnis kommt, daß es sich unter Umständen bei Verstößen gegen die hier in Frage kommenden Bestimmungen zwar um strafbare aber nicht um nichtige Rechtsgeschäfte handelt.

II. Die Folgen der Nichtigkeit.

Sie sind auf Grund der allgemeinen gesetzlichen Vorschriften des BGB. abzuleiten. Namentlich ist hier zu prüfen, inwieweit unter Umständen Ansprüche aus ungerechtfertigter Bereicherung gerechtfertigt sind, wobei insbesondere die Bestimmung des § 817 BGB. zu beachten ist. Soweit nicht die Bestimmungen in § 38 S. 3 DevG. Schutz gewähren, wird daher namentlich zu prüfen sein, ob der eine Vertragsteil, der

---

wenn man den in Kap. 3 unter Ziff. B II d behandelten und vom RG. bez. des Begriffes „aushändigen“ vertretenen Standpunkt teilt; andernfalls ist das „Aushändigen“ gem. § 38 S. 1 DevG. nichtig.

[7]) Vgl. hierzu die Ausführungen von Hartenstein S. 285 a. a. O. und §§ 308 und 309 BGB.

[8]) Vgl. Hartenstein S. 287 a. a. O. und die dort angeführte Literatur.

Ansprüche geltend machen will, nicht selbst sich gegen Devisenbestimmungen vergangen hat. Ist dies der Fall[9]), so kann er im allgemeinen keine Ansprüche stellen.

Ausnahmsweise kann die Nichtigkeit auf Grund ausdrücklicher Bestimmung in § 38 S. 3 DevG. nicht zum Nachteil geltend gemacht werden, wenn die dort näher angegebenen Voraussetzungen vorliegen. Bei Behandlung dieser Vorschrift hat man folgendes zu beachten:

Zunächst ist genau der Begriff des „Nicht zum Nachteile geltend Machens" zu untersuchen und dann sind die Voraussetzungen, unter welchen keine Nachteile entstehen dürfen, zu erörtern.

a) Der Begriff „nicht zum Nachteile bestimmter Personen geltend gemacht werden kann" ist zu unterscheiden von einer etwaigen Gültigkeit des Geschäftes. Die geschützten Personen können nicht etwa die verbotene Leistung verlangen, sie sind nur gegen ungerechtfertigte Schädigungen geschützt; m. a. W.: soweit bereits eine verbotene Leistung oder ein verbotenes Geschäft abgeschlossen wurden, hat es der geschützten Person gegenüber als wirksam zu gelten; nicht aber sind weitere Handlungen, die auf Grund des Geschäftes noch zu erfolgen hätten, erlaubt, soweit sie noch nicht vorgenommen sind; ferner dürfen gegen geschützte Personen wegen der bereits erfolgten Leistungen und Geschäfte keine Rückforderungen geltend gemacht werden.

b) Das Gesetz ordnet in zwei Fällen an, daß die Nichtigkeit keine Nachteile bringen darf: Einmal, wenn die zu schützende Person den die Nichtigkeit begründenden Sachverhalt beim Abschlusse des Geschäftes nicht kannte und dann, wenn die zu schützende Person im Auslande ansässig ist, es sei denn, daß sie die Nichtigkeit des Geschäftes kannte[10]). Was die erste Ausnahme betrifft, so ist folgendes zu sagen: Für den Schutz genügt es, daß der die Nichtigkeit begründende Sachverhalt nicht bekannt war. Es ist also ohne Bedeutung, ob diese Unkenntnis auf Verschulden beruhte oder nicht. Anderseits schützt nur die Unkenntnis des die Nichtigkeit begründenden Sachverhaltes, also kein Rechtsirrtum über das Bestehen der Verbotsnorm[11]).

Der zweite Fall, in welchem die Nichtigkeit keine Nachteile bringen darf, hat eigentlich nicht für die hier zu behandelnden Fragen, also

---

[9]) Z. B. wenn Leistung und Annahme gegen ein gesetzliches Verbot verstoßen, wie im Falle des § 10 DevG.

[10]) Wegen der Beleislast wird folgendes zu gelten haben: im ersteren Falle hat nach dem Wortlaute des Gesetzes die zu schützende Person den Nachweis zu führen bzw. glaubhaft zu machen, daß die sie begünstigenden Tatsachen vorliegen; im letzteren Falle muß man dem Ausländer nachweisen, daß er die Nichtigkeit nicht kannte.

[11]) Demnach kann sich jemand zwar auf § 38 DevG. berufen, wenn er beispielsweise nicht wußte, daß die Genehmigung der Devisenstelle fehlte, nicht aber, wenn er nicht wußte, daß hier überhaupt eine Genehmigung nötig sei. Es fragt sich aber, ob nicht de lege ferenda auch der Rechtsirrtum oder die Rechtsunkenntnis, wenn dabei kein Verschulden vorliegt, nicht der Unkenntnis des die Nichtigkeit begründenden Sachverhaltes gleichgestellt werden soll, ebenso, wie der Gesetzgeber nach anfänglichem Zögern auch im Devisenstrafrechte den Rechtsirrtum dem Tatsachenirrtum gleichstellte.

wenn das Geschäft im Inlande von Inländern abgeschlossen wurde, sondern für die unter B sonstigen behandelten Fälle Bedeutung. Er soll aber hier miterörtert werden. Bei der Anwendung dieser zweiten Ausnahmevorschrift muß man beachten, daß die Staatsangehörigkeit keine Rolle spielt und nur die In- bzw. Ausländereigenschaft im Sinne der Devisenbestimmungen[12]) entscheidet. Ferner ist entgegen dem ersten Ausnahmefalle zu beachten, daß es hier nicht allein auf die Kenntnis des die Nichtigkeit begründenden Sachverhaltes ankommt, sondern, daß hier der Ausländer nur dann nicht geschützt ist, wenn er die Nichtigkeit des Geschäftes, also sowohl den die Nichtigkeit begründenden Sachverhalt als auch das Bestehen und die Tragweite des Verbotes kannte.

III. Die Bedeutung der nachträglichen Genehmigung[13]) [14]).

Auf Grund ausdrücklicher gesetzlicher Bestimmung hat die nachträgliche Genehmigung die Gültigkeit des abgeschlossenen Geschäftes von Anfang an zur Folge[15]). Die Frage, ob das nun rückwirkend gültige Geschäft unter Umständen wegen neuer, während des Schwebezustandes eingetretener Umstände seine volle Wirksamkeit doch nicht entfalten kann, ist bestritten und ungeklärt[16]). Jedenfalls wird man mit der Möglichkeit schon rechnen müssen, daß bis zum Zeitpunkt der Genehmigung doch Rechte an dem Gegenstande, der durch das nachträglich genehmigte Geschäft betroffen wird, möglicherweise begründet werden[17]).

B. Sonstige, nicht unter A behandelte Fälle.

Auf diese findet, da sie im wesentlichen Fragen des internationalen Privatrechtes bringen, das in Kap. 1 unter Ziff. IVb Gesagte An-

[12]) Vgl. die Ausführungen in Kap. 3 unter Ziff. B I.

[13]) Vgl. die Ausführungen von Thiele in JW. 1935 S. 3130 ff. über die Bedeutung der nachträglichen Devisengenehmigung im Devisenzivilrecht und für Zwangsvollstreckungsakte. Vgl. auch noch die Fußnoten 16 und 17 dieses Kap. Siehe auch Fußnote 1 dieses Kap. am Ende.

[14]) Hier wird nur die zivilrechtliche Bedeutung der nachträglichen Genehmigung erörtert. Wegen der strafrechtlichen Bedeutung s. die Ausführungen in Kap. 26 unter Fußnote 27.

[15]) Ein genehmigungsbedürftiges Geschäft, das zunächst ohne Genehmigung vorgenommen wurde, ist bis zur Entscheidung, ob die Genehmigung erteilt wird oder nicht, im Hinblick auf die Möglichkeit des § 38 S. 2 DevG. richtig betrachtet nicht nichtig, sondern schwebend unwirksam (vgl. Hartenstein Note 8 zu § 38 DevG. S. 288 a. a. O.).

[15a]) Umgekehrt hat die Versagung der Genehmigung die endgültige Nichtigkeit von Rechtsgeschäften zur Folge. War einmal eine Genehmigung versagt und wird später auf ein neues Gesuch hin doch eine Genehmigung erteilt, so hat aber diese Genehmigung nicht zur Folge, daß das früher abgeschlossene und nicht genehmigte Geschäft rückwirkend Gültigkeit erlangt.

[16]) Vgl. hierzu die Ausführungen von Thiele in JW. 1935 S. 3130 ff. und die ergänzenden Bemerkungen im Kap. 14, insbesondere unter Fußnote 7, wo die Ansicht vertreten wird, daß die Beachtung der Ausführungen von Thiele mangels einer Klärung durch die Obergerichte u. U. nicht immer vor etwaigen Schädigungen schützen kann. S. auch Fußnote 1 dieses Kap. am Ende.

[17]) § 38 DevG. findet keine Anwendung auf nicht rechtsgeschäftliche Akte. Wegen der Bedeutung der nachträglichen Genehmigung für diese s. Kap. 14 und die dort angeführte Literatur.

wendung. Beachte auch die oben im Interesse des Zusammenhanges unter A II vorweggenommenen und eigentlich hierhergehörigen Ausführungen bez. § 38 S. 3 lit. b DevG.

Kapitel 13.

Der Einfluß des Devisenrechts auf die bestehenden Schuldverhältnisse[1]).

Im vergangenen Kap. wurden die Fragen behandelt, die sich ergeben, wenn entgegen den Verboten der Devisenvorschriften genehmigungspflichtige Geschäfte abgeschlossen werden. In dem vorstehenden Kapitel sollen die wichtigsten Fragen erörtert werden, die sich einstellen, wenn geprüft wird, inwieweit das Devisenrecht die Abwicklung von bereits bestehenden Schuldverhältnissen beeinflußt.

Grundsätzlich will das Devisenrecht das Schuldverhältnis zwischen den Vertragsparteien nicht verändern. Der Umstand, daß bei der Erfüllung von Verpflichtungen devisenrechtliche Beschränkungen eingreifen, bringt jedoch einschneidende Fragen, sowohl für Gläubiger und Schuldner mit sich; für die ersteren, als zu prüfen ist, inwieweit diese unter Umständen sich mit Leistungen begnügen müssen, die nicht den vertraglichen Vereinbarungen voll entsprechen, für die letzteren als sie oft nicht in der Lage sind, vertragsgemäß den Ansprüchen des Gläubigers nachzukommen.

Im einzelnen sind folgende Fragengruppen zu unterscheiden:

A. Verpflichtung des Schuldners zur Beschaffung der nach den Devisenbestimmungen nötigen Genehmigung.

Das Devisengesetz gibt zwar in § 8 Abs. 2 DevG. auch dem Gläubiger die Möglichkeit, um die nach den Devisenbestimmungen nötige Genehmigung nachzusuchen. Dies hindert aber nicht, daß auch der Schuldner verpflichtet ist, für die rechtzeitige Erholung der Genehmigung sich

---

[1]) Vgl. die Ausführungen von Hartenstein im Anhang zu § 38 DevG., Noten 1ff. S. 307ff. a. a. O. und die Abhandlung Hartensteins in JW. 1936 S. 2833ff., wo die sämtlichen neueren Entscheidungen zusammengestellt und unter eingehender Würdigung behandelt sind.

Die erwähnten Ausführungen von Hartenstein sind durch die neuerliche Rechtsprechung bzw. Gesetzgebung teilweise überholt. Vgl. hierzu die Darlegungen von Hartenstein „Zum Gesetz zur Regelung von Kapitalfälligkeiten gegenüber dem Ausland“ in Nr. 24 Sp. 705ff. des DevArch.

Ferner ist hier hinzuweisen auf die Ausführungen von Lengemann in JW. 1936 S. 18 über Schuldner- und Annahmeverzug des Einführers bei Ausbleiben der devisenrechtlichen Genehmigung“ und von Goltz in JW. 1936 S. 19ff. über „Fortbestand eines Kaufvertrages trotz fehlender Devisengenehmigung“. S. ferner die Nr. 3 der Schriftenreihe zum „Devisenarchiv“: Lengemann über „Kaufvertrag und Devisenrecht“.

zu bemühen. Denn nach Treu und Glauben wird er alles versuchen müssen, um seinen eingegangenen Verpflichtungen nachzukommen[2])[3]).

Kommt der Schuldner dieser Verpflichtung nicht nach, so kommt er in Schuldnerverzug und, da der Schuldner sich auch um die rechtzeitige Erteilung der Genehmigung bemühen muß, auch dann, wenn er durch sein schuldhaftes Verhalten die verspätete Genehmigung veranlaßt hat. Eine weitere Frage ist, ob nicht der Schuldner sogar den Schaden zu ersetzen hat, der durch eine verspätete Genehmigung und die dadurch wegen einer zu erwartenden zunehmenden angespannten Devisenlage beschränkte oder nicht erteilte Genehmigung zu tragen hat[4]).

B. Folgen der Verweigerung der Genehmigung zur Zahlung zur freien Verfügung des Gläubigers bei Kapitalfälligkeit[5]).

Das Devisenrecht will grundsätzlich nicht in die bestehenden Schuldverhältnisse eingreifen. Von diesem Grundsatz ist auch bei der jetzigen, durch das Gesetz zur Regelung von Kapitalfälligkeiten gegenüber dem Ausland[6]) geschaffenen Rechtslage auszugehen; denn dieses Gesetz beläßt auf den Gebieten, die es regeln wollte, noch den Parteien weitgehende Möglichkeiten (vgl. insbes. § 3), sich gegenseitig entgegenzukommen. Es will, wie sich aus den nachstehenden Ausführungen näher ersehen läßt, im wesentlichen nur Vereinbarungen fördern, die einen gerechten Ausgleich zwischen den schutzwürdigen Interessen von Gläubiger und Schuldner schaffen.

Unter Berücksichtigung des eben aufgezeigten Grundsatzes, der Vorschriften des Gesetzes zur Regelung von Kapitalfälligkeiten gegenüber dem Ausland und der einschlägigen Rechtsprechung des Reichsgerichtes wird man zu den sich hier einstellenden Fragen, die gesonderte Behandlung erheischen, je nachdem es sich um in-[7]) oder ausländische Gläubiger handelt, wie folgt Stellung nehmen:

---

[2]) S. JW. 1936 S. 348, Hartenstein S. 307 a. a. O. unter Note 2.

[3]) Fraglich ist es, inwieweit der Schuldner Rechtsbehelfe einlegen muß, um die Genehmigung zu erlangen. Da grundsätzlich die Entscheidungen der Devisenbehörden endgültig sind, wird, wenn nicht ganz besonders gelagerte Umstände ein Gegenteiliges rechtfertigen, eine Verpflichtung des Schuldners zur Einlegung von Rechtsmitteln zu verneinen sein.

[4]) Diese Frage wird wohl dann zu bejahen sein, wenn einwandfrei nachgewiesen werden kann, daß durch ein bewußtes nicht gerechtfertigtes Verzögern des Schuldners besondere Nachteile für den Gläubiger sich einstellen.

[5]) Die Fragen, die sich ergeben, wenn fällige Zinsen und sonstige Erträgnisse oder Tilgungsbeträge zu zahlen sind, finden ihre Regelung im MorG. Nach dessen ausdrücklicher Bestimmung (vgl. § 1 Abs. 2 des Ges.) befreit die Zahlung an die Konversionskasse den Schuldner, auch wenn die Leistung wider den Willen des Gläubigers erfolgt.

[6]) Vgl. den in Teil III unter A Ziff. 12a abgedruckten Gesetzestext und den in Teil III unter B I c abgedruckten RE. 79/37 betr. das oben erwähnte Gesetz nebst der dort ebenfalls zum Abdruck gebrachten Begründung desselben.

[7]) Es handelt sich hier um die Fälle, wenn unter Inländern effektive Währungsverbindlichkeiten bestehen, die in der Regel darin ihre Begründung haben, daß der inländische Gläubiger seinerseits das an den anderen Inländer zur Verfügung gestellte Darlehen mit Mitteln eines aus dem vom Auslande empfangenen Valutadarlehens gewährte.

I. Fragen, die sich aus den Beziehungen zwischen dem inländischen Schuldner und dem ausländischen Gläubiger ergeben:

Zum besseren Verständnis des Nachfolgenden ist kurz auf die Rechtslage vor dem Inkrafttreten des oben erwähnten Gesetzes [8]) einzugehen:

Für die Begleichung von fälligen Kapitalien besteht keine dem § 1 Abs. 2 des MorG. entsprechende Regelung (vgl. oben Fußnote 5). Es war daher lange Zeit ein lebhafter Streit, ob der Gläubiger (sei es einer Reichsmarkforderung, sei es einer Fremdwährungsforderung) nach Treu und Glauben verpflichtet ist, eine Zahlung auf Sperrkonto an Erfüllungsstatt entgegenzunehmen. Diese Frage ist in letzter Zeit in der Rechtsprechung und Literatur fast einhellig (anderer Ansicht nur Dietrich) verneint worden [9]) [10]).

Diese Stellungnahme und die sich daraus ergebenden Folgerungen konnten, wie aus der vorhandenen Literatur zu ersehen ist, aus den verschiedensten Gründen nicht befriedigen und stellten keinen gerechten Ausgleich zwischen den Interessen von Gläubiger und Schuldner her [11]). Dieser Ausgleich wird durch das jüngst ergangene Gesetz zur Regelung von Kapitalfälligkeiten gegenüber dem Ausland geschaffen:

Einerseits muß der Schuldner die Fortsetzung des Schuldverhältnisses dulden, wenn der Gläubiger dies will [12]), anderseits wird der Schuldner nach Eintritt der Fälligkeit von Auslandskrediten und Auslandsanleihen von der überhöhten Zinsenlast insofern befreit, als der Gläubiger, wenn er mit der Rückzahlung auf Sperrkonto nicht einverstanden ist, sich mit der Verzinsung gemäß § 1 Abs. 3 des Ges. (z. Zt. grundsätzlich 4%) bzw. gemäß § 9 des Ges. begnügen muß [13]).

II. Fragen, die sich aus den Beziehungen zwischen inländischen Schuldnern und inländischen Gläubigern einer effektiven Währungsforderung ergeben.

Der Gesetzgeber hat die hier sich einstellenden Fragen nicht so weitgehend wie die unter I behandelten geregelt: In § 5 des Gesetzes ist

---

[8]) Im übrigen s. den in der Fußnote 6 erwähnten, in Teil III abgedruckten RE. unter Ziff. I, 1, wo Näheres über die frühere Rechtslage ausgeführt ist.

[9]) Vgl. bes. die Entscheidungen des RG., abgedr. in JW. 1936 S. 1284, 2449, 2858 gegen RG. in JW. 1935 S. 1082 und beachte die Ausführungen von Hartenstein in JW. 1936 S. 2833, DevArch. Nr. 16, 1936 Sp. 566 und Nr. 27, 1936 Sp. 899 gegenüber den Ausführungen von Dietrich insbesondere in DJ. 1934 S. 1404 und 1935 S. 785 und in JW. 1935 S. 3013 und 1936 S. 897 und 1286.

[10]) Der inländische Schuldner kann sich auch dadurch nicht von seinen Verpflichtungen gegenüber dem ausländischen Gläubiger befreien, daß er unter Verzicht auf das Recht der Zurücknahme den geschuldeten Betrag zugunsten des Gläubigers hinterlegt (vgl. Beschl. des Gr. Sen. vom 23. 5. 1936, abgedr. in JW. 1936 S. 2449 ff.).

[11]) Vgl. vor allem die Ausführungen von Hartenstein in JW. 1936 S. 2833 und im DevArch. 1937 Nr. 24 Sp. 705 ff.

[12]) Vgl. § 1 Abs. 2 des Ges., wonach nur der Gläubiger die Zahlung auf Sperrkonto verlangen kann.

[13]) Wegen der übrigen Einzelheiten ist auf die gesetzlichen Bestimmungen und die (Literatur-)Nachweise in Fußnoten 1 und 6 zu verweisen.

vorgesehen[14]), daß dem inländischen Drittschuldner ebenfalls die Zinsentlastung entsprechend zugute kommen muß. Bezüglich der sonstigen Fragen, die sich bei Fälligkeiten des an den inländischen Gläubiger geschuldeten Kapitals ergeben, ist keine Regelung getroffen. Es stellt sich daher die Frage ein, ob der inländische Gläubiger verpflichtet ist, Reichsmarkzahlungen des inländischen Schuldners entgegenzunehmen. Bisher wurde diese Frage verneint[15]). Es ist nun allerdings fraglich, ob nicht im Hinblick darauf, daß die Stellung des inländischen Schuldners gegenüber dem ausländischen Gläubiger auf Grund des Gesetzes zur Regelung von Kapitalfälligkeiten gegenüber dem Ausland gestärkt ist, die bisherige Rechtslage überholt sein dürfte und der inländische Valutagläubiger, der weitgehend seinerseits gegen den ausländischen Gläubiger geschützt ist, nun nicht doch verpflichtet ist, Reichsmarkzahlungen entgegenzunehmen. Hier wird noch die Stellungnahme der Gerichte und sonstigen Behörden (RStDB. usw.) bzw. eine ergänzende gesetzliche Regelung abzuwarten sein[16]).

C. Folgen der erteilten Devisengenehmigung.

Auf Grund der Genehmigung fällt das öffentlich-rechtliche Hindernis weg. Die Genehmigung ändert an sich nichts an dem bestehenden Schuldverhältnis, nur müssen jeweils die Einschränkungen, die in der Genehmigung vorgeschrieben sind[17]), beachtet werden[18]).

D. Sonstige Vorschriften.

Hier ist vor allem auf die Vorschriften des Gesetzes über Fremdwährungsschuldverschreibungen vom 26. Juni 1936 RGBl. I S. 515ff. und der Verordnung über Fremdwährungsschulden vom 5. Dez. 1936 RGBl. I S. 1010 hinzuweisen. Wegen der entstehenden Schuldverhältnisse auf Grund der Nichtigkeit von ohne Genehmigung abgeschlossenen Geschäften wurde bereits in Kapitel 12 Näheres ausgeführt. Wegen der Anwendung des § 244 BGB. auf Fremdwährungsversicherungen vgl. die in DevArch. Nr. 23, 1936, Sp. 780ff. abgedr. Entscheidung des Hanseatischen OLG. VI. ZivSen. vom 9. Okt. 1935, nebst zustimmender Bemerkung von Aby[19]).

---

[14]) § 5 des Ges. ist auch insofern für Gerichte von Bedeutung, als dort in Abs. 2 bestimmt ist, daß die Entscheidungen des Reichskommissars für das Kreditwesen und der Aufsichtsbehörden der in Frage kommenden öffentlichen Körperschaften für Gerichte und Verwaltungsbehörden bindend sind. S. auch die Ausführungen in Kap. 11 unter Fußnote 20.

[15]) Vgl. RG. 4. ZivSen. vom 16. 3. 1936, abgedr. in JW. 1936 S. 1284 und Hartenstein in JW. 1936 S. 2835.

[16]) M. E. dürfte eine Regelung, die den inländischen Gläubiger zur Annahme von Reichsmarkzahlungen verpflichtet, grundsätzlich nicht als unbillig erscheinen.

[17]) Z. B. über die Zahlungsform (keine Zahlung in Reichsmarknoten oder Barmitteln, sondern beispielsweise im Verrechnungswege).

[18]) S. auch noch die Ausführungen bei Hartenstein S. 313 unter Note 8.

[19]) Hier ist entschieden, daß der Umstand, daß die beiderseitigen Verpflichtungen auf Fremdwährung lauten, an sich noch nicht genügt, die Vereinbarung der Zahlung in fremder Währung nach § 244 BGB. zu begründen. Bei der Entscheidung sind, wenn weitere Zusätze fehlen, Sinn und Zweck des Vertrages, also auch die einzelnen für den Abschluß in Fremdwährung maßgebenden Gründe heranzuziehen.

Kapitel 14.

Die Bedeutung der fehlenden Devisengenehmigung und der nachträglichen Erteilung derselben für gerichtliche Akte[1]).

Im Kapitel 12 wurde die Bedeutung der fehlenden Genehmigung und der nachträglichen Erteilung derselben für den Abschluß von genehmigungspflichtigen Rechtsgeschäften behandelt[2]). Im Nachfolgenden soll der Einfluß auf die nichtrechtsgeschäftlichen Akte, also insbesondere die Gültigkeit gerichtlicher Maßnahmen (vgl. die folgenden Kapitel) behandelt werden.

I. Die Bedeutung der fehlenden Genehmigung.

a) Grundsätzliches:

Prozessuale Handlungen, die ohne die jeweils nötige Genehmigung vorgenommen werden, insbesondere vorgenommene Vollstreckungen sind mangels einer wesentlichen Voraussetzung für die Zulässigkeit der Vollstreckung unzulässig[3]). Bei Vollstreckungsmaßnahmen besteht lediglich formelle Pfandverstrickung, ein Pfändungspfandrecht ist aber wirksam nicht entstanden. Der Mangel, der durch die fehlende Genehmigung bedingt ist, kann durch Einlegung von Rechtsmitteln, bei der Vollstreckung durch die Erinnerung gemäß § 766 ZPO. geltend gemacht werden. Urteile, die ohne die nötige Genehmigung ergehen, sind bei Einlegung von Rechtsmitteln aufzuheben und der geltend gemachte Anspruch ist, wenn die Genehmigung nicht beigebracht wird, als zur Zeit unbegründet abzuweisen. Ebenso sind Vollstreckungsmaßnahmen jeder Art, soweit sie auf Grund Ausnahmevorschriften nicht ohne Genehmigung statthaft sind, aufzuheben. Bei Zwangsversteigerungsverfahren ist, wenn die Genehmigung fehlt, der Zuschlag zu versagen (s. § 83 Nr. 6 ZVG.). Bis zur Entscheidung über die Wirksamkeit einer Vollstreckungsmaßnahme kann die Genehmigung nachgebracht werden. Eine nachträgliche Heilung (vgl. II und die Ausführungen dort) kann aber nicht mehr eintreten, wenn über die Erteilung des Zuschlages

---

[1]) Vgl. Hartenstein in Note 10 zu § 38 DevG. S. 289 f., Carlebach in JW. 1932 S. 3696 ff. über die Frage „Hat die Devisengenehmigung im Zwangsvollstrekkungsverfahren rückwirkende Kraft", Schultze in JW. 1932 S. 3162 ff. über „Devisenbewirtschaftung und Zwangsvollstreckung", insbesondere unter III. Thiele in JW. 1935 S. 3130 ff. über „Die Bedeutung der nachträglichen Devisengenehmigung im Devisenzivilrecht und für Zwangsvollstreckungsakte, v. Edlinger in Gemein- und Wirtschaftsrecht 1937 S. 162 ff. S. auch Fußnote 1 von Kap. 12 am Ende.

[2]) Oben in Kap. 12 unter A III wurden die Fragen, die sich ergeben, wenn in der Schwebezeit von der Vornahme eines Rechtsgeschäfts bis zur nachträglichen Genehmigung Rechte Dritter (sei es rechtsgeschäftlicher Natur oder auf Grund von Vollstreckungsakten) begründet wurden und welchen Rang sie gegenüber dem früher abgeschlossenen schwebend unwirksamen Rechtsgeschäfte haben, nicht näher erörtert. Auf diese Fragen wird am Ende dieses Kapitels, insbesondere in Fußnote 7 näher eingegangen.

[3]) Vgl. Schultze in JW. 1932, 2001 ff. und Steiner ZVG. 1935, 5. Auflage S. 13 f. und die oben in Fußnote 1 angegebene weitere Literatur.

(nämlich die Versagung desselben) entschieden wurde, da ein einmal erwachsener Versagungsgrund nicht nachträglich geheilt wird[4]).

Gleiches, wie oben bezüglich der prozessualen Handlungen ausgeführt wurde, gilt für Akte der freiwilligen Gerichtsbarkeit, zu deren Vornahme eine Genehmigung nötig wäre. Bei Eintragungen in das Grundbuch ohne die fehlende Genehmigung ist, da sie unter Verletzung der gesetzlichen Vorschriften erfolgten, von Amts wegen ein Widerspruch einzutragen (vgl. § 53 Abs. 1 GBO., a. F. § 54 Abs. 1).

b) Einschränkungen von a:

Das oben Ausgeführte ist nicht uneingeschränkt zutreffend. Es hat seine Grenzen in der Rechtskraft von Urteilen und Beschlüssen. Daher wird ein Urteil, das rechtskräftig ist, seine Wirkung behalten, auch wenn die Genehmigung fehlt. Der Mangel der Genehmigung ist dann im Vollstreckungsverfahren geltend zu machen. Ebenso werden rechtskräftige Zuschlagsbeschlüsse ihre Rechtswirksamkeit besitzen, auch wenn das Verfahren ohne Genehmigung irrtümlich durchgeführt wurde.

Auch Versteigerungen von beweglichen Sachen haben ihre volle Wirksamkeit, sobald das Verfahren durchgeführt ist. Dagegen wird die Zuteilung des Erlöses und auch die Pfändung und Überweisung von Forderungen bei fehlender Genehmigung der Rechtswirksamkeit entbehren. Die an den ausländischen Gläubiger oder dessen inländischen Vertreter zugeteilten Beträge werden, soweit möglich, von diesen zurückverlangt werden können.

Zu a und b:

Auf Grund der mangelnden Genehmigung vorgenommene gerichtliche Akte werden, selbst wenn Heilung infolge nachträglicher Genehmigung erfolgt (vgl. unter II), leicht Schädigungen der Beteiligten (Verschiebung der Rangverhältnisse[5]), neue Verfahrenskosten, etwa mangelnde Möglichkeit von Schadenersatzansprüchen usw.) mit sich bringen. Es ist daher leicht ersichtlich, wie angebracht eine sorgfältige Nachprüfung der einschlägigen devisenrechtlichen Fragen seitens der Richter, Urkunds- und Vollstreckungsbeamten ist, wenn sie drohende Haftungen vermeiden wollen.

II. Die Bedeutung der nachträglich erteilten Genehmigung.

a) Grundsätzliches:

Diese Frage ist für die Praxis von größter Bedeutung. Die Devisengesetzgebung beantwortet sie nicht selbst; denn § 38 DevG. heilt nur Verstöße gegen die Devisenbestimmungen, soweit es sich um Rechtsgeschäfte handelt, nicht aber soweit es sich um gerichtliche Akte handelt.

Die Frage, ob die nachträgliche Erteilung der Genehmigung gerichtliche Akte heilt, ist jedoch auf Grund allgemeiner Erwägungen

---

[4]) Vgl. JW. 1932 S. 1980 (1981).

[5]) Vgl. auch die Ausführungen unter II b am Ende und die Bemerkungen in Fußnote 7.

grundsätzlich zu bejahen. In Literatur und Rechtsprechung herrscht heute die Auffassung (vgl. Hartenstein Note 10 zu § 38 DevG. S. 289 a. a. O. und die dort angegebene Literatur), daß die Heilbarkeit von Mängeln, hier der fehlenden Genehmigung, möglich sei und zwar derart, daß die Heilung mit Wirkung von der Beseitigung des Mangels, also ex nunc und nicht ex tunc eintrete[6]). Wegen des Ausnahmefalles bei Versagung des Zuschlages siehe oben unter I a.

b) Einschränkung:

Die nachträgliche Genehmigung ist nur zwischen Gläubiger und Schuldner wirksam. Keine Wirksamkeit hat sie im Verhältnis zu Dritten. Zwischen dem Zeitpunkt der Vornahme der Vollstreckungsmaßnahme bis zum Zeitpunkte des Wirksamwerdens derselben können daher inzwischen möglicherweise Rechte Dritter erwachsen, woraus ersichtlich ist, daß sich durch die nachträgliche Genehmigung nicht immer die sich aus der fehlenden Genehmigung etwa erwachsenden Schäden (vgl. oben unter I, Zusammenfassung zu a und b) vermeiden lassen[7])[8]).

---

[6]) Vgl. Schultze in JW. 1932, 2004 und 3164 und Steiner ZVG. S. 14 a. a. O., Thiele in JW. 1935, 3131 und neuerdings das KG., 12. ZivSen., Urt. v. 28. Nov. 1935, abgedruckt in JW. 1936 S. 829ff. (a. A. KG. in JW. 1932/1980 und Carlebach in JW. 1932 S. 3696ff.).

[7]) Mit vorstehenden unter b angeschnittenen Fragen befaßt sich Thiele in JW. 1935, 3130ff., wo er auch insbesondere die Fragen behandelt, die sich ergeben, wenn in der Schwebezeit von der Vornahme eines Rechtsgeschäftes bis zur nachträglichen Genehmigung Rechte Dritter begründet werden und zu prüfen ist, welchen Rang diese Rechte gegenüber dem früher abgeschlossenen schwebend unwirksamen Rechtsgeschäfte haben. Thiele kommt a. a. O. zu dem Ergebnis, daß ein ohne Devisengenehmigung abgeschlossenes Rechtsgeschäft durch die nachträgliche Genehmigung rückwirkend mit der Wirkung rechtswirksam wird, daß etwa in der Zwischenzeit der schwebenden Unwirksamkeit stattgefundene Verfügungen selbst dann keine Vorrangbedeutung erlangen, wenn für sie vor der Erteilung der nachträglichen Genehmigung des schwebend unwirksamen Geschäftes die erforderliche Devisengenehmigung bewilligt worden ist. Mit Rücksicht darauf, daß Zwangsvollstreckungsakte gegenüber Rechtsgeschäften nicht rückwirkend genehmigt werden können, schließt Thiele folgerichtig, daß Zwangsvollstreckungsakte die vor Abschluß des schwebend unwirksamen Rechtsgeschäftes ohne Genehmigung vorgenommen wurden, und die nach Abschluß des schwebend unwirksamen Geschäftes genehmigt wurden, trotzdem Nachrang nach diesem Geschäft besitzen, wenn dieses nachträglich genehmigt wird.

Ohne auf die einzelnen sich hier einstellenden Streitfragen näher einzugehen, sei im Einklang mit Hartenstein Note 9 zu § 38 DevG. S. 289 a. a. O. bemerkt, daß mit der Möglichkeit zu rechnen ist, daß in diesen umstrittenen Fragen die Gerichte, wenn sie damit befaßt werden, im einzelnen Falle auch der Ansicht von Thiele entgegengesetzte Entscheidungen treffen.

Mit Rücksicht auf die Ungeklärtheit der vorstehenden Fragen werden die Beteiligten und auch die jeweils befaßten Vollstreckungsorgane gut tun, wenn sie, soweit die gesetzlichen Vorschriften dies jeweils nach Lage des Falles zulassen, sich gegen nach Abschluß eines Geschäftes oder Erlaß einer Vollstreckungshandlung in der Schwebezeit bis zur Erteilung der Genehmigung möglicherweise einstellende Schwierigkeiten (durch Nachpfändungen oder weitere rechtsgeschäftliche Handlungen) durch geeignete Maßnahmen sichern. Vor allem wird derjenige, der zuerst ein Rechtsgeschäft abschließt, oder eine Vollstreckungshandlung erwirkt, sich darum bemühen, daß baldmöglichst durch Erteilung der nachträglichen Genehmigung der Schwebezustand beseitigt wird.

[8]) S. auch noch die Bemerkung in Fußnote 1 des Kap. 12 am Ende.

Kapitel 15.

Der Verkehr mit Grundstücken[1]).

Grundsätzlich bringt das Devisenrecht, soweit nicht die im folgenden mitzubehandelnden Fälle des § 18 Abs. 2 DevG. vorliegen, keine Beschränkungen für den Kauf oder Verkauf von Grundstücken, sei es, daß sie im In-, sei es, daß sie im Ausland liegen, mit sich.

Wie aus nachstehendem ersichtlich ist, sind jedoch bei Abwicklung der aus Grundstückskäufen oder von gegenüber Ausländern entstehenden Verpflichtungen doch devisenrechtliche Bestimmungen zu beachten. Daher sei im einzelnen folgendes ausgeführt:

A. Kauf und Verkauf bezüglich inländischer Grundstücke.

I. Der Kauf eines inländischen Anwesens durch einen Inländer von einem Ausländer bedarf, wenn nicht § 18 Abs. 2 DevG. einschlägt (vgl. IVa) keiner Genehmigung. Devisenrechtliche Vorschriften greifen jedoch ein, wenn der inländische Käufer den für ihn aus dem Kaufvertrage sich ergebenden Verpflichtungen nachkommen will:

Wird der Kaufpreis in ausländischer Währung ausgewiesen, findet § 9 Abs. 2 DevG.[2]), wird der Kaufpreis in Reichsmark oder Goldmark ausgewiesen, findet § 17 Abs. 1 DevG.[3]) Anwendung. Danach darf also in beiden Fällen nur mit Genehmigung über die Forderung des ausländischen Verkäufers verfügt werden.

Zur Auslegung des Begriffes Verfügung, sind die grundsätzlichen Bemerkungen im Kapitel 3 heranzuziehen[4]). Hier sei ergänzend noch folgendes bemerkt:

Als Hauptfall der genehmigungspflichtigen Verfügung wird die Tilgung der Kaufpreisforderung in Frage kommen. Diese ist nicht nur bei Barzahlung seitens des inländischen Schuldners, sondern auch bei jeder anderen völligen oder teilweisen Begleichung der Kaufpreisforderung durch Gegenleistungen irgendwelcher Art gegeben[5]).

---

[1]) Vgl. Hartenstein Anhang zu § 14 DevG. „Der Einfluß des DevG. auf Hypotheken- und Grundstücksgeschäfte" S. 138ff. a. a. O.; Flad-Berghold A S. 31ff. zu § 14 DevG.; Berghold in JW. 1935 S. 1514ff. über „Devisenbewirtschaftung und Liegenschaftsrecht"; v. Edlinger über die Bedeutung des Devisenrechts für den Hypotheken- und Grundstücksverkehr in DNotZ. 1934 S. 741ff., 1935 S. 539ff., 1936 S. 776ff., 1937 S. 22ff., der gleiche in JW. 1935 S. 661ff. über „Welchen Einfluß hat die Devisengesetzgebung auf die sich zwischen Ausländern abspielenden Geschäfte und Rechtshandlungen, soweit sie die Belastung inländischer Anwesen betreffen", der gleiche in Gemein- und Wirtschaftsrecht 1937 S. 157ff..

[2]) Die Verfügung über ausländische Zahlungsmittel und Forderungen in ausländischer Währung ist genehmigungspflichtig.

[3]) Die Verfügung über eine auf Reichsmark oder Goldmark lautende Forderung, die zugunsten eines Ausländers durch die Veräußerung von inländischen Vermögensanlagen, insbesondere von Grundstücken entstanden ist, bedarf der Genehmigung.

[4]) Vgl. die Ausführungen unter Ziff. B II b, s. auch Kap. 16 u. 17, wo ebenfalls Rechtsgeschäfte behandelt werden, die sich anläßlich des Verkaufes von Grundstücken als Nebengeschäfte einstellen.

[5]) Vgl. auch Hartenstein in JW. 1935 S. 738 unter IV, 4.

Keine genehmigungspflichtige Handlung liegt vor, wenn ein Ausländer sein Anwesen direkt gegen Waren irgendwelcher Art vertauscht[6]); da hier zugunsten des Ausländers keine Forderung in Reichsmark, Goldmark oder ausländischer Währung, vielmehr nur eine Sachforderung, über die ohne Genehmigung verfügt werden darf, entsteht, bestehen vorliegenden Falles keinerlei devisenrechtliche Beschränkungen. Da durch solche Tauschgeschäfte meines Erachtens der Zweck des § 17 Abs. 1 DevG. (Festhalten der in dieser Bestimmung erwähnten Werte im Inlande) vereitelt wird, fragt es sich, ob nicht durch eine ergänzende Bestimmung die Verfügung über die im § 17 Abs. 1 DevG. bezeichneten inländischen Vermögensanlagen selbst für genehmigungspflichtig erklärt werden soll[7]).

II. Der Kauf eines inländischen Anwesens durch einen Ausländer von einem Inländer ist ebenfalls, soweit nicht der im § 18 Abs. 2 DevG. bzw. in Ri. II/53 Abs. 2 litera b geregelte und in IV a näher behandelte Fall gegeben ist, nicht genehmigungspflichtig. Es ist jedoch folgendes zu beachten:

a) Infolge des Verkaufes erwirbt der Inländer Forderungen, sei es in in- oder ausländischer Währung gegen den Ausländer. Bezüglich dieser gilt das im Kap. 9 über die Anbietungspflicht Erwähnte. Bezüglich der genehmigungspflichtigen Verfügung über die Kaufpreisforderung sind die in Kap. 5 niedergelegten Grundsätze zu beachten; bezüglich der nach §§ 415, 416 BGB. erfolgenden Genehmigung des inländischen Gläubigers zur Schuldübernahme durch den ausländischen Käufer s. unter Kap. 17 Ziff. A II f.

b) Wegen des Sonderfalles des Erwerbes von inländischem Grundbesitz gemäß Ri. II/53 Abs. 1 und 2 litera b s. die Ausführungen unter IV a.

III. Nach den obigen Ausführungen unterliegen auch Grundstückskäufe und Verkäufe, die zwischen Ausländern abgeschlossen werden und inländische Anwesen, die nicht unter § 18 Abs. 2 DevG. fallen, betreffen, keiner Genehmigungspflicht. Bei Abwicklung der aus dem Kaufvertrag sich ergebenden Verpflichtungen ist jedoch folgendes zu beachten:

Soweit zwischen den Ausländern Geschäfte und Rechtshandlungen vorgenommen werden, deren Wirksamkeit sich nicht nach deutschem Recht bemißt, sind auch keine deutschen Devisenbestimmungen zu beachten; soweit jedoch die Wirksamkeit von Rechtshandlungen sich nach deutschem Recht bestimmt (vgl. Ri. I, 7), wie z. B. bei Bestellung von

---

[6]) S. auch die Ausführungen unter IV litera d, B und C.

[7]) Für die Devisenbehörden ist auf Grund der §§ 37a und b DevG. jetzt die Möglichkeit geschaffen, die erwähnten Werte in Einzelfällen Verfügungsbeschränkungen zu unterwerfen.

Hypotheken an inländischen Anwesen, sind doch die deutschen Devisenvorschriften zu berücksichtigen[8]).

IV. Gemeinsame ergänzende Ausführungen.

a) Besonders zu erwähnen ist der in Ri. II/53 Abs. 1 und 2b geregelte Fall des Erwerbes von inländischem Grundbesitz. Nach dieser Bestimmung kann die Genehmigung zur Verfügung über Altguthaben, Auswandererguthaben, Kreditsperrguthaben und unter gewissen Bedingungen über Wertpapiersperrguthaben, ferner über Sortensperrguthaben zum Zwecke der langfristigen Kapitalsanlage erteilt werden. Als solche gelten unter anderem die Bestellung von Sperrhypotheken[9]) und der uns hier interessierende Fall des Erwerbes inländischen Grundbesitzes. In diesem Falle wird die Genehmigung mit dem Vorbehalt[10]) erteilt werden, daß die Verfügung über das Grundstück selbst nur mit Genehmigung der Devisenstelle zulässig ist und daß der Erlös aus einer Veräußerung wieder auf ein gleichartiges Konto zu verbringen ist[11]).

b) Wegen der Verfügungsbeschränkungen nach §§ 37a, b, die auch Grundstücke erfassen können, s. die Ausführungen in Kap. 8.

c) Die Verfügungsbeschränkung gemäß Ri. II/53 Abs. 2 litera b, bzw. § 18 Abs. 2[12]) und § 37a DevG. ist von der Eintragung im Grundbuche gemäß § 18 Abs. 3 Satz 1 DevG. (bzw. § 37 a Abs. 2 DevG.) im Grundbuche ausgeschlossen. Soweit die Eintragung bereits erfolgt ist, behält es dabei sein Bewenden.

Die Frage, ob die Verfügungsbeschränkungen nach § 18 Abs. 1 und 2 DevG. in das Grundbuch eingetragen werden müssen, war bis zur gesetzlichen Regelung (vgl. § 4 der 4. DurchfVO. vom 9. Mai 1933, RGBl. I/278) umstritten. Zweifel können heute, nachdem der Gesetzgeber selbst die Frage beantwortet hat, sich nicht mehr einstellen. Es fragt sich jedoch, ob man nicht doch aus Zweckmäßigkeitsgründen eine andere gesetzliche Regelung insofern schaffen will, als daß der Gesetzgeber durch eine ergänzende Bestimmung die Eintragung der Verfügungsbeschränkungen anordnet. Die Gründe, die entgegen den Ausführungen von Bergbold in JW. 1935, 1515 unter A II, 2 dafür sprechen, habe ich in DNotZ. 1934, 744 ff. und 1935, 542 zusammengestellt[13]).

---

[8]) Näheres hierüber ist in meiner Abhandlung „Welchen Einfluß hat die Devisengesetzgebung auf die sich zwischen Ausländern abspielenden Geschäfte und Rechtshandlungen, soweit sie die Belastung inländischer Anwesen betreffen" in JW. 1935, 661 ff. mit eingehender Begründung ausgeführt.

[9]) Vgl. hiezu Kap. 16 unter Ziff. A III b.

[10]) Näheres über die sich hier ergebenden Fragen ist im RE. 241/35 zu finden. Wegen der Bedeutung dieses Runderlasses für die Notariatspraxis ist derselbe in Teil III unter Ziff. B II a 3 abgedruckt.

[11]) Die gesetzliche Grundlage für die Vorbehalte der Devisenstelle ist § 18 DevG.

[12]) Gleiches gilt selbstverständlich für die Verfügungsbeschränkungen des § 18 Abs. 1 DevG. und Ri. II/53 Abs. 2 litera a.

[13]) Insbesondere verweise ich auch hier darauf, daß mit Rücksicht auf § 38 Satz 3 litera a und b DevG. es nicht ausgeschlossen ist, daß bei Nichteintragung des Sperrvermerkes im Grundbuche die Möglichkeit eines gutgläubigen Erwerbes von Grund-

d) Auch der Tausch von Grundstücken bedarf grundsätzlich keiner Genehmigung, wenn nicht Grundstücke gemäß § 18 Abs. 2 DevG. in Frage kommen. Soweit jedoch gleichzeitig an den Ausländer eine Zahlung zu leisten oder der Inländer eine Forderung gegen den Ausländer erwirbt, oder soweit Grundstückslasten verrechnet oder übernommen werden, greifen nach den oben unter I. bis III. erwähnten Grundsätzen devisenrechtliche Vorschriften ein. Beim Tausch von Grundstücken ist also immer darauf zu achten, ob es sich um einen Tausch von lastenfreien oder belasteten Grundstücken handelt[14])[15]).

e) Wegen weiterer Fragen, die der Grundbuchrichter zu prüfen hat, siehe die zusammenfassenden Ausführungen in Kap. 21.

f) Wegen der Fragen, ob die Eintragung einer Eigentumsvormerkung einer Genehmigung bedarf, vgl. unter Kap. 16 in Ziff. A IV d. Wegen der bei Kaufverträgen zu beurkundenden Sicherungen des Wieder- und Vorkaufsrechtes siehe in Kap. 16 unter Ziff. A IV b.

g) Die Frage, ob, solange bei Grundstücksgeschäften die etwa nötige Devisengenehmiguug noch nicht erteilt ist, zur Grunderwerb- oder Wertzuwachssteuer veranlagt werden kann, wird von Brombach (vgl. DevArch. Nr. 25, 1937, Sp. 729 ff.) verneint[15a]).

B. Der Kauf und Verkauf von ausländischen Grundstücken.

Es kommen folgende zu beachtende Fälle in Frage:

I. Ein Inländer veräußert seinen ausländischen Grundbesitz an einen Ausländer.

---

stücken besteht. Auch die Benachrichtigung der Devisenstelle gemäß Ri. II/54 kann, wie ich in DNotZ. 1935 S. 542 darauf hingewiesen habe, nicht immer genügende Sicherheit bieten, daß bei einem später erfolgenden Verkaufe des gesperrten Anwesens die Verfügungsbeschränkung beachtet wird. Die Eintragung der Verfügungsbeschränkung würde überhaupt, nicht nur im Interesse der Devisenbewirtschaftung, sondern auch im Interesse der Beteiligten liegen, welche unter Umständen doch durch eine Übersehung der bestehenden Verfügungsbeschränkung wirtschaftliche Schädigungen erleiden können. Vgl. auch die in Teil III unter B II b 6. abgedruckte AV. d. RJM. vom 21. April 1936, aus welcher auch hervorgehen dürfte, daß wegen der Nichteintragung der Verfügungsbeschränkungen größte Vorsicht angebracht ist, daß die Beschränkung nicht übersehen wird.

[14]) Es wird auch darauf zu achten sein, ob nicht unter Umständen, zwecks Umgehung der Devisenvorschriften die auszutauschenden Grundstücke im Werte als gleich hoch veranschlagt werden, um bei Verrechnung eines Überbetrages keine devisenrechtlichen Schwierigkeiten zu haben. Es dürfte daher für die bei der Beurkundung solcher Tauschverträge mitwirkenden Personen (Notare und Gerichte) bei gegebenen Voraussetzungen angezeigt erscheinen, vor Beurkundung bzw. Vollzug im Grundbuche der Devisenstelle Mitteilung zu machen, daß diese gegebenenfalls eine Verfügungsbeschränkung gemäß § 37a erläßt.

[15]) Oben wurden nur die Fälle des Tausches von inländischen Grundstücken erfaßt; bezüglich des Tausches von ausländischen Grundstücken vgl. B und bezüglich des gegenseitigen Austausches von inländischen und ausländischen Grundstücken die Ausführungen unter C.

[15a]) S. auch die in Teil III unt. Ziff. B II b 3 abgedruckten Auszüge betr. Mitteilung von Grundstücksgeschäften aus der Finanzverwaltung.

II. Ein Inländer veräußert seinen ausländischen Grundbesitz an einen Inländer.

III. Ein Inländer erwirbt ausländischen Grundbesitz von einem Ausländer.

In den erwähnten Fällen unterliegt ebenfalls sowohl der Erwerb wie die Verfügung über ausländische Grundstücke keinen devisenrechtlichen Beschränkungen. Lediglich bei der Abwicklung der sich aus den Übereignungsverträgen ergebenden Verpflichtungen können ebenso wie in den Fällen unter A eine Reihe von Devisenvorschriften eingreifen. Im einzelnen ist auszuführen:

Veräußert ein Inländer seinen ausländischen Grundbesitz an einen Ausländer, so kommen zunächst die Anbietungsvorschriften zur Geltung, nach welchen der Erlös anzubieten ist. Daneben ist weiter zu beachten, daß der inländische Verkäufer auf keinen Fall sich mit gesperrten Mitteln oder mit sonstigen Werten des Ausländers, z. B. mit inländischen Wertpapieren ohne Genehmigung befriedigen lassen darf.

Bei Veräußerung von ausländischen Grundstücken, wobei nur Inländer beteiligt sind, werden in der Regel keine Devisenvorschriften zu beachten sein, namentlich dann, wenn der Vertrag im Inlande beurkundet, der Kaufpreis in Reichsmark ausgewiesen und im Inlande beglichen wird, so daß lediglich der formale Vollzug sich im Auslande abspielt. Wenngleich ferner an sich auch der Erwerb von ausländischem Grundbesitz seitens eines Inländers von einem Ausländer ohne Genehmigung erfolgen kann, so werden doch insofern grundlegende Hindernisse bestehen, als der Inländer im Falle des entgeltlichen Erwerbes (mit Ausnahme des Tausches) keine Mittel besitzen wird, um den Ausländer zu bezahlen. Soweit eine Zahlung im Inlande mit Reichsmark erfolgen soll, hat die Zahlung eine Genehmigung der Devisenstelle zur Voraussetzung, welche in der Regel nur die Begleichung des Kaufpreises auf ein Sperrkonto gestatten wird.

Soweit es sich um den Tausch[16]) von ausländischen Grundstücken handelt (in Frage kommen insbesondere der Tausch zwischen einem Inländer und einem Ausländer und der Tausch von ausländischen Grundstücken unter Inländern) ist ebenfalls, wie unter A IV d gezeigt wurde, vor allem darauf zu achten, ob es sich um lastenfreie oder belastete Grundstücke handelt, und ob die Zahlung eines Überbetrages in Frage kommt. In diesen beiden letzteren Fällen werden in der Regel sich genehmigungspflichtige Handlungen einstellen.

Zu prüfen wäre noch, ob die RStDB. und die Devisenstellen Verfügungsbeschränkungen bezüglich der im Auslande gelegenen und Inländern gehörigen Grundstücken mit der Maßgabe erlassen können, daß die Verfügung über diese nur mit Genehmigung der Devisenbehörden erfolgen darf. Die Frage wird in den wenigsten Fällen praktisch werden, dürfte aber, wenngleich eine Verhinderung von

[16]) Vgl. auch die ergänzenden Ausführungen unter C, welche besonders für Ein- und Auswanderer in Frage kommen.

solchen verbotenen Verfügungen im Auslande praktisch nicht möglich sein wird, doch zu bejahen sein[17]).

C. Der Tausch von inländischen gegen ausländische Grundstücke.

Dieser ist, soweit das inländische Grundstück nicht einer Verfügungsbeschränkung (sei es nach § 18 Abs. 2 DevG. oder §§ 37a, b DevG.) unterliegt, nach den unter A und B erwähnten Grundsätzen nicht genehmigungspflichtig, zieht aber insofern devisenrechtlich bedeutsame Tatbestände nach sich, wenn Verrechnungen von Grundstückslasten oder Leistungen von Überbeträgen in Frage kommen.

Die hier zu behandelnden Geschäfte werden vor allem bei Ein- und Auswanderungen häufig vorkommen. Das Nähere hierüber ist in RE. 1/36 unter II A Ziff. 9 und in RE. 46/36 in der ergänzenden Bemerkung zu II A 9 erwähnt[18]).

Kapitel 16.

Die Bestellung von Rechten an Grundstücken[1]).

A. Die Bestellung von Rechten an inländischen Grundstücken.

I. Die Bestellung von Hypotheken.

a) Die Bestellung von Hypotheken durch den ausländischen Eigentümer (Ausländer) eines im Inlande gelegenen Grundstückes.

1. Die Bestellung für eigene Schuld.

Hier kommen zwei devisenrechtlich bedeutsame Fälle zur Besprechung:

aa) Die Bestellung der Hypothek zugunsten eines Inländers, der dem ausländischen Grundstückseigentümer Kredit gewährt.

Es handelt sich hier um die Frage, ob der Grundbuchrichter die Hypothek für den Inländer eintragen darf, ohne daß dieser den Nachweis erbringt, daß die der Hypothekbestellung zugrunde liegende (selbstverständlich genehmigungspflichtige) Krediteinräumung[2]) genehmigt ist.

---

[17]) Vgl. die Ausführungen über das Geltungsbereich des Devisenrechts in Kap. 1 Ziff. IV b. Solange Besitzer von ausländischen Grundstücken im Inlande leben, unterliegen sie ohne Zweifel auch den devisenrechtlichen Beschränkungen bezüglich ihrer ausländischen Besitzungen, weshalb diese auch, was vor allem strafrechtliche und unter Umständen zivilrechtliche Folgen nach sich ziehen kann, Verfügungsbeschränkungen seitens der Devisenbehörden unterworfen werden können.

[18]) Die einschlägigen Stellen dieser Runderlasse sind wegen ihrer Bedeutung für den Hypotheken- und Grundstücksverkehr in Teil III dieses Buches unter Ziff. B II a 5 und 6 abgedruckt.

Ergänzend verweise ich auf die Ausführungen von Wilmanns über „Devisenrecht und Einwanderer" in DevArch. Nr. 32, 1936, Spalte 1024 ff. unter Ziff. IX über Grundstücksverkehr, wo jedoch im wesentlichen nur die einschlägigen Stellen von RE. 1/36 und 46/36 behandelt sind.

[1]) Wegen der vorhandenen Literatur siehe Fußnote 1 zum Kap. 15.

[2]) Vgl. § 14 DevG. und die allgemeinen Ausführungen in Kap. 5, insbes. unter Ziff. II.

Zu dieser umstrittenen Frage wurde in der Literatur des öfteren Stellung genommen[3]). Bei Beantwortung dieser Frage muß man zunächst unterscheiden, ob der Grundbuchrichter aus den ihm vorgelegten Eintragungsunterlagen ersehen kann, ob die zugrundeliegende Forderung zu ihrer Entstehung nach § 14 Abs. 1 DevG. der Genehmigung bedarf. Ergeben die vorgelegten Unterlagen, daß die Hypothek mangels der Gültigkeit des zugrundeliegenden Darlehensgeschäftes nicht rechtswirksam für den Inländer zur Entstehung kommen kann, so wird der Grundbuchrichter, wenn er den Devisenvorschriften gerecht werden will, die Eintragung ablehnen[4]). Zweifel stellen sich aber ein, ob der Grundbuchrichter (wenn er aus den Eintragungsunterlagen nichts entnehmen kann) verpflichtet ist, von Amts wegen die Rechtswirksamkeit des zugrunde liegenden Darlehensgeschäftes nachzuprüfen und ob er als Voraussetzung für die Hypothekeneintragung den Nachweis der Genehmigung verlangen kann. Im Interesse einer wirksamen Kontrolle der den Ausländern gewährten Kredite möchte ich diese Fragen entgegen der in der Literatur[5]) meist vertretenen Ansicht bejahen[6])[7]).

bb) Die Bestellung der Hypothek zugunsten eines Ausländers, der dem das Anwesen besitzenden Ausländer Kredit gewährt.

Hier sei zunächst zu der (früher umstrittenen) Frage Stellung genommen, ob die Bestellung einer Hypothek zugunsten eines Ausländers durch den ausländischen Eigentümer eines im Inlande gelegenen Anwesens überhaupt grundsätzlich genehmigungspflichtig ist. Diese Frage ist heute ohne Zweifel zu bejahen[8]). Eine genaue Beantwortung der vorliegenden Frage für alle möglichen Fälle kann jedoch

---

[3]) Vgl. Thiele in DNotZ. 1933 S. 454 und JW. 1932, 2236f.; Lion-Hartenstein in Note 38 zu § 13 DevVo. S. 451; v. Edlinger in DNotZ. 1934 S. 746; der gleiche in DNotZ. 1935 S. 543; Berghold in JW. 1935 S. 1518 unter B III 1; Hartenstein Anhang zu § 14 DevG. Note 12 S. 146ff. a. a. O.

[4]) Ebenso Hartenstein Note 12 zum Anhang von § 14 auf S. 146ff. a. a. O.

[5]) Hartenstein S. 147 a. a. O.; Müller in JW. 1932 S. 2000; Berghold in JW. 1935 S. 1518 unter B III 1.

[6]) Es mag zugegeben sein, daß der obige Standpunkt, der auch schon früher von Thiele in JW. 1932, 2237 und in DNotZ. 1933 S. 454 vertreten wurde, gewissen formalrechtlichen Bedenken begegnen mag. Aber bei Verfolgung der hier vertretenen Ansicht können ohne Zweifel nicht die Gesetzesumgehungen möglich werden, wie bei Handhabung der gegenteiligen Rechtsauffassung. Vgl. im übrigen auch die Ausführungen dieses Kap. unter Ziffer II bezüglich der von dem Grundbuchrichter bei Grundschuldbestellungen anzustellenden Prüfungen und im Kap. 21 unter Ziff. II b.

[7]) Soweit man die Ansicht teilt, daß der Grundbuchrichter nicht verpflichtet ist, von Amts wegen nachzuprüfen, daß eine genehmigungspflichtige Kreditgewährung der Hypothekbestellung zugrundeliegt, wird man andererseits es dem Grundbuchrichter nicht verwehren können, daß er von sich aus nachprüft, ob das Grundgeschäft devisenrechtlich genehmigt wurde. Soweit er auf Grund dieser Prüfung findet, daß dies nicht der Fall ist, kann er jedenfalls die Hypothekeneintragung ablehnen.

[8]) Vgl. meine Ausführungen in JW. 1935, 661ff. und die dort angeführte Literatur, ferner die Entscheidung des KG. vom 21. Sept. 1933 abgedr. in JW. 1934 S. 237 und DNotZ. 1934 S. 265 und Hartenstein in seinem Anhang zu § 14 DevG. unter Note 5 S. 141 a. a. O.

nur unter Berücksichtigung des im Anhang zu diesem Kapitel behandelten Einflusses von Ri. II/32a auf die Bestellung von Hypotheken zugunsten eines Ausländers erfolgen.

Unter Berücksichtigung des am Ende dieses Kapitels über Ri. II/32a Ausgeführten wird man zu dem vorliegenden Falle wie folgt Stellung nehmen:

Die Bestellung einer Hypothek zugunsten eines Ausländers, der dem ein inländisches Anwesen besitzenden Ausländer Kredit gewährt, ist grundsätzlich genehmigungspflichtig, es sei denn, daß die Kreditgewährung gleichzeitig mit der Hypothekbestellung und in freier Reichsmark oder ausländischer Währung und im Inland erfolgt.

2. Die Bestellung für fremde Schuld.

Es ist zwischen folgenden Fällen zu unterscheiden:

aa) Die Bestellung der Hypothek zugunsten eines Inländers, der einem 3. Ausländer (nicht dem Grundstückseigentümer) Kredit gewährt:

In diesem Falle gilt das gleiche, was oben zu dem unter 1 aa erwähnten Falle ausgeführt wurde; d. h. auch hier wäre zu prüfen, ob der Grundbuchrichter die Hypothek für den Inländer eintragen darf, wenn die durch diesen erfolgte Krediteinräumung an den Ausländer nicht genehmigt ist, bzw. die Genehmigung dem Grundbuchrichter nicht nachgewiesen wurde.

bb) Die Bestellung der Hypothek zugunsten eines Ausländers, der irgend einem Dritten, sei es einem In- oder Ausländer, Kredit gewährt:

Dieser Fall ist grundsätzlich genehmigungspflichtig gemäß § 14 Abs. 2 DevG. Man wird jedoch unter Beachtung der am Ende dieses Kapitels über Ri. II/32a gemachten Ausführungen den vorliegenden Fall für genehmigungsfrei erklären, wenn nachgewiesen wird, daß ein der Vorschrift von Ri. II/32a entsprechender, der deutschen Wirtschaft zufließender Kredit gleichzeitig mit der Hypothekbestellung gewährt wird.

b) Die Bestellung von Hypotheken durch den **inländischen** Eigentümer eines im Inland gelegenen Grundstückes.

1. Die Bestellung für eigene Schuld zugunsten eines Ausländers:

Dieser Fall ist genehmigungspflichtig gemäß § 14 Abs. 2 DevG., es sei denn, daß die Voraussetzungen von Ri. II/32a nachweisbar erfüllt sind.

2. Die Bestellung für fremde Schuld:

aa) zugunsten eines Inländers, für die persönliche Schuld eines Ausländers, dieser Fall ist gemäß Ri. II/31c genehmigungspflichtig;

bb) zugunsten eines Ausländers, der irgend einem Dritten, sei es einem In- oder Ausländer Kredit gewährt:

Dieser Fall ist gemäß § 14 Abs. 2 DevG. genehmigungspflichtig, es sei denn, daß der Tatbestand von Ri. II/32a gegeben ist[9]).

---

[9]) Die Fälle 2 aa und bb können in der Weise zusammentreffen, daß der inländische Grundstückseigentümer für die persönliche Schuld eines Ausländers (Ri. II/31 c) zugunsten eines Ausländers, nämlich des Gläubigers des ersteren, eine Hypothek bestellt. In diesem Falle ist die Hypothekenbestellung unter doppeltem Gesichtspunkte (Garantieübernahme und Hypothekbestellung für einen Ausländer) genehmigungspflichtig, was praktische Bedeutung gewinnt, wenn die Voraussetzungen von Ri. II/32 a nachgewiesen

II. Die Bestellung von Grundschulden.

Mit Rücksicht auf die abstrakte Natur der Grundschuld erübrigt sich an sich die unter I. getroffene Unterscheidung zwischen der Bestellung für eigene oder für fremde Schuld; da aber Grundschulden nicht nur zur Sicherung von Ansprüchen aus eigenen Verpflichtungen, sondern auch aus Verbindlichkeiten Dritter bestellt werden[10]), kann der Umstand, ob die Grundschuld für eigene oder fremde Schuld bestellt wird, devisenrechtlich doch von Bedeutung sein. Der Grundbuchrichter wird daher bei der Nachprüfung devisenrechtlicher Fragen keinen praktischen Unterschied zwischen der Bestellung von Hypotheken und Grundschulden machen.

a) Die Bestellung einer Grundschuld durch den ausländischen Eigentümer eines inländischen Grundstückes.

1. Die Bestellung zugunsten eines Inländers:

Mit Rücksicht auf das oben im Eingang von Ziff. II über die für das Devisenrecht mangelnde Bedeutung der abstrakten Natur der Grundschuld Ausgeführte wird im vorliegenden Falle das gleiche gelten, was oben unter I a 1 aa zum Falle einer Hypothekenbestellung durch den ausländischen Grundstückseigentümer zugunsten eines ihm einen Kredit gewährenden Inländers gesagt wurde[11]). Wollte man für den

---

werden können. Hier ist zunächst die Hypothekenbestellung zugunsten des Ausländers genehmigungsfrei; es fragt sich jedoch nun, ob nicht doch die Hypothekenbestellung unter dem Gesichtspunkte von Ri. II/31c genehmigungspflichtig bleibt. Hartenstein vertritt unter Note 6 im Anhang zu § 14 DevG. S. 142 a. a. O. für diesen Fall die Ansicht, daß hier das Genehmigungserfordernis nach § 14 Abs. 1 DevG. nicht entfällt. Es ist jedoch fraglich, ob diese Auffassung dem Sinne und Wortlaut der in Frage kommenden Bestimmungen standhält. Denn einmal gewährt Ri. II/32a nach seinem Wortlaut bei gegebenen Voraussetzungen Genehmigungsfreiheit nach § 14 DevG. überhaupt und nicht bloß nach § 14 Abs. 2 (vgl. die Eingangsworte zu Ri. II/32a) und dann will § 14 DevG. DevG. Abs. 2 nicht losgelöst von Abs. 1 behandelt sein, wie aus dem Wortlaute des Abs. 2 insofern hervorgeht, als es dort heißt „einer Krediteinräumung steht gleich" und damit ein innerer Zusammenhang von Abs. 1 und 2 geschaffen wird. § 14 Abs. 2 stellt mithin nur eine besondere Form einer Krediteinräumung dar und mangels einer ausdrücklichen, das Gegenteil erkennen lassenden Fassung von Ri. II/32a will diese in allen möglichen Fällen einer Krediteinräumung Genehmigungsfreiheit gewähren. Dieser Standpunkt ist übrigens auch vom wirtschaftlichen Gesichtspunkt gerechtfertigt, da bei Erfüllung der Voraussetzungen von Ri. II/32a (der Kredit fließt in das Inland und kommt der deutschen Devisenbilanz zugute) es gleichgültig ist, ob der Inländer für einen Inländer oder einen Ausländer durch die Form der Hypothekenbestellung eine Art von Bürgschaft übernimmt.

[10]) Vgl. z. B. den Fall von Ri. II/31c (Bestellung einer Grundschuld durch den inländischen Grundstückseigentümer für die persönliche Schuld eines Ausländers). Die Bedeutung der verschiedenartigen Rechtsnatur der Grundschuld gegenüber der Hypothek darf daher im Devisenrecht nicht so von Bedeutung sein, wie im bürgerlichen Recht. Siehe hierzu auch Note 9 bei Hartenstein Anhang zu § 14 DevG. S. 145 und den dortigen Hinweis auf die vom KG. (s. in JW. 1935 S. 1716) gemachten entgegengesetzten, aber nicht zutreffenden Ausführungen, namentlich soweit sie die Anwendung von Ri. II/32a betreffen.

[11]) Im vorliegenden Falle wird auch tatsächlich trotz der abstrakten Natur der Grundschuld diese doch im wirtschaftlichen Zusammenhang mit der Kreditgewährung an den die Sicherheit bestellenden Ausländer erfolgen.

Fall einer Grundschuldbestellung ein anderes annehmen, so würde dies auch nur dazu führen, daß man bei der Kreditgewährung an einen Ausländer zu deren Sicherheit an dessen inländischem Grundbesitz eine Grundschuld und keine Hypothek bestellen würde.

2. Die Bestellung zugunsten eines Ausländers.

Diese ist, wenn nicht die Voraussetzungen von Ri. II/32a nachgewiesen werden, immer genehmigungspflichtig, gleichgültig, ob dieser Ausländer für die Sicherheitsbestellung einem Inländer oder einem Ausländer einen Kredit gewährt.

b) Die Bestellung einer Grundschuld durch einen inländischen Grundstückseigentümer.

Erfolgt sie zugunsten eines Ausländers, so ist sie grundsätzlich genehmigungspflichtig. Liegen die Voraussetzungen von Ri. II/32a vor, so ist die Bestellung genehmigungsfrei.

Erfolgt die Bestellung zugunsten eines Inländers, so ist diese genehmigungspflichtig, wenn sie für die persönliche Schuld eines Ausländers erfolgt (vgl. Ri. II/31c)[12]).

III. Sonderfälle.

a) Zunächst sei auf die Frage eingegangen, ob im Falle des § 4 des GrdbBerGes. vom 18. Juli 1930, RGBl. I, 305[13]), die Eintragung der Hypothek zugunsten eines Ausländers ohne Genehmigung der Devisenstelle erfolgen kann:

Mit Rücksicht darauf, daß zwischen der Zeit, in der die alte Hypothek erloschen und eine neue Hypothek eingetragen wird, die persönliche Forderung weiterbesteht, und diese während der Zwischenzeit aufwertungsrechtlich als hypothekarisch gesicherte Forderung anzusehen ist[14]), wird von mancher Seite die Ansicht vertreten, daß die Eintragung der neuen Hypothek keine Genehmigung voraussetzt, da durch die Eintragung der neuen Hypothek nur das bisher schon bestehende Recht seine Bestätigung findet. Ich kann dieser Ansicht jedoch nicht beitreten, da es sich bei der nach § 4 zu bestellenden Hypothek um eine neue Hypothek handelt, die, wie Quassowski unter Note II, 2 S. 48 richtig bemerkt, nicht außerhalb des Grundbuches, das in der Zwischenzeit nicht unrichtig ist, besteht, sondern erst durch die Eintragung zur Entstehung gelangt. Da § 4 GrdbBerGes. auch heute noch von Bedeutung ist, kann der hier aufgeworfene Fall auch jetzt noch praktische Bedeutung gewinnen[15]).

---

[12]) Soweit der Gläubiger des persönlichen Schuldners ein Ausländer ist und also für diesen die Grundschuldbestellung erfolgt, gilt das in Fußnote 9 Ausgeführte.

[13]) „Kann infolge der Versäumung der in § 1 vorgeschriebenen Frist die Aufwertung einer Hypothek an der sich aus dem Aufwertungsgesetz und dem Gesetz vom 9. Juli 1927 RGBl. I, 171 ergebenden Rangstelle nicht mehr eingetragen werden, so ist auf Antrag des Gläubigers an nächstbereiter Rangstelle in gleicher Höhe eine neue Hypothek einzutragen."

[14]) Vgl. Quassowski, „Die neuen Aufwertungsgesetze" Note II, 1 zu § 4 Grdb.-BerGes. S. 47.

[15]) Vorsorglich wird gegebenenfalls also immer um Genehmigung nachgesucht werden.

b) Bei der Bestellung einer Sperrhypothek[16]) nach Ri. II/53 Abs. 2 litera a ist die Frage von Bedeutung, inwieweit durch private Vereinbarungen die vorgeschriebene Laufzeit von 5 Jahren eingeschränkt oder ausgeschlossen werden darf. Nach richtiger Ansicht wird verlangt werden müssen, daß von der Bedingung der fünfjährigen Laufzeit nicht abgewichen werden darf; andererseits dürften keine Bedenken bestehen, daß mit der Genehmigung der Devisenstelle die üblichen Verfallsklauseln festgesetzt werden, nach welchen schon früher das Kapital gekündigt werden darf[17]). Das gekündigte Hypothekkapital muß, wenn es zurückbezahlt wird, wieder auf ein gesperrtes Konto kommen[18]).

c) Zu der Frage, ob die Bestellung einer Eigentümergrundschuld zugunsten eines Ausländers an einem, diesem gehörigen, im Inland gelegenen Anwesen der Genehmigung der Devisenstelle bedarf, siehe meine Ausführungen in JW. 1935, 664 unter IV. Hiernach wird die Genehmigungspflicht verneint[19]).

d) Ausdrücklich sei an dieser Stelle noch darauf hingewiesen, daß auch Belastungen von unter § 18 Abs. 2 DevG. fallenden Grundstücken, gleichgültig, ob dieselben zugunsten eines Inländers oder Ausländers erfolgen, der Genehmigung der Devisenstelle bedürfen. Ferner sei hier bemerkt, daß Ri. II/32 litera a hier keine Anwendung finden kann, da die angezogene Bestimmung Genehmigungsfreiheit nur im Falle des § 14 DevG. ausspricht[20]). Wegen der Fragen, die sich bei Belastung von Grundstücken, die gemäß §§ 37 a, b DevG. beschlagnahmt sind, ergeben, vgl. die Ausführungen unter V.

e) Bezüglich der Bestellung einer Restkaufpreishypothek zugunsten

---

[16]) Das sind Hypotheken, durch die ein aus Sperrguthaben gewährtes Darlehen (ein sogenannter Umlagerungskredit) dinglich gesichert wird.

[17]) So auch Bergholb in JW. 1935, 1516 unter B II 1 c, wo ausgeführt ist, daß die Vereinbarung einer Verfallklausel oder eines vorzeitigen Kündigungsrechtes bei unpünktlicher Zinszahlung, Konkurs des Schuldners und ähnlichen Ereignissen in der Praxis zugelassen wird.

[18]) Wegen der einzelnen Vorschriften bei Anlage von Sperrguthaben, insbesondere als Hypotheken und durch Erwerb von inländischem Grundbesitz vgl. RE. 241/35, wegen seiner Bedeutung in Teil III unter Ziff. B II a 3 abgedruckt.

Im allgemeinen wird im Falle von Ri. II/53 Abs. 2 litera a die Genehmigung zur Hypothekbestellung gemeinsam mit der Genehmigung zur entsprechenden Verfügung über die gesperrten Mittel erteilt werden. Wo dies von den Devisenstellen unterlassen ist, wird man sinngemäß in der Genehmigung zur Verwendung von Mitteln, also z. B. des Altguthabens zur Anlage als Hypothek, auch die Genehmigung zur Bestellung der Hypothek durch den inländischen Kreditnehmer erblicken können. So auch Bergholb in JW. 1935, 1516 unter B II, 1 c. Es dürfte jedoch zweckmäßig sein, daß man, um allen etwaigen Hindernissen zu begegnen, sich gegebenenfalls beide Genehmigungen (die zur Verwendung der gesperrten Mittel und die zur Bestellung der Hypothek) ausdrücklich erteilen läßt.

[19]) De lege ferenda ist jedoch die Einführung der Genehmigungspflicht wünschenswert (s. auch die Begründung in Kap. 17 unter Fußnote 7).

[20]) Wirtschaftliche Bedenken würden jedenfalls nicht dagegen sprechen, daß auch im Falle des § 18 Abs. 2 DevG. Ri. II/32a Anwendung finden kann. Jedenfalls wird in einem Falle, in welchem nachweislich die Voraussetzungen dieser Richtlinienbestimmung vorliegen, die Genehmigung zur Hypothekbestellung erteilt werden.

eines Ausländers ist das Nötige in dem Exkurs zu II/32 litera a der Ri. im Anhange zu diesem Kapitel unter der Zusammenfassung zu I—III c ausgeführt.

f) Wegen des Sonderfalles der genehmigungsfreien Bestellung von Hypotheken für Ausländer aus Anlaß der landwirtschaftlichen Schuldenregelung verweise ich auf RE. 74/37, der wegen seiner Bedeutung in Teil III unter Ziff. B II a 2 abgedruckt ist.

g) Bezüglich der Liegenbelassung einer auf Grund der Versteigerungsbedingungen erloschenen Hypothek oder Grundschuld siehe die Ausführungen in Kap. 24 unter Ziff. B I.

h) Bezüglich der Bestellung einer Arrest- bzw. Zwangshypothek ist auszuführen:

Keiner Genehmigung bedarf es für die Eintragung einer Arresthypothek zugunsten eines Ausländers, es sei denn, daß es sich um ein gesperrtes Grundstück gemäß § 18 Abs. 2 DevG. handelt[21]). Genehmigungspflichtig ist jedoch die Eintragung einer Zwangshypothek zugunsten eines Ausländers[22]).

IV. Bestellung sonstiger Sicherheiten außer Hypotheken und Grundschulden.

Unter § 14 Abs. 2 DevG. fallen nicht nur Hypotheken und Grundschulden, vielmehr auch sonstige Sicherheiten zugunsten eines Ausländers. Danach bedürfen auch Rentenschulden, Grunddienstbarkeiten, Reallasten und sonstige Rechte, die zur Sicherung irgendwelcher Ansprüche von Ausländern in das Grundbuch eingetragen werden, der Genehmigung der Devisenstelle. Hier sei im einzelnen auf folgendes ausdrücklich hingewiesen:

a) Ri. II/32 litera a gewährt im Falle des § 14 DevG. nur Genehmigungsfreiheit, wenn es sich um die Bestellung von Hypotheken oder Grundschulden unter den dort näher bezeichneten Bedingungen handelt. Sonstige Rechte, insbesondere die Rentenschuld, ist in Ri. II/32a nicht mit aufgeführt. Die Rentenschuld ist nun gemäß § 1199 BGB. zwar nur eine Unterart der Grundschuld, so daß die für diese geltenden Bestimmungen jeweils anzuwenden sind. Der Umstand, daß in manchen Fällen in den Devisenbestimmungen von Hypotheken, Grund- und Rentenschulden (vgl. Ri. II/15 und II/31 c), in anderen Fällen nur von Hypotheken und Grundschulden (vgl. z. B. Ri. II/53 Abs. 2 litera a und die hier zu behandelnde Vorschrift von II/32 litera a) gesprochen wird, läßt es jedoch zweifelhaft erscheinen, ob II/32 litera a, welche Bestimmung jedenfalls bei sonstigen Sicherungen zugunsten von Ausländern keine Anwendung findet, im Falle der Bestellung einer Rentenschuld Platz greifen kann. Vorsorglich wird man jedenfalls immer um Genehmigung nachsuchen.

b) Weiter sei besonders die Bestellung eines dinglichen Vorkaufs-

---

[21]) Vgl. Ri. III/6 litera c und II/33 und KG. I. ZivSen. Beschluß vom 26. März 1936, abgedruckt in JW. 1936 S. 1464.

[22]) Siehe auch die ergänzenden Ausführungen in Kap. 24 unter Ziff. B III.

rechtes zugunsten eines Ausländers erwähnt; auch hier ist die Genehmigung der Devisenstelle einzuholen; diese devisenrechtliche Behandlung des Vorkaufsrechtes ist schon deshalb gerechtfertigt, da es einen wirtschaftlichen, dinglich gesicherten Wert in sich birgt[23]); das gleiche dürfte für ein durch eine Vormerkung gesichertes Wiederkaufsrecht gelten.

c) Hier sei auch zu der Frage Stellung genommen, ob die Abänderung von Zins- und Zahlungsbestimmungen einer Hypothek oder Grundschuld der Genehmigung der Devisenstelle bedarf:

Die Abänderung der Zins- und Zahlungsbestimmungen ist eine Verfügung über eine Forderung; es gilt daher das in Kap. 17 unter Ziff. A II h Ausgeführte; soweit anläßlich der Abänderung der Zinsbestimmungen die bisherigen Zinsen erhöht werden, liegt darin auch eine Erhöhung der dinglichen Sicherheit; diese bedarf gemäß § 14 Abs. 2 DevG. der Genehmigung.

d) Eine besondere Frage ist, ob die Eintragung einer Eigentumsvormerkung für einen Ausländer der Genehmigung bedarf. Hier stehen sich zwei Grundsätze gegenüber:

Einmal ist es genehmigungsfrei, wenn ein Ausländer ein Grundstück erwirbt; die Eintragung einer Eigentumsvormerkung ist rechtlich betrachtet ein geringeres gegenüber dem Eigentumserwerb. Andererseits stellt eine Eigentumsvormerkung doch eine Belastung eines Grundstückes dar, welche gemäß § 14 Abs. 2 DevG. der Genehmigung bedarf. Vorsorglich wird man die um Erteilung einer Genehmigung nachsuchen, wenngleich doch anzunehmen ist, daß eine solche nicht nötig ist.

e) Die Eintragung eines Widerspruches, die auf Veranlassung eines Ausländers erfolgt, dürfte genehmigungsfrei sein; denn mit der Eintragung des Widerspruches werden noch keine Rechte für den Ausländer begründet.

V. Sonstige Fragen.

a) Besondere Fragen ergeben sich, wenn ein Grundstück Verfügungsbeschränkungen im Sinne von §§ 37a, b unterliegt:

Die Verfügungsbeschränkungen nach §§ 37a, b werden die Bestellung von Rechten an Grundstücken (gleichgültig ob zugunsten eines Inländers oder eines Ausländers) zwar hindern; es fragt sich jedoch, welche Folgen sich ergeben, wenn Dritte gutgläubig Rechte an verfügungsbeschränkten Grundstücken erlangen. Man muß hier unterscheiden[24]), ob es sich um den Erwerb von Rechten an Grundstücken handelt, die den Beschränkungen von § 37a oder § 37b unterliegen. Geschäfte, die gegen eine Anordnung nach § 37a verstoßen, sind nichtig; gemäß § 38 Satz 3 litera a DevG. darf die Nichtigkeit nicht für gutgläubige Dritte Nachteile bringen. Soweit diese für den Erwerb von Rechten an den

---

[23]) Man beachte z. B. nur, daß es im Falle der Zwangsversteigerung, wenn es nicht in das geringste Gebot fällt, mit einem bestimmten Werte angesetzt wird.

[24]) Vgl. auch die allgemeinen Ausführungen in Kap. 8.

beschlagnahmten Grundstücken bereits eine Leistung erbracht haben, wird man daher das bzw. die Rechte zu ihren Gunsten als entstanden betrachten müssen. Soweit noch keine Gegenleistung erbracht wurde, wird die Rechtslage so sein, daß die Erwerber von Rechten an Grundstücken einerseits keine Gegenleistung mehr zu erbringen haben, andererseits die Bestimmung des § 37a gegen sich gelten lassen müssen, also faktisch keine Rechte an dem beschlagnahmten Grundstück erworben haben.

Soweit es sich um Geschäfte bezüglich solcher Grundstücke handelt, die einer Verfügungsbeschränkung nach § 37b unterliegen, werden gutgläubige Dritte gültig Rechte an den Grundstücken erwerben können, da die Nichtigkeit des § 38 Geschäfte, die gegen § 37b verstoßen, grundsätzlich nicht erfaßt[25]).

b) Beschränkungen von Grundstücken können auch wegen begangener Devisenvergehen bzw. bereits bei hinreichendem Verdacht einer nach § 42 DevG. strafbaren Handlung angeordnet werden (vgl. § 45 Abs. 3 DevG. und §§ 27 ff. DurchfVO. zum DevG.).

B. Die Bestellung von Rechten an ausländischen Grundstücken.

Es kommen hier drei Fälle in Frage, von welchen nur der dritte von praktischer Bedeutung werden wird:

1. Die Bestellung von Sicherheiten seitens eines Ausländers an seinem ausländischen Grundbesitz zugunsten eines Inländers;
2. die Bestellung von Sicherheiten unter Inländern an ausländischem Grundbesitz und
3. die Bestellung von Sicherheiten seitens eines Inländers an seinem ausländischen Grundbesitz zugunsten eines Ausländers.

Die beiden ersteren Fälle sind genehmigungsfrei, doch bedürfte eine der Bestellung der Sicherheit seitens des Ausländers vorhergehende Leistung (Kreditgewährung usw.) von dem die Sicherheit empfangenden Inländer der Genehmigung (vgl. § 14 Abs. 1 DevG.).

Der dritte Fall bedarf grundsätzlich immer der Genehmigung, da § 14 Abs. 2 DevG. keinen Unterschied macht, ob die für den Ausländer zu bestellende Sicherheit an einem inländischen oder einem ausländischen Grundstück gewährt wird[26]). Auch im Falle der Bestellung einer Hypothek oder Grundschuld für einen Ausländer an einem ausländischen Grundstück eines Inländers wird die im Anhang zu diesem Kapitel behandelte Ausnahmevorschrift von Ri. II/32a Anwendung finden, vorausgesetzt natürlich, worauf gerade hier zu achten ist, daß der

[25]) Wegen der namentlich bei Gutgläubigkeit von Dritten infolge Nichteintragung der Verfügungsbeschränkungen gem. §§ 37 a b in das Grundbuch (für die letztere ist allerdings keine Regelung wie in § 37a Abs. 2 S. 1 getroffen) möglicherweise entstehenden Schwierigkeiten sei auch hier einer gesetzlichen Regelung das Wort geredet, die doch die Eintragung der Beschränkungen in das Grundbuch vorsieht (vgl. auch Kap. 15 unter Ziff. A IV c).

[26]) Vgl. Hartenstein S. 141 a. a. O., Note 5 im Anhang zu § 14 DevG. und Flad-Berghold A S. 32, Note 4 zu § 14 DevG.

Kredit seitens des Ausländers im Inlande in freien Mitteln gewährt wird. Der Umstand, daß ein ausländischer Grundbesitz zugunsten des ausländischen Gläubigers belastet wird, kann von der Erfüllung dieser Bedingung nicht befreien.

Anhang zu Kapitel 16.

Exkurs über Ri. II/32 a [1]).

Der Bedeutung dieser Vorschrift halber sei ihr Wortlaut vorangestellt:

„Eine Genehmigung ist nicht erforderlich zur Bestellung einer Hypothek oder Grundschuld zur Sicherung eines von einem Ausländer gleichzeitig im Inlande in ausländischer Währung oder freier Reichsmark gegebenen Kredits."

Aus diesem Wortlaut kann verschiedenes entnommen werden:

I. Die Bestellung einer Hypothek oder Grundschuld zugunsten eines Ausländers ist nur dann genehmigungsfrei, wenn der Kredit desselben unter Einhaltung gewisser unerläßlicher Bedingungen gewährt wird [2]), nämlich:

a) gleichzeitig mit der Hypothekbestellung. Unter gleichzeitig wird nicht das völlige Zusammentreffen zu verstehen sein, sondern nur die wirtschaftliche Einheit beider Akte in einem Geschäft. Daß — wie in der Regel — die Eintragung der Hypothek der Hingabe der Darlehensvaluta um einige Tage vorangeht, steht der Gleichzeitigkeit nicht entgegen [3]).

b) Im Inland und in ausländischer Währung oder freier Reichsmark.

Durch diese Bestimmung wird erreicht, daß die Bestellung der Hypothek oder Grundschuld nur dann genehmigungsfrei ist, wenn die

---

[1]) Wegen der Entwicklung von Ri. II/32a verweise ich vor allem auf den früheren Wortlaut in Ri. II/29 c in der Fassung der Richtlinien vom Jahre 1932 und auf die Fassung auf Grund der 3. RiVO. vom 7. Dez. 1933. Bei Beachtung des Wortlautes der Ri. II/29 c in der Fassung vom Jahre 1932 wird man ersehen, daß die Vorschrift früher ein viel größeres Geltungsbereich hatte, da die Einschränkungen, daß der Kredit im Inland in freier Reichsmark oder ausländischer Währung gegeben werden muß, nicht bestanden.

[2]) Wegen der Frage, wann ein Kredit seitens eines Ausländers an einen Inländer nur mit Genehmigung gewährt werden darf, vgl. § 37 DevG. und die Ausführungen in Kap. 5 Ziff. II b.

[3]) Vgl. Flad-Bergholdunter B S. 77 zu Ri II/32a und Hartenstein Anhang zu § 14 Note 5 S. 142 a. a. O. Soweit die Hypothek vor der Kreditgewährung bestellt werden soll, werden sich Schwierigkeiten einstellen, da der Grundbuchrichter schwerlich die Hypothek ohne Genehmigung eintragen wird, wenn ihm nicht der Nachweis der bereits erfolgten Kreditgewährung erbracht ist. Wegen eines möglichen Ausweges gegen die hier sich einstellenden Schwierigkeiten vgl. Fußnote 6 in Kap. 21.

den Gegenwert darstellende Kreditgewährung auch der deutschen Devisenbilanz und nicht nur dem Kreditnehmer zugutekommt[4]).

II. Sind die unter I. festgelegten Bedingungen erfüllt, so ist die Hypothekenbestellung genehmigungsfrei und zwar gleichgültig, ob

a) der Besteller ein Inländer oder ein Ausländer ist,

b) der Kredit dem Sicherheitsbesteller selbst gewährt wird oder nicht[5]),

c) der Kredit einem Inländer oder einem Ausländer gewährt wird[6]).

III. Ri. II/32a stellt nur die Bestellung einer Hypothek oder Grundschuld zugunsten eines Ausländers unter den in Ziff. I näher festgelegten Bedingungen von der Genehmigung frei. Aus dem Wortlaut ist daher zu entnehmen, daß die Bestellung von sonstigen Sicherheiten[7]) zugunsten eines Ausländers einer Genehmigung bedarf, selbst wenn für diese ein Kredit in ausländischer Währung oder freier Reichsmark gleichzeitig im Inlande gegeben wird[8]).

Zusammenfassung zu I bis III:

a) Selbstverständlich wird es Schwierigkeiten machen, immer nachzuweisen, daß die die Genehmigungsfreiheit begründenden Tatsachen wirklich vorliegen. Erhöhte Schwierigkeiten werden insoweit bestehen, als auch diese Tatsachen auf Verlangen des Grundbuchamts in grundbuchmäßiger Form nachgewiesen werden müssen[9]).

---

[4]) Daher ist dann kein Kredit in ausländischer Währung gegeben, wenn die Darlehensforderung bloß auf ausländische Währung lautet, sondern nur dann, wenn Devisen ins Inland fließen, also ein neuer Kredit im Sinne von Ri. IV/45 gegeben ist. Vgl. Flad-Bergholz B S. 77 Note 2 zu II/32a.

[5]) Bei Lion-Hartenstein Note 37 b S. 450f. zu § 13 DevVo. wird die gegenteilige Ansicht vertreten. Diese Ansicht war unter Herrschaft von Ri. II/29 c, der Vorgängerin von Ri. II/32 a berechtigt. Mit Rücksicht auf den jetzigen Wortlaut von Ri. II/32 a (Wegfall des Wortes „diesem", welches nur die Kreditgewährung an den Grundstückseigentümer von der Genehmigungspflicht ausnahm) kann diese Ansicht heute nicht mehr aufrecht erhalten werden. Eine der Note 37b bei Lion-Hartenstein entsprechende Bemerkung findet sich in dem Kommentar von Hartenstein nicht mehr.

[6]) Wegen der Fragen, die sich ergeben, wenn Ri. II/32a mit der Vorschrift von Ri. II/31c konkurriert, mit anderen Worten also, wenn bei gegebenen Voraussetzungen von Ri. II/32a ein Inländer für die persönliche Schuld eines Ausländers gegenüber einem anderen Ausländer und zur Sicherung der Forderung des Letzteren für diesen eine Hypothek bestellt, siehe die Bemerkungen in Fußnote 9 des Kap. 16 (nicht dieses Anhanges).

[7]) Siehe auch die diesbezüglichen Ausführungen unter Kapitel 16 Ziff. A III d und IV a.

[8]) Wünschenswert wäre aber vom wirtschaftlichen Standpunkt, daß de lege ferenda auch diese Fälle unter den Voraussetzungen von II/32a von der Genehmigungsfreiheit erfaßt werden.

[9]) Daraus darf man aber nicht auf eine Bedeutungslosigkeit von Ri. II/32a schließen, wie dies bei Hartenstein S. 142 a. a. O. unter Note 5 und in der Entscheidung des KG. in JW. 1935 S. 1716 geschieht. Wegen der Notwendigkeit einer Belehrung über die Möglichkeiten für eine sichere praktische Anwendung von Ri. II/32a seitens des Notars vgl. die Fußnote 6 in Kap. 21.

b) In Lion-Hartenstein unter Note 37 zu § 13 DevVO. S. 450[10]) findet sich folgende Bemerkung:

„Die Genehmigungsfreiheit (nach II/29c, jetzt II/32a) gilt auch dann, wenn der Eigentümer nicht eine Hypothek neu bestellt, sondern z. B. durch das Hypothekendarlehen (das der Ausländer gewährt) eine an dem Grundstücke bestehende Hypothek eines Inländers abgelöst wird, sei es, daß der Eigentümer hierzu die neue Darlehensvaluta verwendet und die entstandene Eigentümergrundschuld dem neuen (ausländischen) Gläubiger abtritt oder, daß der alte Gläubiger seine Hypothek unmittelbar an den (neuen Gläubiger) Ausländer abtritt". Vom wirtschaftlichen Gesichtspunkt aus wird diesen Ausführungen beizupflichten sein. Ob aber auf Grund des Wortlautes von Ri. II/32a (hier ist nur von Bestellung gesprochen und Sonderbestimmungen sind einschränkend auszulegen) eine soweit gehende Auslegung für zulässig erachtet werden kann, dürfte fraglich sein.

c) Das unter I. bis III. Ausgeführte soll an Hand einiger besonderer Beispiele erläutert werden:

1. Beispiel:

Devisenrechtliche Behandlung der Bestellung einer Kaufpreisrest-hypothek.

Bei einem im Inland gewährten Kredit aus gesperrten Mitteln ist die Hypothekbestellung genehmigungspflichtig. Ri. II/32a findet daher keine Anwendung, wenn ein Ausländer ein inländisches Anwesen verkauft und sich eine Kaufpreisresthypothek eintragen läßt; denn gemäß § 17 Abs. 1 DevG. bedarf die Verfügung über eine auf Reichsmark oder Goldmark lautende Forderung, die zugunsten eines Ausländers durch Veräußerung von Grundstücken entsteht, der Genehmigung. Die Forderung des Ausländers ist daher keine Forderung in freier Reichsmark und die Kreditierung kommt nur dem Kreditnehmer zugute.

2. Beispiel: Besondere Beachtung verdienen die Fragen, die sich ergeben, wenn Forderungen, die wegen Warenlieferung entstanden sind, gestundet werden und zu deren Sicherung Hypotheken oder Grundschulden bestellt werden sollen. Man wird hier unterscheiden müssen, ob der Inländer die Verbindlichkeiten

aa) ohne Genehmigung oder

bb) auf Grund einer Devisenbescheinigung eingegangen hat.

Ist der Fall aa gegeben, so würde die Kreditierung des Kaufpreises immer nur dem Inländer, nicht der deutschen Devisenbilanz zugute kommen; eine Hypothekenbestellung zur Sicherung der Forderung

---

[10]) Eine entsprechende Bemerkung findet sich in den einschlägigen Ausführungen bei Hartenstein in Note 5 des Anhangs zu § 14 DevG. auf S. 141f. nicht mehr.

des Ausländers bedürfte daher auf alle Fälle der Genehmigung. Würde aber der Fall bb gegeben sein, so wird man wieder unterscheiden müssen, und zwar, ob der Verkäufer nach oder bei Vertragsabschluß die auf Grund seiner Warenlieferung entstandene Forderung stundet.

Im ersten Falle gilt folgendes:

Der ausländische Verkäufer hat, falls nichts Gegenteiliges bestimmt ist, das Recht, unmittelbar nach Lieferung der Ware den Kaufpreis zu verlangen (vgl. §§ 433, 322 BGB.). Sieht er von der Geltendmachung seines Rechtes ab, so liegt kein Warenkredit vor, sondern er krediert einen Betrag in freier Reichsmark oder ausländischer Währung. Eine Hypothekbestellung, die zur Sicherung der Forderung des ausländischen Gläubigers erfolgen würde, ist daher nach II, 32a der Ri. genehmigungsfrei.

Ist der Fall dagegen so gelagert, daß der Ausländer schon bei Vertragsabschluß zugestanden hat, daß die Bezahlung seiner Ware erst nach einem bestimmten Zeitpunkt erfolgen muß, so liegt ein Warenkredit vor; nach dem Wortlaut von II/32a der Ri. können nun Zweifel bestehen, ob hier die zugunsten eines Ausländers erfolgende Hypothekbestellung, welche zur Sicherung des (später) zu bezahlenden Kaufpreises dienen soll, genehmigungsfrei ist. Vom wirtschaftlichen Gesichtspunkt aus bestehen (immer vorausgesetzt, daß ein Fall vorliegt, in dem die Devisenstelle die Genehmigung zum Erwerb der zur Begleichung der Verbindlichkeit nötigen Devisen erteilt bzw. die sichere Erteilung in Aussicht stellt) keine Bedenken, auch hier Ri. II/32a Anwendung finden zu lassen[11]); denn faktisch wird auch im vorliegenden Falle vom Ausländer ein, wenn auch später zu zahlender Betrag in freier Reichsmark oder ausländischer Währung gestundet.

3. Beispiel: Da es nach dem Wortlaut von Ri. II/32a gleichgültig ist, ob der Kredit einem Inländer oder einem Ausländer zufließt, und da es nicht notwendig ist, daß der Sicherheitsbesteller der Empfänger des Kredits sein muß, gilt folgendes:

Die Hypothekenbestellung eines Ausländers an seinem inländischen Anwesen zugunsten eines anderen Ausländers ist genehmigungsfrei, wenn dieser für die Hypothekenbestellung (sei es dem ausländischen Grundstücksbesitzer oder einem Dritten, welcher auch ein Ausländer sein kann) einen Kredit einräumt, welcher, wie allerdings nachgewiesen und sichergestellt sein muß, im Inland und in freier Reichsmark oder ausländischer Währung gewährt wird (z. B. der Kredit soll zu Bauarbeiten an dem inländischen Anwesen des Hypothekenbestellers verwendet werden oder der Kredit soll einem Dritten zufließen, der im Inland ein Unternehmen gründen will).

---

[11]) Gerade gegenwärtig dürfte es im Interesse der deutschen Wirtschaft liegen, wenn gegen eine (genehmigungsfreie) Hypothekenbestellung lebenswichtige Rohstoffe dem deutschen Volke krediert würden.

Kapitel 17.

Die Verfügung über Rechte an Grundstücken [1]).

A. Die Verfügung über Rechte an inländischen Grundstücken.

I. Allgemeines.

Gemäß Ri. II/15, welche die Hypotheken-, Grund- und Rentenschulden und in beschränktem Umfang auch die Eigentümergrundschulden den Forderungen gleichgestellt, wird bei Verfügungen über Rechte an Grundstücken im allgemeinen das gleiche gelten, was oben in Kap. 5 unter Ziff. IV bezüglich der Verfügung über Forderungen ausgeführt wurde [2]). Mit Rücksicht auf die besondere Bedeutung der Geschäfte, die die Verfügung über Rechte an Grundstücken betreffen und der hierbei neben den für die Behandlung von Forderungen zu beachtenden besonderen rechtlichen Gesichtspunkte sei nachfolgendes ausgeführt:

Bei der rechtlichen Behandlung von Verfügungen über Hypotheken, Grund- und Rentenschulden muß man zunächst unterscheiden zwischen folgenden Fällen:

a) Ein Inländer verfügt über eines der genannten Grundstücksrechte an einem inländischen Anwesen zugunsten eines Ausländers:

Hier ist gemäß § 11 Abs. 2 DevG. i. V. mit Ri. II/15 die Genehmigung der DSt. nötig.

b) Ein Ausländer verfügt über eines der hier in Frage stehenden Rechte an einem inländischen Grundstück.

Man muß hier unterscheiden, ob es sich um Rechte gemäß § 11 Abs. 2 DevG. i. V. mit Ri. II/15 oder um Rechte nach §§ 15ff. DevG. i. V. mit Ri. II/15 handelt.

Ist der erstere Fall gegeben, so ist die Verfügung immer genehmigungsfrei und zwar, wenn es sich um eine Verfügung zugunsten eines Inländers handelt, gemäß § 11 Abs. 2 DevG., arg. e contrario, wenn es sich um eine Verfügung zugunsten eines Ausländers handelt, gemäß Ri. II/19. Zur Verfügung über Rechte der letzteren Art (bzw. über Alt- und Sperrhypotheken) ist immer die Genehmigung nötig, sei es, daß sie zugunsten eines Inländers oder Ausländers erfolgt.

II. Sonderfälle:

a) Die Verfügung über Hypotheken, die zwar nicht vor dem 16. Juli 1931 entstanden sind, aber weder eigentliche Neuhypotheken noch Hypotheken für Umlagerungskredite (Sperrhypotheken) sind:

---

[1]) Vgl. Hartenstein Anhang zu § 14 DevG. S. 138ff. a. a. O.; Flad-Bergholdа S. 31ff.; v. Edlinger in DNotZ. 1935/552ff.; v. Edlinger in DNotZ. 1937/24ff.; v. Edlinger in DGWR. 1937 S. 157ff.; Berghold in JW. 1935/1514ff.

[2]) Bezüglich der Verfügung über andere Rechte als Hypotheken, Grund- und Rentenschulden, also über Vorkaufsrechte, Reallasten, Dienstbarkeiten usw. sehen die Devisenvorschriften keine Beschränkungen vor. Solche bestehen nur anläßlich ihrer Bestellung (vgl. Kap. 16 A unter Ziff. IV).

Hierher gehören die Hypotheken, die nach dem 15. Juli 1931 zugunsten eines Ausländers entstanden sind, bei welchen aber nicht die Voraussetzungen von Ri. II/32a gegeben sind, also Hypotheken, die für Kredite gewährt wurden, die nicht der deutschen Wirtschaft, sondern nur dem Kreditnehmer zugute gekommen sind. Bergholds[3]) bemerkt unter Bezugnahme auf Ri. IV/45 Abs. 2, daß die Verfügung über solche Hypotheken eines Ausländers in der Regel nur unter Beachtung der für Althypotheken geltenden gesetzlichen Bestimmungen erfolgen dürfe. Dieser Ansicht ist, insoweit es sich um die Tilgung der Hypothek handelt, (soweit also für die Begleichung der zugrunde liegenden Forderungen Mittel zur Verfügung gestellt werden sollen) zuzustimmen. Soweit es sich jedoch um sonstige Verfügungen handelt, z. B. die Abtretung, wird das oben unter I b 1. Fall Gesagte Anwendung finden müssen (z. B. ist daher die Abtretung der Hypothek seitens des Ausländers an einen Dritten genehmigungsfrei; denn Ri. IV/45 behandelt nicht die Frage der Genehmigungspflicht, sondern nur die Frage, inwieweit die nötige Genehmigung erteilt werden kann und behandelt auch nur den Fall der Rückzahlung des Kredites.

b) Die Verfügung über Eigentümergrundschulden eines Ausländers.

Soweit es sich um Eigentümergrundschulden handelt, die nicht vor dem 16. Juli 1931 entstanden sind, kann über diese, da sie den Forderungen nach § 11 Abs. 2 DevG. gleichgestellt sind, ohne Genehmigung verfügt werden. Soweit es sich um Eigentümergrundschulden handelt, die vor dem 16. Juli 1931 entstanden sind, liegt nach dem Wortlaut von Ri. II/15 Halbsatz 2 keine Forderung im Sinne der Devisengesetze vor, so daß über die Eigentümergrundschuld ebenfalls ohne Genehmigung verfügt werden kann. Es sei jedoch ergänzend darauf hingewiesen, daß selbstverständlich der inländische Erwerber der Eigentümergrundschuld einen etwaigen Gegenwert für diese nur mit Genehmigung an den Ausländer leisten darf.

Aus dem Gesagten ergibt sich mithin, daß bei Eigentümergrundschulden eines Ausländers an einem inländischen Anwesen die oben unter I b getroffene Unterscheidung, ob es sich um Forderungen nach § 11 Abs. 2 DevG. handelt oder nicht, nicht gemacht werden muß[4]) [5]) [6]) [7]).

[3]) S. JW. 1935/1517 unter B II 2 d.

[4]) In diesem Rahmen sei auf die zutreffende Entscheidung des KG., Beschluß vom 24. Jan. 1935, abgedr. in JW. 1935 S. 1343 ff. hingewiesen, in welcher ausgeführt wird, daß die Bestimmung der Ziff. 21 der 3. RiVo. vom 7. Dez. 1933 (jetzt Ri. II/15) keine rückwirkende Kraft hat, obwohl sie nur eine Änderung der Ri. enthält.

[5]) Nach dem oben Ausgeführten ist den Darlegungen von Berhold in JW. 1935 S. 1519 unter IV 2 nicht beizupflichten, wonach die Abtretung von Eigentümergrundschulden eines Ausländers an einen Ausländer genehmigungspflichtig ist, wenn nicht die Ausnahmebestimmung von Ri. II/19 eingreift (s. auch LG. Berlin in JW. 1934 S. 3017).

[6]) Fraglich ist, ob man den Ausführungen des KG., 1. ZivSen., Beschl. vom 19. Dez. 1935, abgedruckt in JW. 1936 S. 332 und den zugehörigen Ausführungen von Bergхold in JW. 1936 S. 889 zustimmen soll. In der erwähnten Entscheidung ist ausge-

c) Keiner Genehmigung bedarf die Umwandlung einer Hypothek in eine Grundschuld. Die Umwandlung einer Grundschuld in eine Hypothek wird wohl dann einer Genehmigung bedürfen, wenn durch die Umwandlung neben der dinglichen Haftung eine etwa bis jetzt noch nicht bestehende persönliche Haftung (die ja auch schon bestehen kann) geschaffen wird; denn in der Begründung der persönlichen Haftung wird man wohl eine Krediteinräumung im Sinne von § 14 DevG. i. V. mit Ri. II/31 b erblicken müssen [8]).

d) Bezüglich der Abtretung einer Altforderung zusammen mit einer nach dem Inkrafttreten der Devisenbestimmungen bestellten Hypothek ist zu sagen: auch in diesem Falle kann die Hypothek nicht ohne Genehmigung abgetreten werden. Dies ergibt sich aus § 1153 Abs. 2 BGB. Hienach kann die Hypothek nur mit der Forderung (die hier eine Altforderung ist) abgetreten werden. Die Abtretung von Altforderungen ist jedoch immer genehmigungspflichtig, so daß auch die Abtretung der nach dem 15. Juli 1931 bestellten Hypothek genehmigungspflichtig ist.

Hier erhebt sich die Frage, was gilt, wenn eine Grundschuld abgetreten werden soll, die zur Sicherung einer Altforderung nach dem Inkrafttreten der Devisenbestimmungen bestellt wurde. Die Grundschuld kann an sich ohne die Altforderung abgetreten werden; deshalb erscheint hier eine Genehmigung nicht erforderlich, wenngleich mit Rücksicht auf das über die Bedeutung der Natur der Grundschuld auf dem Gebiete des Devisenrechts in Kap. 16 unter Ziff. A II Gesagte die Antwort dieser Frage nicht ganz befriedigend sein dürfte.

---

sprochen, daß der Verzicht des Gläubigers einer Grundschuld auf diese der Genehmigung bedarf, wenn sowohl der Gläubiger als auch der Grundstückseigentümer Ausländer sind.

Soweit es sich nicht um Altgrundschulden handelt, ist der Verzicht seitens des ausländischen Gläubigers gem. Ri. II/19 genehmigungsfrei. Soweit es sich um Altgrundschulden handelt, ist wohl der Verzicht seitens des ausländischen Gläubigers gem. Ri. II/40c genehmigungsfrei, nicht aber, wenn man formaljuristisch genau sein will, der in dem Verzicht liegende und kraft Gesetzes erfolgende Übergang der Grundschuld auf den Eigentümer gem. §§ 1168, 1192 BGB. Mit dem Verzicht ist also gleichzeitig wegen der §§ 1168 und 1192 BGB. eine Verfügung über eine Altgrundschuld zugunsten eines Ausländers verbunden, die an sich nicht genehmigungsfrei ist. Es fragt sich nun, ob der Richtliniengeber, wenn er den Verzicht auf Altforderungen genehmigungsfrei stellte, nicht auch die kraft Gesetzes damit verbundenen Folgen auch genehmigungsfrei stellen wollte. Bergholb verneint diese Frage in JW. 1936 S. 889. Da die Frage zweifelhaft ist, wird man gegebenenfalls vorsorglich in Fällen der beschriebenen Art immer um Genehmigung nachsuchen.

[7]) Der Umstand, daß, wie oben in Kap. 16 unter Ziff. A III c gezeigt, die Bestellung von Eigentümergrundschulden ebenso wie der hier behandelte Fall der Abtretung von Eigentümergrundschulden unter Ausländern nicht der Genehmigung bedarf, kann leicht dazu führen, daß ein Ausländer insofern die Erteilung einer nötigen Genehmigung zur Bestellung von Rechten an seinem inländischen Grundstück zugunsten eines anderen Ausländers vermeidet, indem er sich zunächst eine Eigentümergrundschuld bestellen läßt und diese dann abtritt, beides Vorgänge, die nach dem jetzt geltenden Devisenrecht genehmigungsfrei sind. Im Hinblick darauf erscheint es angezeigt, daß durch eine geeignete Vorschrift diesen Umgehungen begegnet wird.

[8]) Anderer Ansicht v. Edlinger in DNotZ. 1935/551 a. a. O.

e) Wegen der möglichen Bedeutung von Ri. II/32a bei der Abtretung von Hypotheken s. die Ausführungen im Anhang zu Kap. 16 unter der Zusammenfassung zu I—III b.

f) Weiter sei auf folgende, sich aus Ri. II/32 b ergebende Frage hingewiesen.

Nach der angezogenen Bestimmung ist keine Genehmigung nach § 14 DevG. zu der nach § 416 BGB. erfolgenden Genehmigung des inländischen Gläubigers zur Schuldübernahme durch den ausländischen Erwerber eines Grundstückes nötig. Hartenstein vertritt unter Note 3 im Anhang zu § 14 DevG. S. 139 a. a. O. die Ansicht, daß auch im Falle der Schuldübernahme nach §§ 414, 415 BGB. keine Genehmigung der DSt. nötig ist[9]). Anderer Ansicht ist Steiner, Zwangsversteigerungsrecht Note 9 zu § 53 ZVG. 5. Aufl. 1935, S. 227; der Ansicht von Hartenstein wird man beipflichten; aus dem Umstand, daß in Ri. II/32b die §§ 414, 415 BGB. nicht erwähnt sind, darf man keinen Gegenschluß ziehen. § 416 BGB. wird vielmehr nur deshalb vom Gesetzgeber allein angeführt sein, weil bei Grundstückskäufen gewöhnlich nach § 416 BGB. und nicht nach §§ 414, 415 BGB. verfahren wird.

g) Ferner sei hier auf Ri. II/34a hingewiesen, wonach eine Genehmigung nach § 14 Abs. 1 DevG. zur Ablösung der Hypothek eines Inländers auf dem inländischen Grundstück eines Ausländers erteilt werden kann. Von dieser genehmigungspflichtigen Ablösung [10]) [11]) [12]) sind, wie Berghold in JW. 1935, 1518 unter B III 2a zutreffend erwähnt, die Fälle zu unterscheiden, in welchen keine Genehmigungspflicht gem. § 14 Abs. 1 DevG. gegeben ist. Als solche Fälle führt Berghold a. a. O. an, wenn der Zessionar die Hypothek vom Zedenten kauft, ohne die Fälligkeitsbestimmungen zugunsten des ausländischen Schuldners zu ändern oder wenn ein Inländer nach § 268 BGB. in der Zwangsversteigerung in das Grundstück eines Ausländers die Hypothek des betreibenden inländischen Gläubigers ablöst, um sein eigenes Recht nicht zu verlieren.

h) Bezüglich der Abänderung von Zins- und Zahlungsbestimmungen siehe das oben in Kap. 16 unter Ziff. A IV c Ausgeführte. Bezüglich der in der Abänderung der Zins- und Zahlungsbestimmungen liegenden Verfügung über die Forderung gilt das allgemeine hierüber

---

[9]) Ebenso Berghold in JW. 1935 S. 1515 unter A II 1.

[10]) Sie erfolgt entweder so, daß der ausländische Eigentümer eine neue Darlehensvaluta verwendet und die entstandene Eigentümergrundschuld dem neuen inländischen Gläubiger abtritt oder daß der alte inländische Gläubiger seine Hypothek unmittelbar an den neuen inländischen Gläubiger abtritt.

[11]) Wegen der Ablösung landwirtschaftlicher und gewerblicher Hypotheken mit deutschen Auslandsbonds vgl. RE. 68/36, der einer Bedenkung wegen in Teil III unter Ziff. B II abgedruckt ist und die Abhandlung von Schoen in Nr. 24/1936 Sp. 800ff. über „Die Ablösung landwirtschaftlicher Hypotheken mit deutschen Auslandsbonds".

[12]) Siehe auch Ri. II/34b bezüglich der Ablösung der Hauszinssteuer mit Mitteln eines einem ausländischen Grundstückseigentümer gewährten Hypothekendarlehens.

unter I Angeführte, wobei noch auf die Bestimmungen von Ri. II/37 c u. d und II/40 b hinzuweisen ist.

i) Verfügungsbeschränkungen über Hypotheken und sonstige Rechte an Grundstücken können allgemein auf Grund der §§ 37a b auf Anordnung der zuständigen Devisenbehörden geschaffen werden[13]).

k) Auch auf Rangänderungen, welche eine Verfügung über dingliche Rechte darstellen, finden die Vorschriften des DevG. Anwendung. Hinzuweisen ist besonders auf Ri. II/40d, wonach die Änderung des Rangverhältnisses eines dinglichen Rechtes nicht als Verfügung nach § 15 DevG. gilt[14]).

l) Wegen der auf Grund vorstehender Ausführungen vom Grundbuchrichter zu beachtenden Fragen, insbesondere anläßlich der Löschung von Hypotheken, Grund- und Rentenschulden siehe die Ausführungen in Kap. 21, insbesondere unter Ziff. II.

B. Die Verfügung über Rechte an ausländischem Grundbesitz:

Hier können folgende Fälle in Frage kommen:

1. Ein Inländer verfügt über ihm zustehende Rechte;
2. Ein Ausländer verfügt über ihm gegen einen Inländer zustehende Rechte;
3. Ein Inländer verfügt über Rechte eines Ausländers, die diesem gegen den verfügenden Inländer oder einen Dritten zustehen (z. B. der Inländer begleicht die durch dingliche Rechte gesicherte Forderung des Ausländers)[15]).

Da es sich in aller Regel bei den Rechten des Ausländers bzw. Inländers um Sicherung von zugrundeliegenden Forderungen handeln wird, wird neben der Verfügung über die in Frage stehenden Rechte eine Verfügung über Forderungen und zwar, da es sich um ausländische Grundstücke handelt, über Forderungen in ausländischer Währung in Frage kommen. Wenngleich Ri. II/15 nur Reichsmarkhypotheken bzw. Grund- und Rentenschulden den Forderungen gleichstellt, wird auf Grund des Gesagten bei allen Verfügungen über Rechte an ausländischen Grundstücken auch eine Verfügung über Forderungen in ausländischer Währung vorliegen, welche in den oben angezogenen Fällen grundsätzlich der Genehmigung bedarf, soweit nicht Ausnahmebestimmungen ausdrücklich die Genehmigungsfreiheit aussprechen (vgl. Ri. II/9 und 19)[16]).

---

[13]) Vgl. auch die Ausführungen in Kap. 8.

[14]) Tatsächlich handelt es sich bei Ri. II/40 nur um eine Rangverschlechterung; denn soweit es sich um eine Rangbesserung handelt, liegt eine Verfügung nicht bez. des zu bessernden Rechtes, sondern eines anderen vorgehenden Rechtes vor. Diese ist, soweit sie zugunsten eines Ausländers erfolgt, genehmigungspflichtig (vgl. auch Hartenstein Note 13 im Anhang zu § 14 DevG. S. 148 a. a. O.).

[15]) Verfügungen sind (vgl. oben Kap. 3 in Ziff. B II b) auch möglich seitens des Schuldners und seitens Dritter.

[16]) Hier werden auch unter Umständen (z. B. bei Löschungsbewilligungen von inl. Gläubigern vor einem inländischen Notar) die Beteiligten auf die Anbietungsvorschrift vom Notar hinzuweisen sein.

Kapitel 18.

Die Verwaltung von inländischem Ausländergrundbesitz und ausländischem Inländergrundbesitz[1]).

A. Die Verwaltung von inländischem Ausländergrundbesitz[2]).

I. Grundsätzliche Regelung:

Auszugehen ist von dem Gesetz über die Zahlungsverbindlichkeiten gegenüber dem Ausland[3]). Nach diesem sind die Transferierungen von Vermögenserträgnissen von Ausländern bis auf weiteres eingestellt. Miet- und Pachtzinsen und ähnliche wiederkehrende Leistungen[4]) (vgl. § 1 des Ges.) dürfen grundsätzlich ohne Genehmigung weder direkt an den ausländischen Gläubiger noch an einen von diesem bestellten Vertreter geleistet werden. Die Zahlungen sind vielmehr vom Schuldner und zwar nur nach Erteilung der nach §§ 11, 19 DevG. erforderlichen Genehmigung durch die zuständige Devisenstelle an die Konversionskasse für deutsche Auslandsschulden (vgl. § 2 des Ges.) zu leisten. Ergänzend bestimmt § 19 DevG., daß die Verfügung über Forderungen eines Ausländers, die von dem oben erwähnten § 1 betroffen werden, der Genehmigung bedarf[5]) und zwar (vgl. § 28 DevG.) auch im Rahmen der Freigrenze[6]). Durch die erwähnte Vorschrift soll hintangehalten werden, daß der Zweck des Gesetzes über die Zahlungsverbindlichkeiten gegenüber dem Ausland umgangen wird, wie z. B. dadurch, daß im Wege der Aufrechnung die dem Ausländer zustehende Forderung für diesen unmittelbar, nicht über den Weg der Devisenbehörden, verwertet wird.

II. Erleichterungen von den unter I erwähnten Vorschriften.

Die oben aufgeführten devisenrechtlichen Beschränkungen bei Vereinnahmung und Verwendung von Grundstückserträgnissen werden durch die Richtlinien für die Devisenbewirtschaftung wesentlich gemildert. Im einzelnen ist hiezu folgendes auszuführen:

a) für die Entgegennahme von Miet- und Pachtzinsen; Ri. IV/51 sieht folgende Möglichkeiten vor:

---

[1]) Vgl. v. Edlinger in DevArch. Nr. 6, 1936, Sp. 220 ff. über „Die Verwaltung von inländischem Ausländergrundbesitz", Böhme in DevArch. Nr. 34, 1936, Sp. 1092 ff. über „Die Devisenvorschriften im Miet- und Pachtrecht".

[2]) Wegen der Fragen, die sich bei der Verwaltung von sonstigen Erträgnissen aus inländischem Ausländervermögen ergeben, s. RE. 36, 1937, abgedruckt in Teil III unter B II a 1, wo fast alle einschlägigen Fragen erörtert werden.

[3]) Abgedruckt in Teil III unter Ziff. A 12.

[4]) Z. B. auch, wenn ein Inländer Eigentümer eines Inländergrundstückes ist, ein Ausländer aber an diesem Grundstück nießbrauchberechtigt ist (in diesem Falle gilt das oben Ausgeführte ebenfalls; vgl. Böhme in DevArch. Sp. 1094 a. a. O.).

[5]) Vgl. die Ausnahmebestimmung in Ri. II/46.

[6]) Vgl. jedoch die Bestimmung von Ri. II/47 Abs. 4 und Ri. IV/47 Abs. 3 und RE. 100/36.

1. Gemäß Ri. IV/51 Abs. 1[7]) kann Ausländern, die im Inland Grundstücke besitzen[8]), die allgemeine Genehmigung zur Errichtung eines Sonderkontos (Verwaltungssonderkontos) bei einer Devisenbank zur Entgegennahme von Zahlungen von Miet- und Pachtzinsen (und ähnlichen wiederkehrenden Leistungen) erteilt werden, wenn der Antragsteller oder die kontoführende Bank eine Aufstellung dieser Leistungen nach Arten, Beträgen und Fälligkeitspunkten einreicht. Auf dieses Verwaltungssonderkonto können Inländer Miet- und Pachtzinsen ohne weitere Genehmigung leisten. Einer Bescheinigung der Industrie- und Handelskammer bedarf es zur Erteilung der allgemeinen Genehmigung nicht.

2. Gemäß Ri. IV/51 Abs. 4 kann auch einem inländischen Vertreter eines ausländischen Grundstückseigentümers eine allgemeine Genehmigung nach Abs. 1 unter den dort erwähnten Voraussetzungen erteilt werden. Bei Vorliegen einer solchen Genehmigung kann an den Vertreter des ausländischen Grundstückseigentümers persönlich oder auf sein freies Konto gezahlt werden.

b) Für die Weiterverwendung der einbezahlten Beträge gilt folgendes[9]):

Man muß zunächst unterscheiden zwischen den Zahlungen, die im Zusammenhang mit der Verwaltung der inländischen Vermögenswerte (hier des Grundstückes) erfolgen und den Zahlungen, die zur Erreichung anderer Zwecke erfolgen.

1. Zahlungen, die die Verwaltung des inländischen Grundstückes betreffen:

Zahlungen der vorbezeichneten Art können, soweit sie an Inländer erfolgen, ohne weitere Genehmigung aus den auf dem Sonderkonto eingegangenen Beträgen geleistet werden. Dabei ist zu beachten, daß unter Zahlungen, die zur Verwaltung des Grundstückes erforderlich sind, nicht nur diejenigen fallen, soweit sie Verwaltungskosten im engeren Sinne, wie Steuern, Gebühren, Reparaturkosten betreffen; ohne weitere Genehmigung können vielmehr auch solche Zahlungen geleistet werden, die zur kapitalsmäßigen Verwaltung des Grundstückes nötig sind, z. B. die Begleichung fälliger Zinsen und die regelmäßige, d.h. von vornherein vereinbarte planmäßige Tilgung von Hypotheken. Dabei ist es gleichgültig, ob es sich um sogenannte Amortisationshypotheken oder Abzahlungshypotheken handelt, bei welchen die Tilgung in festen, gleichbleibenden Beträgen erfolgt. Nicht zulässig ist dagegen, daß der Inhaber einer allgemeinen Genehmigung Hypothekenrückzahlungen, die

---

[7]) Wegen der Zuständigkeit zur Erteilung der Genehmigung vgl. RE. 36, 1937 unter C 3.

[8]) Diese Bestimmung erfaßt noch sonstige wiederkehrende inländische Einnahmequellen von Ausländern, wie z. B. Hypotheken von Ausländern auf inländischem Grundbesitz.

[9]) Vgl. auch die Ausführungen des RE. 36/1937 unter I C 2 und 3.

nicht planmäßig von vornherein vereinbart sind, vornimmt; die zu solchen Rückzahlungen erforderliche weitere Genehmigung kann aber erteilt werden.

Gemäß RE. 36/37 I C 3 gehören zu den Verwaltungskosten auch angemessene Beträge, die ein ausländischer Grundstückseigentümer aus Anlaß einer Reise zur Besichtigung seines Grundbesitzes im Inland ausgibt. Nach jetzt geltenden Bestimmungen ist es den Devisenbanken (vgl. Ri. IV/51 Abs. 1) und Hausverwaltern (vgl. Ri. IV/51 Abs. 4) gestattet, Zahlungen an den ausländischen Grundstückseigentümer im Inland für den vorbezeichneten Zweck (Besichtigung des inländischen Grundbesitzes) genehmigungsfrei zu liefern.

2. Sonstige Zahlungen.

Diese dürfen nur mit Genehmigung der DSt. erfolgen. Die Genehmigung darf nur mit der Maßgabe erteilt werden, daß die Zahlung in Reichsmark an die Konversionskasse für Auslandsschulden erfolgt. Wie aus IV/51 Abs. 2 ersehen werden kann, wird der vorstehende Grundsatz durch verschiedene Erleichterungen gemildert. Hierüber sei folgendes ausgeführt:

In Härtefällen kann Ri. IV/48 Abs. 1 c entsprechend angewandt werden, d. h. es kann die Genehmigung zu Zahlungen für eigene Rechnung des Ausländers im Inland erteilt werden. Eine Devisenerwerbsgenehmigung kann nur in ganz besonders gelagerten Fällen erteilt werden. Ferner kann die Genehmigung erteilt werden, daß angemessene Beträge aus dem Verwaltungssonderkonto oder vom Konto nach IV/51 Abs. 4 auf ein Sonderkonto nach Ri. IV/48 Abs. 5 übertragen werden dürfen, wenn im Einzelfalle feststeht, daß die Hauseinkünfte für die laufenden Ausgaben (Steuern, Reparaturen usw.) ausreichen. Die Übertragung bietet den Vorteil, daß über das Sonderkonto ohne weitere Genehmigung innerhalb eines bestimmten Zeitraumes zu Zahlungen im Inland für eigene Rechnung des Kontoinhabers verfügt werden kann, wenn die Zahlungen zu Zwecken der in Ri. II/55 Abs. 1 a—d bezeichneten Art erfolgen. Als solche Zahlungen gelten insbesondere unentgeltliche Zuwendungen im Inland, Leistungen an Inländer, die im Zusammenhang mit der Entstehung und Verwaltung des Kontos stehen und endlich Leistungen zur Bezahlung nichtgeschäftlicher Reisekosten des Kontoinhabers und seiner Familie in bestimmter abgegrenzter Höhe.

RE. 36/37 sieht unter I C 3 letzter Absatz auch die Möglichkeit vor, daß unmittelbar aus dem Verwaltungssonderkonto des Hauses Kosten einer Vergnügungsreise verbunden mit der Besichtigung des Anwesens bestritten werden können.

(Wegen sonstiger Fragen, die mit der Einrichtung von Sonderkonten zusammenhängen und wegen der Erläuterungen zu den einzelnen Verwendungszwecken nach Ri. II/55 Abs. 1 a—d vgl. RE. 36/37 I A und B).

III. Sonderfälle.

Eine besondere Erwähnung verdient noch folgendes:

a) Die devisenrechtliche Behandlung der Gemeindeumschuldungsanleihe und der Guthabenbescheinigung der Finanzämter zur Förderung des Wohnungsbaues, ausgegeben auf Grund des Gesetzes vom 30. März 1935.

Soweit ein Verwalter eines Anwesens solche Papiere besitzt, wird er, wenn er sie verwerten will, sich mit der zuständigen DSt. in Verbindung setzen. Diese wird im Falle des Verkaufs der erwähnten Papiere die Gutschrift des Erlöses auf einem bereits bestehenden oder erst zu errichtenden Sonderkonto nach Ri. IV/51 genehmigen. Für die weitere Verwertung der auf diesem Konto gutgeschriebenen Beträge gilt das oben unter II Ausgeführte. Für die devisenrechtliche Behandlung der Zinsen aus den hier in Frage stehenden Papieren gilt das gleiche wie für diese selbst. Über die sonstigen hier einschlägigen Vorschriften, z. B. für die genehmigungspflichtige Versendung der Wertpapiere, ist Näheres in den RE. 227/35 und 21/37, abgedruckt in Teil III unter B II a 7. und 10. zu ersehen.

b) Über sonstige Vorschriften, die für den Verkehr mit einzelnen Ländern gelten und die Möglichkeit vorsehen, daß im Verrechnungswege an die Gläubiger verschiedener Staaten wie z. B. die Schweiz, Liechtenstein, die Niederlande, Dänemark, Schweden, Belgien und Luxemburg der Gegenwert der Miet- und Pachtzinsen und ähnlicher wiederkehrender Leistungen aus inländischen Vermögensanlagen nach Abzug der Verwaltungskosten voll transferiert werden kann, ist Näheres bei den zuständigen DSt. zu erfragen[10]).

c) Wegen der devisenrechtlichen Pflichten eines Zwangsverwalters eines inländischen Ausländergrundstückes s. Kap. 24 unter Ziff. A II.

B. Die Verwaltung von ausländischem Inländergrundbesitz.

Bei den im vorliegenden Falle dem Inländer zustehenden Miet- und Pachtzinsen handelt es sich um Forderungen in ausländischer Währung (bzw. nach Auszahlung gegebenenfalls um ausländische Zahlungsmittel), bezüglich welcher sowohl die Anbietungsvorschriften wie die Bestimmungen bezüglich der Weiterverwendung (Verfügung) zu beachten sind. Der inländische[11]) Eigentümer von ausländischem Grundbesitz wird, um den Devisenvorschriften gerecht zu werden, bei der zuständigen DSt. eine Verwendungsgenehmigung beantragen und dabei angeben, wo sein ausländischer Grundbesitz liegt, welche Einnahmen er erbringt und welche laufenden Ausgaben (Steuern, Hypothekenzinsen usw.) zu seiner Erhaltung erforderlich sind. Die DSt. wird dann eine Genehmigung zur Bestreitung der nötigen Ausgaben erteilen; die Überschüsse sind anzubieten und der Reichsbank zuzuführen[12]).

---

[10]) Auch s. Böhme Sp. 1093 a. a. O.
[11]) Wegen der In- und Ausländereigenschaft vgl. Kap. 3 unter Ziff. B I.
[12]) Vgl. Böhme Sp. 1096 f. a. a. O.

Was vorstehend ausgeführt, gilt auch selbstverständlich bezüglich sonstiger laufender Einnahmen aus ausländischen Vermögensanlagen eines Inländers.

Kapitel 19.

Der Einfluß des Devisenrechts auf das Familien- und Erbrecht[1]).

A. Der Einfluß des Devisenrechts auf das Familienrecht.

Das Devisenrecht greift wie in alle Rechtsgebiete so auch in das Familienrecht ein. Bei Anknüpfung, Bestehen und der Abwicklung familienrechtlicher oder verwandter Bande insbesondere, wenn sie sich auch auf Ausländer im Sinne der Devisenbestimmungen erstrecken, müssen diese beachtet werden.

Bei Behandlung der einschlägigen Fragen wird man zweckmäßig folgende Einteilung treffen.

I. Die Eheschließung zwischen einem Inländer und einer Ausländerin oder umgekehrt.

Heiratet eine Inländerin einen Ausländer, so erwirbt sie grundsätzlich dessen Staatsangehörigkeit, wenn diese eine andere als die eigene ist. Damit wird die Inländerin noch nicht Ausländerin im Sinne der Devisenbestimmungen. Diese Eigenschaft wird erst dann erworben, wenn noch weitere Voraussetzungen hinzukommen, insbesondere wenn die Inländerin ihren Aufenthalt oder Wohnsitz im Inlande aufgibt.

Heiratet umgekehrt ein Inländer eine Ausländerin, so wird diese ebenfalls dadurch, daß sie die Staatsangehörigkeit des Inländers erwirbt, noch nicht Inländerin im Sinne der Devisenbestimmungen. Diese Eigenschaft erlangt sie erst dann, wenn sie ihren bisherigen Aufenthalt oder Wohnsitz im Auslande aufgibt. Auch der Umstand, daß nach bürgerlich-rechtlichen Bestimmungen die Ehefrau grundsätzlich den Wohnsitz des Ehemannes teilt, ändert an dieser Rechtslage nichts. Nach dem geltenden Devisenrechte, welches den Begriff Wohnsitz im steuerrechtlichen Sinne auslegt, ist es vielmehr ohne weiteres möglich, daß die Ehefrau (und deren Kinder) ihren Wohnsitz im Auslande haben, während der Ehemann den Wohnsitz im Inlande hat. Ebenso ist der umgekehrte Fall möglich, daß der Ehemann seinen Wohnsitz im Auslande, die Frau dagegen im Inland hat.

---

[1]) Vgl. v. Edlinger in DevArch. Nr. 18, 1936 Sp. 612 ff., Schoen in DevArch. Nr. 40 und 41, 1936 Sp. 1284 ff. und 1324 ff. über Devisenrecht und Erbrecht, v. Edlinger in DNotZ. 1937 S. 25 ff. und in DGWR. 1937 S. 159 ff., Sterner in DevArch. Nr. 15, 1937 Sp. 457 ff. „Die Abänderungsmöglichkeiten eines gemeinschaftlichen Testamentes aus devisenrechtlichen Gründen".

II. Die Einheit der Familie im Devisenrecht.

In einer Reihe von Fällen, insbesondere bei der Frage der Anwendbarkeit von den in den devisenrechtlichen Vorschriften vorgesehenen Freigrenzen, tritt die Frage auf, ob die sämtlichen Mitglieder einer Familie (Vater, Mutter, Kinder) als eine Person oder getrennt nach Köpfen behandelt werden sollen.

a) Fälle, in welchen die Familienmitglieder getrennt behandelt werden.

Hieher gehören zunächst die Fälle der Freigrenze des § 28 Abs. 1 und 3 DevG. und der in den verschiedenen Reiseabkommen (z. B. mit Italien und der Schweiz) einschließlich den für den Aufenthalt zu Studienzwecken und in den Erziehungsanstalten geltenden Verrechnungsabkommen vorgesehenen Freigrenze.

Wollen also beispielsweise Ehegatten oder Eltern mit ihren Kindern oder diese allein auf Grund der in den obenerwähnten Vorschriften gewährten Vergünstigungen eine Reise ins Ausland unternehmen oder in diesem Aufenthalt nehmen, so kann von jedem Familienmitgliede der vorgesehene Freibetrag bis zur vollen Höhe ausgenützt werden.

Als weiterer Fall, in welchem Familienmitglieder nicht als eine Person, sondern getrennt behandelt werden, ist der anzuführen, wenn Ausländer Reisen im Inlande aus Mitteln von Sonderkonten (vgl. Ri. IV/51 Abs. 2, 48 Abs. 5 und II/55 Abs. 1 d) bestreiten. In diesem Falle kann für jedes Familienmitglied der zulässige Höchstbetrag freigegeben werden.

b) Fälle, in welchen alle Familienmitglieder als eine Person behandelt werden.

Man muß zwei Gruppen von Fällen unterscheiden:

1. Bei der Anbietungspflicht von Einwanderern, welche gemäß § 2 der DurchfVO. zum DevG. die dort und in § 1 a. a. O. bezeichneten Werte, soweit sie die Freigrenze übersteigen, anzubieten haben, gelten Ehegatten sowie Eltern und Kinder als ein Pflichtiger, soweit sie nach den §§ 26 und 27 des Einkommensteuergesetzes vom 16. Okt. 1934 (RGBl. I/1005) zusammen veranlagt werden.

2. Gemäß § 6 der 3. und § 5 der 5. DurchfVO. zum DevG. gilt folgendes:

Wenn Ehegatten, Eltern und Kinder eines Auswanderers miteinander auswandern, gilt die vorgesehene Freigrenze von 1000 RM. nur für das Familienhaupt. Nur dieses kann für sich und seine Angehörigen einmal bezüglich eines Betrages bis zu insgesamt 1000 RM. Freiheit von den durch die 3. und 5. DurchfVO. für Auswanderer geschaffenen Beschränkungen geltend machen. Eine Ausnahme gilt von den vorstehend gemachten Ausführungen nur dann, wenn Personen mit auswandern, die zwar im Haushalte des Auswanderers leben, aber nicht zu seiner Familie gehören.

III. Devisenrecht und eheliches Güterrecht.

Hier sind vor allem die Fragen zu behandeln, die sich bei Begründung, Verwaltung und Auseinandersetzung von Gesamthandvermögen auf Grund der verschiedenen ehelichen Gütergemeinschaften des BGB.[3]) sowie bei der Verwaltung des eingebrachten Gutes der Ehefrau einstellen.

a) Bei der Begründung einer ehelichen Gütergemeinschaft erhebt sich zunächst die Frage, ob das Einbringen von Gegenständen, über die nur mit Genehmigung verfügt werden darf oder deren Erwerb genehmigungspflichtig ist, nur mit Zustimmung der Devisenstelle zulässig ist (z. B. ausländische Wertpapiere sollen in das Gesamthandvermögen fallen).

Zu dieser Frage ist zu sagen:

Der durch Einbringung der Werte in die Gütergemeinschaft erfolgende Erwerb seitens des einen Ehegatten erfolgt weder gegen inländische Zahlungsmittel noch, wie man wohl annehmen darf, gegen Entgelt. Nach dem Gesagten wird im Hinblick auf §§ 9 und 29 Abs. 1, ferner §§ 21—25 DevG. in dem Einbringen von ausländischen Zahlungsmitteln oder Forderungen in ausländischer Währung oder von Wertpapieren jeder Art kein genehmigungspflichtiger Erwerb zu erblicken sein. Lediglich in den Fällen, in welchen Gold oder verbotswidrig aus dem Auslande eingebrachte bzw. eingesandte Reichsmarknoten und inländische Scheidemünzen (vgl. § 10 DevG. und § 2 der 3. und § 1 der 5. DurchfVO. zum DevG.) in das Gesamthandvermögen eingebracht werden, wird man für den nicht einbringenden Eheteil einen genehmigungspflichtigen Erwerb annehmen müssen; denn die angezogenen Bestimmungen erklären den Erwerb der angeführten Werte in jedem Falle, gleichgültig ob er entgeltlich erfolgt oder nicht, für genehmigungspflichtig.

In dem Einbringen der Werte liegt für den einbringenden Eheteil ohne Zweifel eine Verfügung. Soweit diese nach den Devisenbestimmungen nur mit Genehmigung erfolgen darf, ist die Einbringung von Werten in das eheliche Gesamthandvermögen genehmigungspflichtig. Z. B. darf ein gesperrtes Grundstück nach § 18 Abs. 2 DevG. nur mit Genehmigung der zuständigen Devisenstelle Teil des ehelichen Gesamtgutes werden.

Weiter ist bei der Begründung einer ehelichen Gütergemeinschaft noch zu prüfen, ob eine Anbietungspflicht ausgelöst wird. Bei der Behandlung dieser Frage ist von folgenden Erwägungen auszugeben:

Der Altbesitz (d. i. der Besitz vor dem 12. Juli 1931) von Wertpapieren der in § 1 Abs. 2 Ziffer 3 der DurchfVo. zum DevG. bezeichneten Art muß nicht angeboten werden. Es fragt sich nun, ob man noch von einem geschützten Altbesitz sprechen kann, wenn im Falle der Be-

[3]) Hier wird vor allem der Notar bei Beurkundung der Güterrechtsverträge auf die einschlägigen Gesichtspunkte hingewiesen, wenn ihm bekannt ist, daß zum Vermögen der Beteiligten verkehrsbeschränkte und anbietungspflichtige Werte gehören.

gründung einer ehelichen Gütergemeinschaft bzw. Fortsetzung der allgemeinen Gütergemeinschaft von einem Eheteil, der Altbesitzer ist, Wertpapiere eingebracht werden.

In dem angezogenen Falle wird faktisch zum mindesten für den Eheteil oder die Mitglieder der fortgesetzten Gütergemeinschaft, die erst Miteigentümer der Wertpapiere werden, ein Neubesitz begründet. Wirtschaftlich wird man aber doch eine Fortsetzung des Altbesitzes annehmen dürfen mit der Folge, daß die eingebrachten Wertpapiere mit in das Gesamtgut fallen können, ohne daß sie angeboten werden müssen. Eine andere Auslegung würde voraussichtlich nur zu dem Ergebnis führen, daß die Wertpapiere im Falle der Begründung der ehelichen Gütergemeinschaft zum Vorbehaltsgute des bisherigen Eigentümers erklärt werden. Mit Rücksicht auf die ungeklärte Rechtslage ist es aber auf jeden Fall empfehlenswert, wenn anläßlich der Begründung der Gütergemeinschaft bei der Reichsbank um Freigabe der Wertpapiere nachgesucht wird.

b) Bei der Verwaltung von Gesamthandvermögen ist folgendes zu beachten:

Der Ehemann als Verwalter des Gesamthandvermögens und (wie hier in diesem Zusammenhange darauf hingewiesen werden soll) auch als Verwalter des eingebrachten Vermögens der Ehefrau, wenn der gesetzliche Güterstand besteht, hat für die Einhaltung der für die Anbietung von Werten maßgebenden Devisenvorschriften zu sorgen (vgl. auch § 35 DevG. i. V. mit §§ 103ff. RAO.). Ergänzend sei noch darauf hingewiesen, daß durch die Anbietungspflicht des Ehemannes als Verwalter des Gesamtgutes bzw. des eingebrachten Gutes nicht die Anbietungspflicht des Eigentümers (der Ehefrau) beseitigt ist und daß diese neben dem Ehemann zur Anbietung verpflichtet ist. Von diesem Grundsatz besteht jedoch die Einschränkung, daß, insoweit ein Pflichtiger eine vorschriftsmäßige Anbietung vorgenommen hat, die Pflicht für die übrigen Personen entfällt (vgl. § 114 RAO.)[3]).

Besonderer Behandlung bedürfen noch die Fälle, in welchen Gesamthandvermögen, das im Miteigentum von einem Ausländer steht, zu verwalten ist. Bei der devisenrechtlichen Behandlung wird man folgende Fälle unterscheiden müssen:

1. Die Verwaltung des Gesamthandvermögens, wenn die Gütergemeinschaft zwischen einem Inländer und einer Ausländerin bzw. dem inländischen überlebenden Ehegatten (sei es Mann oder Frau) und Ausländern besteht;

2. Die Verwaltung des Gesamthandvermögens, wenn die Gütergemeinschaft zwischen einer Inländerin und einem Ausländer bzw. zwischen dem ausländischen überlebenden Ehegatten und Inländern besteht.

---

[3]) S. hierzu auch die einschlägigen Ausführungen in Kap. 9, insbesondere unter Ziff. I.

Im ersten Falle gilt folgendes:

In den hierher gehörigen Fällen wird mit Rücksicht auf die §§ 1443, 1487, 1519 Abs. 2 und 1549 BGB. (die Verwaltung und grundsätzlich auch die Verfügungsmacht über das Gesamtgut liegt in den Händen des Inländers) die Person der beteiligten Ausländer keine Rolle spielen. Bei der Verwaltung (und in der Regel auch der Verfügung) betr. das Gesamtgut sind daher grundsätzlich die Devisenbestimmungen nicht zu beachten. Eine Ausnahme gilt nur (darüber s. unter c) bei der Auseinandersetzung bez. des Gesamtgutes.

Bezüglich des zweiten Falles ist auszuführen: Im Hinblick auf die unter 1 erwähnten gesetzlichen Bestimmungen, die hier dem Ausländer die Verwaltung und die Verfügungsmacht über das Gesamthandvermögen übertragen, müssen die einschlägigen Devisenbestimmungen Beachtung finden. Alle Geschäfte des ausländischen Ehemannes bzw. überlebenden Ehegatten, die die Verwaltung (und auch die Verfügung) bezüglich des Gesamthandvermögens betreffen, unterliegen den devisenrechtlichen Beschränkungen. Bei der Verwaltung größerer Gesamthandvermögen wird es Schwierigkeiten bereiten, in jedem einzelnen Falle die nötige Devisengenehmigung einzuholen. In solchen Fällen ist es daher ratsam, einen Inländer mit der Verwaltung zu beauftragen, welcher dann zweckmäßig um die Erteilung einer allgemeinen Genehmigung nachsuchen wird, welche ihn zur Vornahme aller laufenden Geschäfte, die genehmigungspflichtig sind, ermächtigt.

c) Bei der Auseinandersetzung von ehelichen Gütergemeinschaften ist folgendes zu beachten:

Zunächst ist zu prüfen, ob nicht anläßlich der Auseinandersetzung genehmigungspflichtige Vorgänge (sei es ein Erwerb oder eine Verfügung bezüglich solcher Gegenstände, deren Verkehr devisenrechtlichen Beschränkungen unterliegt) sich einstellen. Ist dies der Fall, so kann die Auseinandersetzung, soweit sie verkehrsbeschränkte Gegenstände betrifft, nur mit Genehmigung erfolgen. Z. B. darf anläßlich der Auseinandersetzung nur mit Genehmigung über ein gesperrtes Grundstück verfügt werden oder, da die Auseinandersetzung grundsätzlich nicht unentgeltlich erfolgt, dürfen Wertpapiere der in §§ 21 ff. DevG. bezeichneten Art nur mit Genehmigung erworben werden (bezüglich weiterer Einzelheiten s. unten Abschnitt V betr. Unterhalts-, Unterstützungs- und sonstige im Rahmen des Familienrechts erfolgende Leistungen).

Weiter ist bei der Auseinandersetzung zu prüfen, ob nicht eine Anbietungspflicht ausgelöst wird. Es handelt sich auch hier um die Frage, ob die Altbesitzeigenschaft verloren geht (vgl. meine Ausführungen oben unter a). Bei der Beantwortung dieser Frage muß man unterscheiden, ob die Gemeinschaft bereits vor dem 12. Juli 1931 begründet war oder nicht, ob also die Gemeinschaft als solche Altbesitzerin in rechtlicher und wirtschaftlicher Hinsicht war oder nicht. Im ersteren Falle werden die Wertpapiere bei der Auseinandersetzung rechtlich ohne Zweifel anderen als den bisherigen Eigentümern zufallen, wirtschaftlich betrachtet wird man aber doch nicht von einem Neubesitz sprechen können. Nach dem Gesagten ist es fraglich, ob bei der Auseinandersetzung eine Anbietungspflicht ausgelöst wird oder nicht. Bei diesem Sachverhalt empfiehlt es sich auf alle Fälle, daß die „Erwerber" der Anbietungspflicht nachkommen und, falls ihnen am Weiterbesitz gelegen ist, um Freigabe bitten. Aus Billigkeitsgründen kann dann die Reichsbank die Werte freigeben. Ist der Fall dagegen so gelagert, daß für einzelne Mitglieder der Gemeinschaft ein Neubesitz vorliegt (dies ist dann der Fall, wenn man zulassen wollte, daß ohne Begründung einer Anbietungspflicht eine eheliche Gütergemeinschaft geschlossen werden kann, in die von einem Altbesitzer Wertpapiere eingebracht werden, vgl. oben a), so wird folgendes gelten müssen: Bei der Auseinandersetzung sind auf alle Fälle die Mitglieder, die in die Gemeinschaft keine Wertpapiere einbrachten, als Neubesitzer zu behandeln, und die ihnen anfallenden Wertpapiere müssen angeboten werden; im Hinblick auf das oben Ausgeführte ist es aber ratsam, daß auch der die Wertpapiere in die Gemeinschaft einbringende Altbesitzer bei der Auseinandersetzung seiner Anbietungspflicht nachkommt.

Zu a—c: In allen Fällen, in welchen devisenrechtliche Entscheidungen bezüglich der Gesamthandvermögen zu ergehen haben, können diese für die Beteiligten sinngemäß nur einheitlich erfolgen. Etwaige, diesem Erfordernis entgegenstehende Entscheidungen werden durch Ri. I/20 vermieden, welche bestimmt, daß, wenn mehrere Devisenstellen zuständig wären und die Entscheidung aber nur einheitlich erfolgen kann, nur diejenige Devisenstelle zuständig ist, bei der zuerst ein Antrag eingereicht ist.

IV. Die Beziehungen zwischen Eltern bzw. Vormündern zu Kindern und Mündeln[4]**).**

a) Da, wie bereits unter I darauf hingewiesen, das Devisenrecht den Begriff Wohnsitz im steuerrechtlichen Sinne auslegt, ist es durchaus möglich, daß der Vater auswandert und Ausländer wird, dagegen die im Inlande bis auf weiteres verbleibenden Kinder devisenrechtlich als Inländer zu behandeln sind. Umgekehrt können auch minderjährige Kinder, die sich mit Einwilligung des Vaters bzw. der Mutter oder ihrer sonstigen Erziehungsberechtigten ins Ausland begeben, ihre Inländereigenschaft verlieren, obgleich sie noch unter der Vormundschaft eines Inländers stehen. Bei der Prüfung, ob sie tatsächlich Ausländer im Sinne der Devisenbestimmungen werden oder nicht, wird man folgende Unterscheidung zu treffen haben: Begeben sich die Kinder nur zu Studienzwecken oder besuchsweise für einige, in der Regel von vornherein bestimmte Zeit ins Ausland, so wird kein Verlust der Inländereigenschaft eintreten; erfolgt die Abwanderung ins Ausland aber aus entscheidenden Gründen, insbesondere solchen wirtschaftlicher

[4]) Auf die nachfolgenden Gesichtspunkte wird vor allem der Vormundschaftsrichter, insbes. bei Beaufsichtigung des von ihm bestellten Vormundes achten.

Art (zum Broterwerb), so wird man annehmen dürfen, daß der oder die Abwandernde die Inländereigenschaft verlieren.

b) Bei der Verwaltung des inländischen Vermögens eines unter Vormundschaft oder Pflegschaft stehenden Ausländers ist folgendes zu beachten: Zunächst sei hingewiesen, daß alle Rechtshandlungen und Rechtsgeschäfte bez. des inländischen Vermögens des Ausländers in dessen Namen und für dessen Rechnung vorgenommen werden; daher werden alle Geschäfte des inländischen Vormundes oder Pflegers, soweit dies die Devisenbestimmungen verlangen, nur mit Genehmigung der Devisenstellen vorgenommen werden dürfen. Bei der Verwaltung von größeren Vermögensobjekten wird es, wie oben unter III b aufgeführt wurde, ratsam sein, um die Erteilung einer allgemeinen Genehmigung nachzusuchen. Weiter sei auf die Bestimmung des § 35 DevG. i. V. mit § 103 RAO. hingewiesen, wonach der Vater bzw. bei dessen Verhinderung die Mutter oder der Vormund als gesetzlicher Vertreter von geschäftsunfähigen oder geschäftsbeschränkten Personen anbietungspflichtig ist. Soweit also zum Kindes- bzw. Mündelvermögen anbietungspflichtige Gegenstände, insbesondere nach §§ 1ff. der DurchfVO. zum DevG. gehören, müssen diese vom Erziehungsberechtigten angeboten werden.

c) Für Eltern oder Erziehungsberechtigte, die ihren Kindern oder Mündeln den Besuch von ausländischen Erziehungs- oder Studienanstalten ermöglichen wollen, wird auf RE. 64/36 und 72/37 verwiesen [5]).

d) Endlich sind bei einer Reihe von Leistungen, sei es freiwillig, sei es auf Grund einer gesetzlichen Pflicht, die an Kinder erbracht werden, unter Umständen Devisenvorschriften zu beachten, namentlich wenn eines der Beteiligten ein Ausländer ist. Hierüber ist im Abschnitt V Näheres auszuführen. Hier soll nur noch folgendes ausdrücklich erwähnt werden:

Als Auswanderung i. S. von Ri. IV/56 ist auch die Übersiedlung weiblicher Personen nach dem Auslande zum Zwecke der Eheschließung mit einem Ausländer anzusehen. [6]) Die für Auswanderer jeweils bestehenden Vergünstigungen werden daher auch für die Überführung der Mitgift in das Abwanderungsland eingreifen können.

V. Unterhalts-, Unterstützungs- und sonstige im Rahmen des Familienrechts erfolgende Leistungen.

Bei Leistungen unter Familienangehörigen bzw. auf Grund familienrechtlicher Beziehungen, sei es auf Grund einer gesetzlichen Pflicht (z. B. Unterhalts- oder Aussteuerverpflichtung, Verpflichtungen wegen unbegründeten Rücktritts vom Verlöbnis usw.) oder bei sonstigen freiwilligen Zuwendungen (Schenkungen an Kinder, Gewährung einer Ausstattung) ist oft, namentlich wenn einer der Beteiligten ein Ausländer ist, die Frage zu prüfen, ob nicht devisenrechtliche Vorschriften

---

[5]) Vgl. auch Kap. 10 unter Ziff. B III.

[6]) Siehe Hartenstein Note 2 zu Ri. IV/56 S. 798 a. a. O.

zu beachten sind. Insbesondere wird untersucht werden müssen, inwieweit durch die in den Leistungen liegenden Verfügungen und durch den in der Entgegennahme von Leistungen begründeten Erwerb devisenrechtliche Tatbestände geschaffen werden.

a) Der Verfügungsbegriff ist im Devisenrecht (vgl. §§ 9, 10, 11, 15—25 DevG.) grundsätzlich immer der gleiche [7]). Ein Unterschied, ob die Verfügung unentgeltlich erfolgt oder nicht, besteht nicht. Daher sind alle im Rahmen des Familienrechts vorkommenden Verfügungen, soweit sie Gegenstände betreffen, die devisenrechtlichen Beschränkungen unterliegen, genehmigungspflichtig, gleichgültig aus welchem Grunde sie erfolgen (z. B. genehmigungspflichtig ist die Schenkung eines gesperrten Grundstückes des Vaters an seine Tochter, die Hingabe von Wertpapieren der in § 21 Abs. 1 DevG. bezeichneten Art, und zwar auch, wenn es sich um Altbesitz handelt, zum Zwecke der Begleichung einer Unterhaltsverpflichtung usw.).

b) Bei der Prüfung, inwieweit der Erwerb devisenrechtliche Tatbestände auslöst, wird man unterscheiden müssen, ob es sich um einen Erwerb i. S. der §§ 9 Abs. 1 und 29 Abs. 1 DevG. oder i. S. der §§ 21 bis 25 DevG. oder i. S. des § 10 DevG. und des § 2 der 3. und des § 1 der 5. DurchfVO. zum DevG. handelt [8]).

Beim Erwerb i. S. der §§ 9 Abs. 1 und 29 Abs. 1 DevG. ist folgendes zu beachten: Die angezogenen Vorschriften bestimmen, daß ausländische Zahlungsmittel und Forderungen in ausländischer Währung gegen inländische Zahlungsmittel nur mit Genehmigung und auch dann nur von der Reichsbank oder durch deren Vermittlung (also bei einer Devisenbank) erworben werden dürfen. Die §§ 9 und 29 erfassen also nur den Kauf von Devisen *gegen inländische Zahlungsmittel*, so daß sich für das Gebiet des Familienrechts folgende Folgerungen ergeben: Soweit nicht die in Fußnote 9 angedeuteten Einschränkungen Platz greifen, ist der Erwerb von Devisen durch Schenkung oder in Erfüllung einer Verpflichtung (z. B. einer Unterhaltsverpflichtung) gestattet; so ist es z. B. zulässig, daß sich eine Tochter von ihrem im Auslande lebenden Vater ausländische Zahlungsmittel schenken läßt [9]).

Zum Erwerb i. S. der §§ 21—25 DevG. ist folgendes auszuführen: Während beim Erwerb gem. §§ 9 und 29 DevG. der Gesichtspunkt maßgebend ist, ob der Erwerb gegen inländische Zahlungsmittel erfolgt oder nicht, ist beim Erwerb gem. §§ 21 ff. (es handelt sich um den Erwerb von Wertpapieren) als maßgebender Gesichtspunkt zu beachten, ob der Erwerb entgeltlich erfolgt oder nicht; der erstere ist nur mit Genehmigung zulässig, der letztere kann ohne Beschränkung erfolgen,

[7]) Siehe die Ausführungen in Kap. 3 unter Ziff. B II b.

[8]) Vgl. hierzu die allgemeinen Ausführungen in den Kap. 3 ff.

[9]) Wegen etwaiger Verstöße, die insofern begangen werden können, als die Verfügung oder der Erwerb in der Person des einen Beteiligten genehmigungsfrei ist, jedoch eine Teilnahmehandlung zu einer verbotswidrigen (nicht genehmigten) Verfügung bzw. Erwerb in der Person des anderen Beteiligten vorliegt, siehe Kap. 4 unter Ziff. C Bemerkung zu I und II und Kap. 26 unter Ziff. IV.

soweit nicht die in Fußnote 9 angedeuteten Einschränkungen Platz greifen. Nach dem Gesagten ist z. B. keine Genehmigung einzuholen beim Erwerb von Wertpapieren jeder Art auf Grund Schenkung oder Ausstattung. Ein genehmigungspflichtiger Erwerb liegt dagegen vor, wenn jemand, dem ein Anspruch auf Unterhalt zusteht, oder der Ansprüche gem. §§ 1298ff. BGB. hat (Ansprüche wegen Rücktritt vom Verlöbnis) sich zwecks Begleichung seiner Forderungen Wertpapiere, soweit deren Verkehr nach §§ 21ff. devisenrechtlich beschränkt ist, geben läßt und in Zahlung nimmt (vgl. § 25 Abs. 4 DevG., der die Inzahlungnahme von Wertpapieren, gleich welcher Art, von einem Ausländer behandelt). Ein genehmigungspflichtiger Erwerb liegt z. B. ferner vor, wenn dieser anläßlich einer Auseinandersetzung erfolgt (s. hierzu die Ausführungen oben unter III c).

B. Der Einfluß des Devisenrechts auf das Erbrecht.

Die wichtigsten einschlägigen Fragen wurden in dem RE. 135/36 zusammengefaßt[10]). Unter Hinweis auf die ergänzenden Ausführungen von Schoen im DevArch. 40/41, 1936, Sp. 1284ff. und 1324ff. erübrigen sich hier eingehende zusammenfassende Darstellungen. Hier sollen lediglich einzelne verstreut vorkommende Bestimmungen und Entscheidungen zusammengestellt werden:

1. Einmal sei auf die Ausführungen im DevArch. Nr. 44/45, 1936, Sp. 1429 hingewiesen, wo ausgeführt ist, daß die RStDB. auf Anfragen zwecks Beseitigung von Zweifeln erklärt hat, daß die Vorschriften des obenerwähnten RE. 135/36 auch auf Erbverträge anwendbar sind. Auch diese können ohne Genehmigung abgeschlossen werden.

2. Ferner sei auf die RE. 39/36 und 21/37 hingewiesen, wo der Einfluß des Erbrechts auf die Altbesitzereigenschaft von Wertpapieren im Eigentum von Ausländern behandelt wird. RE. 21/37 gibt insofern eine Ergänzung des RE. 39/36, als der Erwerb aus Vermächtnissen dem Erwerb auf Grund von Erbschaften gleichgestellt wird. Nähere Einzelheiten sind in dem erwähnten Runderlasse zu ersehen; RE. 39/36 ist in Teil III unter B II a 9 auszugsweise, RE. 21/37 ist in Teil III unter B II a 10 ganz abgedruckt.

3. Hingewiesen sei auf die in JW. 1937 S. 114 abgedruckte zutreffende Entscheidung des KG. 1. ZivSen. vom 15. Okt. 1936, welche besonders für den Grundbuchrichter von Bedeutung ist und besagt, daß zur Umschreibung eines Rechtes auf die Erben des eingetragenen Berechtigten in ungeteilter Erbengemeinschaft keine Devisengenehmigung erforderlich ist.

4. Weiter sei auf die zutreffende Entscheidung des Schöffengerichtes II in Altona vom 24. März 1936, abgedr. in DevArch. Nr. 23, 1936, Sp. 777ff. nebst zustimmender Anm. von Turowski hingewiesen, wonach folgendes gilt: Steht ein Nachlaß ausländischen oder inländischen Miterben zu, so sind die Inländer mit ihren Anteilen an den

[10]) Dieser ist wegen seiner Bedeutung in Teil III B II a 8 abgedruckt.

anbietungspflichtigen Erbschaftsgegenständen nicht anbietungspflichtig, weil sie darüber nicht allein, sondern nur gemeinsam mit dem ausländischen Miterben verfügen können; die Anbietungspflicht des § 35 DevG. und §§ 1ff. DurchfVO. zum DevG. entsteht vielmehr erst mit der Erbauseinandersetzung.

5. Wegen der für einen Notar sich ergebenden Fragen bei der Beurkundung von Erbschaftsausschlagungen, bei welchen mit der Möglichkeit der Umgehung von Devisenbestimmungen zu rechnen ist, siehe die Ausführungen in Kap. 21 unter Ziff. II e.

6. Wegen der Abänderungsmöglichkeiten eines gemeinschaftlichen Testamentes aus devisenrechtlichen Gründen siehe die oben in Fußnote 1 erwähnte Abhandlung von Sterner in DevArch. Nr. 15/1937 Sp. 457ff.

Kapitel 20.

Der Einfluß des Devisenrechtes auf sonstige Gebiete der freiwilligen Gerichtsbarkeit (insbes. des Gesellschaftsrechtes) [1].

Eine umfassende Behandlung aller einschlägigen Fragen erfolgt hier nicht. Die Beantwortung von diesen, soweit sie hier nicht erfolgt ist, hat vielmehr auf Grund der allgemeinen Ausführungen in den Kapiteln 3ff. zu erfolgen.

Im Nachfolgenden sollen verschiedene Fragengruppen herausgegriffen werden, die von häufigerer und allgemeiner Bedeutung sind.

1. Wie bei der Begründung und Aufhebung von Güterrechtsverträgen (bzw. bei der Begründung und Auseinandersetzung von Gesamthandvermögen) stellen sich auch anläßlich der Begründung, Auseinandersetzung, Fusion oder Umwandlung von Gesellschaften Fragen ein, ob ein genehmigungspflichtiger Tatbestand oder eine Anbietungspflicht ausgelöst wird. Grundsätzlich wird man, von dem nachfolgend behandelten, vom Gesetzgeber selbst geregelten Falle abgesehen, den Standpunkt vertreten müssen, daß Verträge, die die obenbezeichneten oder ähnliche Zwecke zum Gegenstand haben (und insbesondere die Veränderung oder Liquidierung von Gesellschaften betreffen) nur mit Genehmigung der Devisenbehörden abgeschlossen werden dürfen, wenn entweder Ausländer beteiligt sind oder verkehrsbeschränkte Gegenstände übereignet oder erworben werden. Auch die Anbietungspflicht, insbesondere von Altbesitz, kann ausgelöst werden [2].

Eine ausdrückliche Bestimmung besteht nur für den Fall der Umwandlung einer Kapitalgesellschaft auf Grund des Gesetzes vom 5. Juli

---

[1]) Vgl. die Ausführungen von v. Edlinger in DNotZ. 1937 S. 28ff. und im DGWR. 1937 S. 160.

[2]) Vgl. die in JW. 1936 S. 957 abgedr. Entscheidung des LG. Berlin, 8. KfH., Beschl. vom 28. Jan. 1936, wo bestimmt ist, daß der Generalversammlungsbeschluß einer AG., durch den diese ihr Vermögen auf einen Ausländer, und zwar als den alleinigen Aktionär überträgt, der Genehmigung der Devisenstelle bedarf.

1934, RGBl. I, 569 in Ri. II/21[3]). Besonders zu beachten ist hier die Einschaltung der Worte „es sei denn, daß die Umwandlung den Übergang von Werten der genannten Art auf einen Ausländer zur Folge hat" in S. 1 am Ende. Wegen der Bedeutung dieser Worte ist in RE. 184/36 unter Ziff. 8 erläuternd folgendes ausgeführt:

„Die Vorschrift in II/21 hat den Zweck, die erwünschte Umwandlung von Kapitalgesellschaften in Personalunternehmungen auch devisenrechtlich zu vereinfachen und dadurch zu fördern. Das Kammergericht hat in der in JW. 1936 S. 2337 und im Devisenarchiv 1936 Sp. 840 veröffentlichten Entscheidung ausgesprochen, daß Ri. II/21 auch dann von dem Genehmigungserfordernis freistellt, wenn bei der Umwandlung von Kapitalgesellschaften das Vermögen auf den alleinigen ausländischen Gesellschafter übertragen wird. Es hat sich jedoch als unzweckmäßig erwiesen, bei der Umwandlung von der devisenrechtlichen Kontrolle auch dann abzusehen, wenn die Anteile ganz oder teilweise Ausländern gehören und diese auf Grund des Umwandlungsbeschlusses Devisen oder devisengleiche Werte der in Ri. II/21 genannten Art erwerben. In derartigen Fällen ist künftig die Genehmigung des Umwandlungsbeschlusses erforderlich. Die einschränkende Bestimmung trifft jedoch nicht die Umwandlung einer Kapitalgesellschaft in eine offene Handelsgesellschaft. Da inländische offene Handelsgesellschaften devisenrechtlich als Inländer anzusehen sind, bleibt die Umwandlung einer Kapitalgesellschaft in eine offene Handelsgesellschaft weiterhin auch dann genehmigungsfrei zulässig, wenn einer oder mehrere Gesellschafter Ausländer sind."

Bei der Auslegung von Ri. II/21 ist darauf zu achten, daß diese als Sondervorschrift einschränkend auszulegen ist. Diesem Gedanken trägt die oben in Fußnote 2 erwähnte Entscheidung des LG. Berlin Rechnung, die keinen Fall einer Umwandlung einer AG. zum Gegenstand hatte. Ri. II/21 befreit auch insbesondere nicht von dem Verbote des § 13 DevG. (Versendung von den dort bezeichneten Werten in das Ausland)[4]).

2. Unter Bezugnahme auf § 24 DevG., wonach über Anteilsrechte an Gesellschaften oder Körperschaften (die nicht durch Wertpapiere verkörpert sind) nur mit Genehmigung zugunsten eines Ausländers verfügt werden darf, sei folgendes erwähnt: Soweit solche Verfügungen notariell beurkundet werden (für die Abtretung von Anteilen an einer

---

[3]) Beachte den in Teil III unter Ziff. A 11 abgedr. Gesetzestext.

[4]) Hier sei noch auf die Ausführungen von Groschuff in JW. 1936 S. 1330 ff. über „Erfahrungen aus dem Umwandlungsrecht" hingewiesen, wo auf S. 1333 über den Einfluß des Devisenrechtes auf die Umwandlungen, insbesondere, soweit es das Registergericht betrifft, einiges ausgeführt ist. Die dortigen Ausführungen sind jedoch durch die Neufassung von Ri. II/21 teilweise überholt. S. auch die ergänzenden Ausführungen von Groschuff in JW. 1937, S. 284. Diese Ausführungen entsprechen dem jetzigen Stande der Gesetzgebung; sie werden aber anscheinend, soweit sie die Umwandlung in eine offene Handelsgesellschaft betreffen, den oben abgedruckten Darlegungen der Ziff. 8 des RE. 184/36 nicht ganz gerecht.

G. m. b. H. ist dies in § 15 GmbHGes. vorgeschrieben), hat der Notar für die Einhaltung der devisenrechtlichen Vorschriften Sorge zu tragen[5]): Auch das Registergericht wird, soweit es mit solchen genehmigungspflichtigen Fällen befaßt wird, auf die Einhaltung der devisenrechtlichen Bestimmungen hinwirken müssen.

3. Auch in sonstigen Fällen wird der Notar bzw. der Urkundsbeamte für die Einhaltung der Devisenvorschriften Sorge tragen müssen. So können bei der Beurkundung von Generalversammlungen leicht Beschlüsse gefaßt werden, deren Ausführung nur unter Beachtung von devisenrechtlichen Gebots- bzw. Verbotsbestimmungen erfolgen können[6]). Dann ist darauf zu achten, daß auch die Bestellung von Pfandrechten an Schiffen gem. § 14 Abs. 2 DevG. der Genehmigung bedarf, wenn die Rechte zugunsten von Ausländern bestellt werden[7]). Da die Erteilung von unwiderruflichen Einzelvollmachten eine Verfügung darstellen[8]), wird der Notar bei der Beurkundung darauf achten müssen, ob im vorliegenden Falle die Vollmacht nicht verkehrsbeschränkte Gegenstände betrifft.

Kapitel 21.

Allgemeine Fragen bei Beurkundungen[1]).

In den Kapiteln 15ff. wurden lediglich die Fragen geprüft, die sich ergeben bei der Untersuchung, inwieweit genehmigungspflichtige Tatbestände vorliegen. Nicht wurde von einigen, im Interesse des Zusammenhangs nötigen Hinweisen abgesehen, die Frage berührt, was der Notar und sonstige Urkundsbeamte einschließlich der Grundbuchrichter zu tun haben, wenn die nötige Genehmigung nicht, bzw. nur beschränkt vorliegt. Ferner wurden grundsätzlich nicht die Fragen erörtert, wie weit überhaupt das Prüfungsrecht und die Prüfungspflicht der beurkundenden Beamten und Notare geht. Im Nachfolgenden soll über die angeschnittenen Fragen das Wichtigste ausgeführt werden.

I. Was ist zu tun, wenn eine nötige Devisengenehmigung nicht bzw. nur beschränkt vorliegt?

Man muß hier unterscheiden zwischen dem Notar einerseits und sonstigen (gerichtlichen) Urkundsbeamten, einschließlich der Grundbuchrichter anderseits. Bei den Handlungen der letzteren wird es sich in den meisten Fällen um die Beurkundung des Vollzugs handeln. Diese

[5]) Wegen der Frage, ob die Beurkundung vor oder nach Erteilung der Genehmigung zu erfolgen hat (m. E. in vorliegendem Falle nach Erteilung der Genehmigung), s. auch die Ausführungen in Kap. 21 unter I.

[6]) Z. B. bei Aufgabe einer ausländischen Zweigniederlassung gegen Überlassung von Aktienpaketen seitens der ausländischen Erwerber des Vermögens der Zweigniederlassungen.

[7]) Die Ausführungen in dem Kap. 16 werden sinngemäße Anwendung finden.

[8]) Vgl. die Ausführungen in Kap. 3 unter Ziff. B IIb.

[1]) Vgl. v. Edlinger in DNotZ. 1937/30 ff.; v. Edlinger in DGWR. 1937 S. 156 ff.

Beurkundung schließt also einen Rechtsvorgang ab, was zur Folge hat, daß bei Übersehen von Devisenvorschriften gegen diese möglicherweise unmittelbar verstoßen wird. Anders ist die Sachlage beim Notar. Dieser hat es in der Regel mit der Beurkundung von Geschäften zu tun, die erst ihre volle Wirkung durch den (gerichtlichen) Vollzug erlangen; es kommen jedoch auch hier, nur nicht so häufig, Fälle vor, wo mit Abschluß der Beurkundung sofort die Rechtswirkung eintritt.

Im Hinblick auf das Gesagte ist zu der vorstehenden Frage wie folgt Stellung zu nehmen.

a) Der Notar wird untersuchen, ob die volle Rechtswirksamkeit des von ihm zu beurkundenden Vertrages bzw. der Erklärung bereits mit der Beurkundung oder erst mit dem Vollzug eintritt. Der erstere Fall ist beispielsweise gegeben bei der notariell beurkundeten Abtretung eines GmbH.-Anteiles (§ 15 GmbHGesetz). Der letztere Fall liegt z. B. vor, wenn auf Grund einer notariellen Urkunde im Grundbuche eine Hypothek eingetragen wird.

In Fällen der ersteren Art (sie bilden nicht die Regel) wird der Urkundsbeamte, wenn die mit dem Abschluß des Vertrages erzielte Rechtswirkung nur mit Genehmigung der DSt. eintreten soll[2]), m. E. wenn möglich nur bei Vorlage der Genehmigung die Beurkundung vornehmen[3]). Diese Ansicht läßt sich insbesondere mit folgendem begründen: § 38 DevG. sieht auch Möglichkeiten vor, bei welchen die Nichtigkeit von nicht genehmigten Geschäften keine Nachteile für Beteiligte bringen darf; würde der Notar daher in Fällen der hier zu behandelnden Art sofort die Beurkundung vornehmen, so könnte er möglicherweise mit dieser leicht Rechtslagen schaffen, die nicht im Interesse der deutschen Devisenbewirtschaftung gelegen sind; hierzu darf er aber nicht Hilfe gewähren. In Fällen der letzteren Art wird der Urkundsbeamte nicht gehindert sein, die Beurkundung vorbehaltlich der nachträglichen Genehmigung sofort vorzunehmen. Er wird dies aber zweckmäßig nur auf ausdrücklichen Wunsch der Beteiligten tun und muß diese vorher belehren, daß auch bei Nichtgenehmigung die Beurkundungskosten angefallen sind.

b) Für den (gerichtlichen) Urkundsbeamten und den Grundbuchrichter gilt im wesentlichen das gleiche, was für den Notar bei Beurkundungen von Geschäften, die mit der Beurkundung sofort ihre volle Wirkung erlangen, ausgeführt wurde; sie werden also bei Nichtvorliegen der Genehmigung den Vollzug ablehnen.

---

[2]) Vgl. z. B. § 15 G.m.b.H.-Gesetz i. V. mit § 24 Abs. 2 DevG. und die Beurkundung einer unwiderruflichen Vollmacht bezüglich eines verkehrsbeschränkten Gegenstandes, wie z. B. eines gesperrten Grundstückes gemäß § 18 Abs. 2 DevG.

[3]) In außergewöhnlichen Fällen, insbesondere wenn ein dringendes Interesse der Beteiligten an einer sofortigen vertraglichen Bindung besteht, wird bei geeigneter Sicherung der Devisenbelange (z. B. Zurückbehaltung der unwiderruflichen Vollmacht beim Notar bis zum Vorweis der Genehmigung) unter Umständen die Beurkundung schon vor Erteilung der Genehmigung erfolgen können.

Für den Vollzug durch Grundbuchbeamte soll besonders noch folgendes bemerkt werden[4]):

Ergibt sich auf Grund des bestehenden Sachverhältnisses nach Prüfung durch den Grundbuchbeamten, daß eine Eintragung nur mit Genehmigung der Devisenbehörden erfolgen dürfe, so hat der Grundbuchbeamte die Vorlage der Genehmigung zu verlangen. Liegt diese nicht vor, so hat er die Eintragung abzulehnen bzw. zunächst eine Zwischenverfügung nach § 18 Grundbuchordnung zu erlassen, in welcher er die Nachbringung der Genehmigung den Parteien aufgibt. Diese ist eine „andere Voraussetzung der Eintragung" im Sinne des § 29 GBO.; sie hat durch öffentliche Urkunden nachgewiesen zu werden. Als solche haben die schriftlichen Genehmigungen der Devisenbehörden zu gelten. Wird von den Parteien geltend gemacht, daß keine Genehmigung nötig sei (insbesondere weil eine Ausnahmebestimmung, wie z. B. Ri. IV/32 a eingreife), so sind die die Genehmigungsfreiheit begründenden Angaben (tatsächlicher Natur) ebenfalls dem Grundbuchbeamten auf Verlangen, und zwar in der Form des § 29 GBO. nachzuweisen[5]). Gelingt den Beteiligten dieser Nachweis nicht, so wird der Grundbuchrichter doch eine Genehmigung verlangen. Die DSt. werden nun entweder eine Genehmigung erteilen oder sie können auch, wenn sie ebenfalls den Nachweis der Genehmigungsfreiheit nicht als erbracht halten, bei devisenwirtschaftlichen Bedenken die Genehmigung versagen[6]).

Bei Meinungsverschiedenheiten zwischen DSt. und den Grundbuchbeamten hat das in Kap. 11 unter Ziff. B I Ausgeführte zu gelten.

[4]) Das hier Ausgeführte findet sinngemäß für den Vollzug von anderen Beurkundungen als auf dem Gebiete des Grundbuchwesens, z. B. bei Eintragungen in das Schiffsregister oder das Handelsregister Anwendung.

[5]) Vgl. Bergholö in JW. 1935/1517.

[6]) Aus dem oben Geschilderten wird vielfach eine praktisch nur geringe Bedeutung von Ri. II/32a abgeleitet (vgl. oben die Fußnote 9 im Anhang zu Kap. 16). Hier ist es gerade auf Grund des oben Ausgeführten Pflicht der Notare, im gegebenen Falle Ri. II/32a zur vollen Bedeutung zu verhelfen: der Notar belehrt und veranlaßt den (ausländischen) Hypothekgläubiger bzw. dessen Schuldner, daß die zur Kreditgewährung verwendeten, der Devisenbilanz zugute kommenden Beträge über das Konto einer siegelführenden Bank (Reichsbank, Staatsbank) geleitet werden, welche dann jederzeit den vom Grundbuchbeamten benötigten Nachweis der die Genehmigungsfreiheit begründenden Tatsachen in der Form des § 29 GBO. erbringen kann.

Oben im Anhang zu Kap. 16, betr. Ri. II/32a, wurde unter I a bezüglich des Begriffes „gleichzeitig" bemerkt, daß nicht das völlige Zusammentreffen zwischen Hypothekbestellung und Kreditgewährung zu verstehen sei, sondern daß die Eintragung der Hypothek auch der Hingabe der Darlehensvaluta einige Tage vorangehen dürfe. Hier wird die praktische Durchführung bei der vorhergehenden Hypothekeintragung an sich ebenfalls Schwierigkeiten machen, da der Grundbuchbeamte, wenn er den Devisenbestimmungen nachkommen will, die Hypothek ohne Genehmigung nur bei nachgewiesener erfolgter Kreditgewährung eintragen darf. Ein Ausweg besteht auch hier wieder, wenn der Notar die Beteiligten veranlaßt, daß an eine siegelführende Bank bereits vor der Hypothekenbestellung das der deutschen Devisenbilanz zugute kommende Darlehen überwiesen wird mit der Weisung, daß die Auszahlung sofort nach Eintragung der Hypothek erfolgen dürfe. Wird der geschilderte Sachverhalt dem Grundbuchbeamten von dieser Bank urkundlich bestätigt, dürften keine Bedenken bestehen, daß die Hypothek vor Gewährung des Darlehens eingetragen wird.

II. Wie weit geht das Prüfungsrecht und die Prüfungspflicht der Urkundsbeamten bei Beurkundungen?

Eine allgemeine feste Beantwortung der Frage wird sich schwer ermöglichen lassen. Man wird davon ausgehen müssen, daß jedenfalls nach allgemeinen Grundsätzen das Prüfungsrecht in dem gleichen Umfange mindestens bestehen muß, als auch die Prüfungspflicht besteht. Ob darüber hinaus Beamte und Notare noch weitergehende Nachprüfungsbefugnisse haben, wird sich nach Lage des Falles beantworten lassen müssen. Jedenfalls wird bei besonderen Voraussetzungen (z. B. gerechtfertigte Vermutung einer Umgehung oder beabsichtigte Verletzung von Devisenvorschriften) dem Urkundsbeamten eine erweiterte Prüfungsbefugnis zustehen, soweit diese nicht kraft Gesetzes eingeschränkt ist; in diesem Falle wird gegebenenfalls der Urkundsbeamte die weitere Prüfung an andere Stellen abgeben[7]).

Im Nachfolgenden sollen noch verschiedene Fragen besonders behandelt werden.

a) Hier sei zunächst auf den Fall hingewiesen, wenn dem Grundbuchrichter Löschungen (sei es seitens des inländischen Gläubigers bezüglich des inländischen Ausländergrundbesitzes, sei es seitens des ausländischen Gläubigers bezüglich des inländischen Grundbesitzes eines Inländers) vorgelegt werden:

Die Löschungsbewilligung ist eine formelle grundbuchrechtliche Erklärung, die von der Einigung zu unterscheiden ist. Es fragt sich nun, ob der Grundbuchrichter die Löschung eintragen darf, ohne zu prüfen, ob das zugrundeliegende Geschäft mit Genehmigung der Devisenstelle erfolgt ist. Das Prüfungsrecht des Grundbuchbeamten ist ohne Zweifel zu bejahen. Es wird lediglich verschieden begründet. Nach der einen Ansicht[8]) gilt folgendes: Die Löschungsbewilligung muß zwar von der Verfügung über das zugrundeliegende Geschäft streng geschieden werden, aber sie bildet den Teil eines auf eine Verfügung gerichteten zusammengesetzten Rechtsgeschäftes. Den Vorzug dürfte jedoch wohl die Auffassung verdienen, die vom KG[9]) und Bergholdt[10]) unter B II 3 vertreten wird. Nach dieser gilt: Die Löschungsbewilligung kann nur der erteilen, der sachlich über ein Recht verfügen kann. Wenn aber die Verfügungsmacht durch das Erfordernis einer Genehmigung eingeschränkt ist, so ist auch die Löschungsbewilligung nur dann voll wirksam, wenn die Genehmigung zur Verfügung erteilt ist. Der Grundbuchrichter, der die Löschung einträgt, muß daher jeweils nachprüfen, ob die Genehmigung zur Verfügung über das Recht vorliegt.

Bei der Prüfung durch den Grundbuchrichter wird folgendes zu beachten sein:

---

[7]) Damit hängt auch die Frage zusammen, inwieweit der Beamte Anzeigen von etwaigen Devisenvergehen machen muß. Darüber s. Kap. 11 unter Fußnote 8.

[8]) Vgl. **Müller** in JW. 1932, 1999 zu b.

[9]) S. JW. 1932 S. 1756 und 1934 S. 3070.

[10]) In JW. 1935 S. 1517.

Ist in der Löschungsbewilligung der Rechtsgrund, aus welchem die Löschung erfolgen soll (Verzicht auf die Forderung oder deren Tilgung durch Rückzahlung), angegeben, so ist es für den Grundbuchrichter nicht schwer, zu prüfen, ob die Vorlage der Genehmigung erfolgen muß[11]) oder nicht. Anders liegt jedoch der Fall, wenn dem Grundbuchrichter nur eine formelle Löschungsbewilligung — im Gegensatz zu einer löschungsfähigen Quittung — vorliegt. Da in diesem Falle aus der Löschungsbewilligung der Grund, warum die Löschung des dinglichen Rechtes erfolgen soll, nicht ersichtlich ist, wird der Grundbuchrichter die Löschung nur dann vornehmen dürfen, wenn eine Genehmigung der Devisenstelle vorgelegt wird[12]). Eine Ausnahme von diesem Grundsatz dürfte nur dann gerechtfertigt sein, wenn durch ergänzende Belege in der Form des § 29 GBO. nachgewiesen wird, daß die Löschung auf Grund eines genehmigungsfreien Vorgangs erfolgen soll.

b) Bezüglich der Streitfrage, ob der Grundbuchrichter für einen Inländer eine von einem Ausländer auf dessen inländischem Anwesen bestellte Hypothek eintragen darf, ohne daß der Inländer den Nachweis erbringt, daß die der Hypothekbestellung zugrunde liegende Krediteinräumung genehmigt ist, wurde schon oben in Kap. 16 unter Ziff. A I a 1 aa nebst Fußnoten 6 und 7 eine verneinende Stellungnahme eingenommen. Hier sei noch die ergänzende Frage für den Fall aufgeworfen, daß ein Ausländer eine ihm zustehende Hypothek an einen Inländer abtritt, weil dieser ihm einen Kredit gewährt. Die Frage, ob die Abtretung an den Inländer ohne Prüfung des Rechtsgrundes der Abtretung im Grundbuch eingetragen werden soll, wird sinngemäß zu verneinen sein.

c) Daß dem Grundbuchbeamten bei Eintragungen von Grundschulden grundsätzlich, soweit devisenrechtliche Fragen zu prüfen sind, die gleiche Prüfungspflicht obliegt, wie bei Hypotheken, wurde bereits oben in Kap. 16 unter Ziff. A II bemerkt[13]).

d) Fraglich ist, ob das Grundbuchamt den an sich genehmigungsfreien Tausch von Grundstücken unter Aus- und Inländern im Grundbuch vollziehen soll, wenn die augenscheinlich im Werte stark differierenden beiden Grundstücke mit gleichem Wert in der Tauschurkunde veranschlagt wurden, um offensichtlich den Unterschiedsbetrag der Devisenbewirtschaftung zu hinterziehen. Zweckmäßig wird in einem solchen Fall das Grundbuchamt, wenn es den Vollzug nicht überhaupt

---

[11]) Wegen der Frage des Genehmigungserfordernisses s. die Ausf. in Kap. 17.

[12]) So auch ein Ergebnis KG. in JW. 1932, 1756.

[13]) Vgl. auch die Ausführungen von Hartenstein unter Note 9 S. 145, wo er den Ausführungen des KG. in JW. 1935/1716 ablehnend gegenübersteht. Dort vertritt das KG. die Ansicht, daß Ri. II/32a bei Bestellung von Grundschulden deshalb für das Grundbuchamt unbeachtlich sei, weil es sich um die zu sichernde Forderung nicht zu kümmern habe. Hartenstein weist demgegenüber darauf hin, daß Ri. II/32a unter den dortigen Voraussetzungen die Bestellung von Grundschulden genehmigungsfrei stellt, was das Grundbuchamt beachten muß.

ablehnen will, der Devisenstelle Mitteilung machen, welche gegebenenfalls eine Anordnung nach § 37a DevG. treffen kann.

e) Abschließend noch folgender, von einem Notar mir mitgeteilter Fall: Es bestehen mehrere inländische und ein weiterer ausländischer Erbe eines Ausländers mit einem größeren Nachlaß. Die sämtlichen inländischen Erben schlagen die Erbschaft aus, und zwar, wie aus den Umständen zu entnehmen ist, um (nicht nur zum Schein oder etwa nicht ernstlich) zu erreichen, daß der Nachlaß dem Ausländer zufließt. Es fragt sich nun, wie sich der inländische Notar zu einem solchen, an sich genehmigungsfreien aber schließlich doch nicht einwandfreien und der deutschen Devisenbilanz schädlichen Verhalten einstellen soll. Jedenfalls wird man die Ansicht vertreten müssen, daß nie der Notar verpflichtet ist, seine urkundliche Unterstützung zu den vorstehend erwähnten Handlungen der Inländer zu gewähren. Er wird gegebenenfalls in einem solchen, wie dem beschriebenen oder einem ähnlichen Falle, der zuständigen Devisenstelle Mitteilung machen.

III. Sonstiges.

An dieser Stelle sei noch auf die in Teil III unter Ziff. B II b abgedruckten Auszüge, insbesondere aus der DNotZ. hingewiesen, in welchen verschiedene für Gerichte und besonders Notariate praktisch gewordene Fragen des Devisenrechts auf dem Gebiete des Hypotheken- und Grundstücksverkehrs behandelt sind.

Kapitel 22.

Die Beziehungen der Devisenbehörden zu der streitigen Gerichtsbarkeit ausschließlich der Vollstreckungsgerichte[1]).

I. Allgemeines.

Eine wirksame Devisenbewirtschaftung ist nur möglich, wenn alle Verbindlichkeiten, nicht nur falls sie freiwillig erbracht werden, sondern auch, wenn sie mit Hilfe der Gerichte erzwungen und geleistet werden sollen, erst nach Erteilung der nötigen Genehmigungen erfüllt werden dürfen.

Diesem Gedanken tragen verschiedene Devisenbestimmungen, insbesondere §§ 39 ff. DevG. sowie die ergänzenden Richtlinienbestimmungen, namentlich Ri. III/4 Rechnung. Von den hier einschlägigen Bestimmungen sei zunächst auf § 39 Abs. 1 DevG. und Ri. III/4 Abs. 1[2]) hingewiesen, weil aus Wortlaut und Sinn der angezogenen

[1]) Vgl. Hartenstein, Bemerkungen zu § 39 DevG. S. 296 ff. a. a. O. und zu Ri. III/4 S. 638 ff. a. a. O., Flad-Bergholt A S. 75 ff., Bemerkungen zu § 39 DevG. und B S. 142 ff., Bemerkungen zu Ri. III/4 ff., v. Edlinger in DGWR. 1937 S. 137 ff., Etscheid in JW. 1936 S. 2836 in der Abhandlung „Devisenrecht in der anwaltlichen Praxis", Hartenstein in JW. 1936 S. 2833 in der Abhandlung „Die Einwirkungen des Devisenrechts auf die bestehenden Schuldverhältnisse", Müller in JW. 1932 S. 1997 ff. in der Abhandlung „Die Wirkung der devisenrechtlichen Vorschriften auf den Zivilprozeß und das Grundbuchrecht".

[2]) Wegen des Wortlautes vgl. den Gesetzestext in Teil III unter Ziff. A 1 und 11.

Vorschriften zwei für den Prozeßrichter bedeutsame Fragen sich beantworten lassen:

Einmal, wann muß im Prozeßverfahren die nötige Genehmigung vorliegen, und dann, was hat der Richter zu tun, wenn die nötige Genehmigung in dem Zeitpunkte, in dem sie vorliegen soll, nicht von den Parteien vorgelegt wird oder vorgelegt werden kann.

a) Zur ersten Frage ist aufzuführen: Kein Streit besteht heute mehr darüber, daß die Genehmigung noch nicht vor Beginn des Prozesses bei der Devisenstelle eingeholt werden muß[3]).

Noch keine volle Einmütigkeit besteht jedoch über die Frage, ob die Genehmigung bis zum Schlusse der mündlichen Verhandlung nachgewiesen werden muß oder ob sie erst im Vollstreckungsverfahren beigebracht werden kann. Die herrschende Meinung[4]) vertritt mit Recht die Ansicht, daß der Mangel der Devisengenehmigung nicht erst im Vollstreckungsverfahren, sondern bereits im Streitverfahren selbst zu berücksichtigen ist, mit anderen Worten, daß eine Verurteilung des Schuldners zu einer nach den Devisenbestimmungen genehmigungsbedürftigen Leistung nur nach Vorlage der Genehmigung der zuständigen Behörde erfolgen kann.

b) Bei der Beantwortung der zweiten Frage ist auszuführen:

Der Richter muß bei genauer Beachtung des oben Ausgeführten und, um zu vermeiden, daß er bei fehlender Genehmigung ein dem Kläger stattgebendes Urteil erläßt, in jeder Lage des Verfahrens das Vorliegen der Genehmigung prüfen[5]) und zwar von Amts wegen[6]). Liegt die nötige Genehmigung vor, so kann, wenn die sonstigen Voraussetzungen dies rechtfertigen, dem klägerischen Begehren stattgegeben werden. Liegt die Genehmigung nicht vor, so ist folgendes zu beachten:

1. Zunächst greift § 39 Abs. 1 DevG. ein, wonach auf Antrag einer Partei (also sowohl der Gläubiger- wie der Schuldnerseite) das Verfahren auszusetzen ist, bis die Entscheidung der zuständigen Devisenbehörde ergangen ist. Das gleiche gilt gemäß § 39 Abs. 2 DevG. für die Klage auf Erlaß eines Vollstreckungsurteiles nach §§ 722 und 723 ZPO. Der Antrag kann gemäß Abs. 3 auch zu Protokoll der Geschäftsstelle gestellt werden, unterliegt daher keinem Anwaltszwang, und die Entscheidung über die Aussetzung kann ohne vorherige mündliche Verhandlung ergehen. Für das weitere Verfahren gelten die einschlägigen Bestimmungen der §§ 248 ff. ZPO.; insbesondere kann jede Partei nach Entscheidung der Devisenstelle das Verfahren wieder aufnehmen. Bei Beschwerde gegen die Entscheidung der Devisenstelle

---

[3]) Vgl. die Ausführungen in JW. 1932, 3571 im Zusammenhang mit JW. 1933, 504.

[4]) Vgl. JW. 1933, 152; 1934, 1117; Hartenstein, Noten 3 ff. zu § 39 DevG. S. 297 ff. a. a. O.; a. A. OLG. Düsseldorf in JW. 1933, 971.

[5]) Vgl. Hartenstein Note 6 S. 300 und Stein-Jonas Vorbem. zu § 128 ZPO. unter III 4.

[6]) Vgl. auch die ergänzenden Bemerkungen zu a und b weiter unten bezüglich der verschiedenen vom Richter zu beachtenden Gesichtspunkte.

muß der Richter nicht warten. Es ist wohl aber zweckmäßig, daß die Entscheidung nicht vor Stellungnahme der Reichsstelle zu der Beschwerde ergeht[7][8]).

Wird ein Antrag gemäß § 39 DevG. von einer Partei nicht gestellt, so kann das Gericht in entsprechender Anwendung von § 148 ZPO. das Verfahren auch von Amts wegen aussetzen[9]).

2. Wird die benötigte Genehmigung nicht erbracht (sie wird also von der Devisenstelle versagt oder sie wird, ohne daß das Verfahren ausgesetzt wird, nicht spätestens bis zum Schlusse der letzten mündlichen Verhandlung nachgewiesen), ist die Klage abzuweisen und zwar als zur Zeit unbegründet[10]). Daraus ergibt sich, daß, wenn die Genehmigung nachträglich beigebracht wird, der neu erhobenen Klage bei Vorliegen der sonstigen Voraussetzungen stattgegeben werden kann.

Nach dem vorstehend Ausgeführten handelt es sich bei dem Vorliegen der Genehmigung nicht um eine Prozeßvoraussetzung, da der Mangel der Genehmigung der Erhebung der Klage und der Begründung der Rechtshängigkeit nicht entgegensteht. Da aber andererseits bei fehlender Genehmigung kein dem Klagebegehren gerecht werdendes Urteil ergehen darf, handelt es sich bei dem Vorliegen der Genehmigung um eine Urteils- bzw. sogenannte Rechtsschutzvoraussetzung (so wie hier auch Hartenstein Fußn. 2 zu S. 299 Devisennotrecht)[11]).

Zu a) und b):

Besondere Besprechung erheischt noch die Bedeutung des Eintrittes neuer tatsächlicher oder rechtlicher Umstände während des Prozeßverfahrens (sei es in der gleichen oder in verschiedenen Instanzen).

---

[7]) Vgl. Hartenstein Note 8 zu § 39 DevG. S. 302 a. a. O.

[8]) An dieser Stelle sei auf die zutreffenden, in JW. 1933, 225 abgedruckten Entscheidungen verwiesen, wo zum Ausdruck gebracht wird, daß einem Aussetzungsantrag, der erst in der letzten mündlichen Verhandlung gestellt wird, und zwar in dem Augenblick, als die auf eine an sich genehmigungsbedürftige Leistung gerichtete Klage zur Abweisung reif ist, nicht mehr stattgegeben werden kann, da § 39 DevG. (früher § 23 der VO.) einer, nach dem mit dieser Bestimmungen verfolgten Zweck sachlich nicht notwendigen, also rein formalen Hinausschiebung der Abweisung einer Klage nicht dienen soll.

[9]) Vgl. Hartenstein S. 302 a. a. O.

[10]) Vgl. insbesondere Stein-Jonas Vorbem. zu § 253 unter IV 1, wo darauf hingewiesen ist, daß die Klage nicht als unzulässig abzuweisen ist, da die Klageerhebung als solche einer Genehmigung nicht bedarf; Hartenstein, Note 3 S. 297f. a. a. O., JW. 1933, 505, RG. IV. Zivilsenat, Urteil vom 16. März 1936, abgedruckt in JW. 1936 S. 1284ff. und in DevArch. Nr. 16, 1936 Sp. 561 ff.

[11]) Ergänzend sei bemerkt, daß auf keinen Fall ein Urteil auf Leistung ergehen darf für den Fall, daß das Erfordernis der Genehmigung wegfallen oder diese nachträglich erbracht werden soll. Auch ein Urteil, das mit der Maßgabe ergehen sollte, daß die Zwangsvollstreckung von dem Wegfalle der nötigen Genehmigung bzw. Beibringung der Genehmigung abhängen soll, darf nicht ergehen (vgl. Hartenstein S. 300 a. a. O., wo aber die Möglichkeit für das Ergehen von Urteilen der eben beschriebenen Art in den Fällen des § 259 ZPO. — Besorgnis, daß der Schuldner sich der rechtzeitigen Leistung entziehen werde — offen gelassen wird. Vgl. hierzu auch OLG. Düsseldorf in JW. 1933, 971, dessen Ausführungen nicht zutreffend sind).

Da das Gericht in jeder Lage des Verfahrens zu prüfen hat, ob die nach den Devisenbestimmungen nötige Genehmigung vorliegt, wird es insbesondere darauf zu achten haben, ob während des Verfahrens neue tatsächliche oder rechtliche Umstände eintreten, die das Beibringen einer Genehmigung (oder einer ergänzenden Genehmigung) nötig machen.

1. Die Bedeutung des Eintritts neuer tatsächlicher Umstände:

Es werden namentlich in Frage kommen das nachträgliche Wegfallen (Ungültigwerden) einer erteilten Genehmigung und der Umstand, daß der Kläger während des Verfahrens Ausländer wird.

Zu den hieraus sich einstellenden Fragen ist folgendes zu bemerken:

Einmütigkeit besteht darüber, daß bis zur letzten Tatsachenverhandlung (also auch in der Berufungsinstanz) das Vorliegen der nötigen Genehmigung zu berücksichtigen ist[12]). Umstritten war bis noch vor kurzem die Frage, ob auch in der Revisionsinstanz die Gültigkeit einer Genehmigung oder das Vorliegen einer inzwischen notwendig gewordenen Genehmigung zu prüfen ist. Das Reichsgericht hat nun und zwar mit Recht unter Aufgabe seiner früheren Rechtsprechung ausdrücklich ausgesprochen, daß das Erfordernis der devisenrechtlichen Genehmigung auch in der Revisionsinstanz von Amts wegen zu prüfen ist[13]) [14]).

2. Die Bedeutung des Eintrittes neuer rechtlicher Umstände (also das Inkrafttreten neuer Devisenbestimmungen) während des Verfahrens:

Das Gericht hat die rechtlichen Neuerungen sowohl in der Berufungs- wie in der Revisionsinstanz zu berücksichtigen[15]). Es wird daher in den Fällen, in welchen eine nach neuen Devisenbestimmungen genehmigungsbedürftige Leistung durch die Klage begehrt wird, diese abweisen, wenn die nötige Genehmigung nicht erbracht werden kann[16]).

Ergänzend sei zu 1. und 2. noch folgendes ausgeführt: Der Eintritt neuer tatsächlicher oder rechtlicher Umstände kann auch nach Rechtskraft von Urteilen von Bedeutung werden. Zu den hier einschlägigen Fragen, insbesondere bei der Abänderungsklage nach § 323 ZPO.

---

[12]) Vgl. Hartenstein Note 6 S. 300 a. a. O.

[13]) Vgl. JW. 1936, 1535 f. und 1537 und die Anmerkung dort, ferner die Ausführungen von Zabolitzky in JW. 1936, 2123 über „Rechtsfolgen des Eintritts der Unwirksamkeit einer devisenrechtlichen Genehmigung im Laufe eines gerichtlichen Verfahrens" und Hartenstein in JW. 1936 S. 2833 ff. über den Einfluß des Devisenrechtes auf die bestehenden Schuldverhältnisse.

[14]) Auch bei Vertretung des bisher vom Reichsgericht eingenommenen Standpunktes kann schwerlich eine Schädigung der devisenrechtlichen Belange eintreten, da in den angezogenen Fällen noch die Genehmigung im Vollstreckungsverfahren beizubringen ist, wie in Kap. 23 näher gezeigt wird.

[15]) Vgl. Hartenstein S. 301 a. a. O.

[16]) Wird beispielsweise auf eine Leistung geklagt, die bisher ohne Genehmigung erbracht werden konnte und es ergeht nach Erhebung der Klage eine neue Vorschrift, die gerade diese Leistung jetzt unter Genehmigungszwang stellt, so ist dieser Gesichtspunkt in jeder Verfahrenslage, auch in der Revisionsinstanz, zu beachten, mit der Wirkung, daß die Klage als zur Zeit unbegründet abgewiesen wird, wenn nicht die Genehmigung erbracht wird.

wegen fehlender Genehmigung wurde von Scherer in Nr. 25, 1936 des DevArch. Sp. 834ff. und von Buch in Nr. 30, 1936 des DevArch. Sp. 970ff. (hier mit weitgehender Erfassung aller möglichen Fragen) Stellung genommen. Buch a. a. O. schlägt zweckmäßig vor, daß der Schuldner in Fällen der hier zu behandelnden Art (der Kläger wird beispielsweise nach Erlaß des Urteils aber vor Vollstreckung Ausländer) sich der Vollstreckungsgegenklage gemäß § 767 ZPO. bedient; dadurch wird er sich nie Schädigungen zuziehen, die bei der Abänderungsklage, die nicht immer erhoben werden kann, und der auch rechtstheoretische Bedenken gegenüberstehen, möglich sind.

II. Einzelfragen.

a) Der Einfluß des Devisenrechts auf besondere Verfahrensarten.

1. Das Mahnverfahren.

Bestritten ist noch die vom LG. Wuppertal-Barmen[17]) behandelte und in verneinendem Sinne beantwortete Frage, ob der Erlaß eines Zahlungsbefehles davon abhängig ist, daß die Genehmigung der Devisenstelle nachgewiesen wird. Der in diesem Gericht vertretene Standpunkt ist (nach herrschender Ansicht) nicht richtig. Der Rechtspfleger wird, wenn er korrekt handeln will, im Hinblick auf §§ 690, 691 ZPO. prüfen können und müssen, ob eine Devisengenehmigung nötig ist, und bei Fehlen derselben den Erlaß eines Zahlungs- (bzw. Vollstreckungsbefehls) ablehnen[18]). Anders liegt der Fall, wenn ein Inländer als Inkassobevollmächtigter des Ausländers Ansprüche im eigenen Namen geltend macht, wo die Nachprüfung für den Rechtspfleger, ob ein Ausländer der wirkliche Gläubiger ist, schwerlich möglich sein wird[19]).

2. Der Erlaß eines Versäumnis- und Anerkenntnisurteiles.

Hier bestehen keine Zweifel, daß ein Urteil (wenn es eine genehmigungsbedürftige Leistung zum Gegenstand hat) nur nach Vorlage der nötigen Genehmigung ergehen darf. Auch wenn der Gläubiger oder der Schuldner angeben bzw. anerkennen, daß die Genehmigung vorliege, darf der Richter, da er von Amts wegen zu prüfen hat, ob eine Genehmigung vorliegt, kein Urteil der hier erörterten Art erlassen, bevor ihm nicht die Genehmigung vorgelegt ist[20]).

3. Keine Genehmigung ist nötig für die Durchführung einer Feststellungsklage, da mit dieser nicht eine Leistung des Schuldners verlangt wird (vgl. Ri. III/4 Abs. 4)[21]).

An dieser Stelle wird man den in der Entscheidung des RG. Urt. vom 14. Nov. 1933[22]) behandelten Fall erörtern müssen, welcher die

---

[17]) Vgl. JW. 1933 S. 977.

[18]) Vgl. Müller in JW. 1932, 1998, Hartenstein Note 15 zu § 39 DevG. S. 306 a. a. O.

[19]) Vgl. Hartenstein Note 15 zu § 39 DevG. S. 306 a. a. O.

[20]) Vgl. Hartenstein S. 301 f. a. a. O. Note 7 zu § 39 DevG. und Müller in JW. 1932 S. 1998 unter g und h.

[21]) Vgl. hierzu auch Hartenstein S. 305 f. unter Note 13 a. a. O.

[22]) Abgedruckt in JW. 1934, 154 ff.

mit der Klage begehrte Einwilligung eines Inländers in die Auszahlung einer (Versicherungs-)Summe an einen Ausländer betrifft. Hier ist keine Genehmigung nötig, da im vorliegenden Falle unter den Parteien nur über die Voraussetzung einer genehmigungspflichtigen Leistung (die Einwilligung des Inländers in eine Zahlung an Ausländer) gestritten wird.

4. Der gerichtliche Vergleich.

Dieser bedarf grundsätzlich nach Ri. III/4 Abs. 5 keiner Genehmigung. Damit ist jedoch noch nicht gesagt, daß überhaupt kein gerichtlicher Vergleich einer Genehmigung bedürfe. Ri. III/4 Abs. 5 befreit nur von den Beschränkungen der sich aus § 39 DevG. ergebenden Pflichten[23]), läßt aber die übrigen Vorschriften des DevG. unberührt. Demnach ist ein Vergleich, wenn er bereits eine genehmigungspflichtige Handlung enthält (z. B. Verzicht eines Inländers auf einen Teil einer Forderung in ausländischer Währung gegen einen Ausländer) genehmigungspflichtig (gem. § 9 Abs. 2 DevG.) und kann daher nur unter Vorbehalt oder erst nach Einholung der Genehmigung abgeschlossen werden[24]).

b) Der Einfluß der Freigrenze auf das Streitverfahren.

Bei dem eingeschränkten Geltungsbereich der Freigrenze wird diese heute keinen wesentlichen Einfluß auf die Prozeßführung haben. Immerhin muß auf folgendes hingewiesen werden:

Auch soweit es sich um eingeklagte Leistungen handelt, die sich im Rahmen der Freigrenze bewegen, wird dem Gerichte jeweils die Genehmigung nachgewiesen werden müssen, einmal, weil dieses nicht weiß, ob die Freigrenze nicht bereits im Zeitpunkt der Urteilsfällung in Anspruch genommen ist und dann auch, weil das Gericht gar nicht weiß, wann die genehmigungspflichtige Leistung erbracht werden wird und ob nicht in diesem Zeitpunkte die Freigrenze für den betreffenden Monat erschöpft ist. Diesen Gesichtspunkten trägt offensichtlich Ri. II/81 Rechnung, nach welcher eine Genehmigung auch zu Rechtshandlungen erteilt werden kann, die nach dem DevG. oder einer DurchfVo. einer Genehmigung bedürfen, bei denen aber damit zu rechnen ist, daß sie im Rahmen der Freigrenze erfolgen können, sofern ein Interesse an einer Klärung ihrer Zulässigkeit besteht, insbesondere wenn ein Anspruch im Wege der Klage oder der Zwangsvollstreckung verfolgt werden soll[25]) [26]).

---

[23]) Vgl. die Einschränkung in Ri. III/4 Abs. 5, 2. Halbsatz, wonach § 41 DevG. unberührt bleibt, was besagt, daß die Vollstreckung aus einem Vergleich immer der Genehmigung bedarf.

[24]) Vgl. Turowski in DevArch. Nr. 22, 1936 Sp. 744 ff.

[25]) Vgl. Müller in JW. 1932 S. 1998 unter e und siehe auch die Bemerkung von Hartenstein S. 227 a. a. O. Note 11 zu § 28 DevG.

[26]) Wegen der Bedeutung der allgemeinen Genehmigung auf das Prozeßverfahren siehe die Ausführungen in Kap. 23 unter Ziff. IIb bezüglich des Vollstreckungsverfahrens. Im Streitverfahren wird der Nachweis, daß eine allgemeine Genehmigung, die die vom Kläger begehrte Leistung deckt, vorliegt, genügen. Vorsicht ist nur am Platze im Vollstreckungsverfahren, weil möglich ist, daß das Kontingent, das zur Zeit der Erlassung des Urteils noch vorhanden war, bei der Vollstreckung bereits erschöpft ist. Da der Richter übrigens in jeder Lage des Verfahrens sich über das Vorliegen

c) Bei dem Urteil wird der Richter immer dafür Sorge tragen müssen, daß es sich im Rahmen der von der Genehmigung gesetzten Grenzen hält. Da insbesondere im Devisenrecht auch die Form und der Weg der Begleichung von Leistungen sehr wesentlich ist, wird er nicht zu einer anderen Zahlungsweise, als in der Genehmigung vorgeschrieben ist, verurteilen dürfen; so darf beispielsweise der Schuldner, wenn die Genehmigung der Devisenstelle nur zur Zahlung auf Sperrkonto berechtigt, nicht zur Hergabe eines Akzeptes verurteilt werden[27])[28]).

d) Der Einfluß des Devisenrechtes auf Prozesse, die von einem Inländer gegen einen Ausländer im Inlande geführt werden.

Hier ist grundsätzlich von dem Standpunkte auszugehen, daß die Verurteilung eines Devisenausländers zur Zahlung von Reichsmark nicht von der Vorlegung einer Genehmigung der Devisenstelle abhängig ist; denn durch die Verurteilung des Ausländers schlechthin zur Leistung von Reichsmark bestimmt das Gericht nicht einen bestimmten Weg, auf welchem der Schuldner seinen Verpflichtungen nachkommen soll. Da auch die verschiedensten Möglichkeiten bestehen auf Wegen, die keiner Genehmigung der Devisenstelle bedürfen, seinen Verpflichtungen nachzukommen, kann das Urteil gegen den Ausländer ohne Rücksicht auf die Devisenvorschriften ergehen[29]).

der Genehmigung vergewissern muß, wird er den Nachweis, daß die allgemeine Genehmigung noch nicht erschöpft ist, sich unmittelbar vor Erlaß des Urteiles bringen lassen müssen, weil er bei einem längeren Prozeßverfahren nicht weiß, ob nicht inzwischen (bis zum Erlaß des Urteiles) das Kontingent erschöpft ist).

[27]) Vgl. RG. II. ZivSen., Urt. vom 21. April 1936, abgedr. in DevArch. Nr. 30, 1936 Sp. 974 ff. nebst Anmerkungen von Bergholb. Im vorliegenden Falle interessieren nur die zu dem oben Bemerkten einschlägigen Ausführungen, welche zeigen, wie wichtig es ist, daß die Gerichte genau prüfen, für welche Leistungen des Schuldners eine devisenrechtliche Genehmigung erforderlich ist, und daß sie sich bei der Verurteilung des Schuldners streng an den Inhalt der devisenrechtlichen Genehmigung halten müssen.

[28]) An dieser Stelle sei auf die in JW. 1936/1885 abgedruckte Entscheidung des RG. (Urt. vom 3. April 1936) nebst Anmerkung von Turowsky hingewiesen, wonach das Gericht bei eingeklagter Teilforderung die Höhe der Gesamtforderung feststellen muß, wenn diese bestritten ist und die DSt. nur die Zahlung eines Betrages auf Sperrkonto genehmigt hat, der einen bestimmten Satz (hier 15%) der Gesamtforderung beträgt. Wenn diese Entscheidung durch den Wegfall der Schuldnerschutzbestimmungen (vgl. Ri. IV/43 Abs. 2, II/53 Abs. 3, 55 Abs. 3 und 56 Abs. 4 in der Fassung der Ri. vor dem Inkrafttreten der VO. vom 19. Dez. 1936 ihre Bedeutung für die Zukunft auch verloren hat, so zeigt sie doch, wie weit und wie genau das Gericht den von den Devisenbehörden erteilten Genehmigungen inhaltlich Rechnung tragen muß.

[29]) Vgl. hierzu die Ausführungen in der Entscheidung des RArbG. vom 7. Okt. 1936, abgedr. in JW. 1937 S. 339 ff. Anders läge der Fall, wenn die Verurteilung dahin ginge, daß der Schuldner seine Leistung aus im Inland liegenden gesperrten Mitteln zu erbringen habe; denn hier würde das Gericht zu einer genehmigungsbedürftigen Leistung verurteilen, die nur nach Vorlage der Genehmigung erfolgen darf. Soweit in dem oben behandelten Falle der Schuldner nicht mit freien Mitteln, sondern mit gesperrten Werten seine Schuld tilgen will, so muß er, was das Gericht bei der Urteilsfällung, die allgemein zur Zahlung in Reichsmark verpflichtet, weiter nicht berührt, selbstverständlich nachträglich um eine Genehmigung nachsuchen. Vgl. auch die Anmerkung von Bergholb zu der Entscheidung des RG., 12. ZivSen. vom 28. Nov. 1935, abgedr. in JW. 1936 S. 831.

e) Der Einfluß des Devisenrechtes auf den Zahlungsverkehr mit Gerichten und Rechtsanwälten, insbesondere bei Zahlung von Prozeßkosten.

1. Allgemeines:

Hier ist auf die Erleichterungen hinzuweisen, die in den Richtlinien für den Zahlungsverkehr mit Gerichten und Rechtsanwälten vorgesehen sind:

Ri. III/7 sieht die Genehmigungsfreiheit vor für die Rückgabe einer von einem Ausländer nach §§ 67ff. ZVG. geleisteten Sicherheit (Bietungskaution),

Ri. III/8 sieht Genehmigungsfreiheit vor für Zahlungen zugunsten von Ausländern, welche Gerichte, Gerichtsvollzieher, Konkurs- und Zwangsverwalter von Amts wegen zu bewirken haben, wenn die dort näher vorgeschriebenen Bestimmungen dabei eingehalten werden,

Ri. III/9 gestattet ohne Genehmigung die Zahlung von gerichtlich festgesetzten Rechtsverfolgungskosten in Reichsmark zugunsten des ausländischen Gläubigers an inländische Prozeßbevollmächtigte oder an die Gerichtskasse,

Ri. II/14 A endlich sieht die genehmigungsfreie Hinterlegung von Reichsmarkbeträgen durch einen Inländer bei einem inländischen Rechtsanwalt, Notar oder Devisenberater zu deren treuen Händen vor, wenn die genannten Stellen unverzüglich um die zur Zahlung des Reichsmarkbetrages an einen ausländischen Berechtigten oder zu dessen Gunsten an dritte Personen erforderliche Genehmigung nachsuchen und den Betrag, falls die Genehmigung versagt wird, alsbald an den zahlenden Inländer zurückzahlen. Was diese letztere Bestimmung betrifft, zu der Etscheit in JW. 1936 S. 2836ff. insbesondere Stellung nimmt, ist noch ausdrücklich zu bemerken, daß sie nur bei freiwilligen Zahlungen zu treuen Händen des Rechtsanwalts, Notars bzw. Devisenberaters Anwendung finden kann[30]). Wegen weiterer hier einschlägiger Fragen, insbesondere, soweit sie für Rechtsanwälte von Bedeutung werden (genehmigungspflichtiges Vorschießen von Prozeßkosten seitens der Rechtsanwälte, die Entgegennahme und Verwendung von Vorschüssen ausländischer Mandanten, insbesondere über das Verbot der Entgegennahme der Zahlung aus Registerguthaben, über die Anmeldung und Anbietung von Gebührenforderungen usw.) ist auf die vorhandene Literatur zu verweisen[31]).

---

[30]) Vgl. die Entscheidung des LG. Berlin, Beschl. vom 4. Juni 1936, abgedr. in JW. 1936 S. 1926 ff., wonach folgendes gilt: Die Genehmigung nach § 41 DevG. ist zur Zwangsvollstreckung auch dann erforderlich, wenn der Gerichtsvollzieher mit der Maßgabe vollstrecken soll, daß der Erlös bei dem Prozeßbevollmächtigten des ausländischen Gläubigers hinterlegt wird. Ri. II/14 A ist also bei Zwangsvollstreckungen nicht anwendbar. Vgl. auch den letzten Satz von Ri. II/14A, wo noch ausdrücklich bemerkt ist, daß die §§ 39—41 DevG. unberührt bleiben, wenn der Schuldner zur Zahlung nicht bereit ist.

[31]) Vgl. vor allem die Ausführung von Etscheid in JW. 1936 S. 2836 ff., von Westfeld und Hartenstein in JW. 1932 S. 3671 ff. und 1933 S. 504 ff. über

2. Einzelheiten.

Hier sei zunächst auf die umstrittene Frage der Erstattungsfähigkeit der Gebühr des Rechtsanwaltes für seine Tätigkeit bei der Devisenstelle zwecks Beschaffung der devisenrechtlichen Genehmigung hingewiesen. Nach der in der Rechtsprechung vorherrschenden Ansicht gehört die Gebühr des Rechtsanwaltes für seine Tätigkeit zwecks Beschaffung der devisenrechtlichen Genehmigung nicht zu den erstattungsfähigen Kosten[32]). Jedoch wird auch hier bei Vorliegen besonderer Voraussetzungen zugegeben, daß Ausnahmen vom vorstehenden Grundsatze bestehen können[33]). In der Literatur wird die aufgeworfene Frage entgegen der in der Rechtsprechung herrschenden Ansicht durchwegs bejaht[34]).

Soweit es sich um die Zahlung von Prozeßkosten handelt, die Inländer wegen im Auslande zu führender Prozesse zu begleichen haben, verweise ich auf den allgemeinen Erlaß 275/35 DSt. betr. die Zahlung von Prozeßkosten auf Grund ausländischer Kostenentscheidungen[35]).

Soweit Ausländer wegen der in ihrem Lande bestehenden Devisenvorschriften bei Führung eines Rechtsstreites im Inlande nicht in der Lage sind, die Prozeßkosten in das Inland zu überweisen, werden sie nicht als „arm" im Sinne des § 114 ZPO. anzusehen sein, so daß ihnen also das Armenrecht nicht gewährt werden kann[36]).

Wegen der Verurteilung zur Zahlung der Kosten eines gerichtlichen Verfahrens sowie wegen der gerichtlichen Festsetzung der Kosten, wozu keine Genehmigung nötig ist, sei auf Ri. III/4 Abs. 6 verwiesen[37]).

„Devisenrecht und Anwaltspraxis", wo insbesondere auch die Fragen über die genehmigungspflichtige Zahlung der Prozeßgebühr aus dem von dem Ausländer geleisteten Vorschuß berührt werden, ferner die Ausführungen von v. Edlinger in DGWR. 1937 S. 137 ff. und 164 und die in Teil III unter Ziff. B III c 1 und 3 abgedruckten Auszüge aus der JW. 1934 S. 1332 und 1935, S. 495 über die Anmeldung und Anbietung von Gebührenforderungen gegen Ausländer und JW. 1935 S. 495 über anwaltliche Anderkonten für devisenrechtliche Ausländer. S. auch den Auszug aus DJ. 1936, S. 167 über Devisenablieferung AV. d. RJM. vom 27. Jan. 1936, abgedruckt in Teil III unter B III c 4.

[32]) Vgl. JW. 1934, 3295; 1936 S. 199 und 2576 und 1937, S. 49. Die an den beiden letzterwähnten Stellen abgedruckten Entscheidungen des KG. 20. ZivSen., Beschl. vom 6. Juni 1936 und des OLG. Hamburg, Beschl. vom 28. Okt. 1636 sind insofern von bes. Bedeutung, als sie trotz Würdigung der in Fußnote 34 dieses Kapitels erwähnten Ausführungen von Katinszky und Gaedeke die bisher in der Rechtsprechung vorherrschende, der Literatur entgegengesetzte Ansicht teilen.

[33]) Vgl. KG. 20. ZivSen., Beschl. vom 4. Dez. 1935, abgedr. in JW. 1936 S. 199.

[34]) Vgl. die Ausführungen von Katinszky und Gaedeke in JW. 1936 S. 1034ff. über „Erstattungsfähigkeit der Anwaltsgebühren für das Devisengenehmigungsverfahren". Hier sprechen sich die Genannten unter Zusammenstellung aller bejahenden und verneinenden Entscheidung dafür aus, daß die Frage der Erstattungsfähigkeit der Anwaltsgebühren für das Devisengenehmigungsverfahren grundsätzlich doch zu bejahen ist.

[35]) Dieser Erlaß ist in Teil III unter Ziff. B III b abgedruckt.

[36]) Vgl. hierzu auch die zutreffenden Ausführungen des OLG. Darmstadt, 3. ZivSen., Beschl. vom 9. Jan. 1935, abgedr. in JW. 1935 S. 2385.

[37]) S. auch die Ausführungen in RE. 184/36, soweit er Ri. III/4 Abs. 6 betrifft auszugsweise abgedruckt in Teil III unter B III a 2, ferner die nun durch die Neufassung von Ri. III/4 Abs. 6 gegenstandslos gewordenen Ausführungen von Breuer in JW. 1936 S. 2782.

Wegen der Zahlung von Zeugengebühren im Grenzverkehr s. RE. 210/35[38]).

f) Wegen der Fragen, die sich ergeben, wenn Urteile, die ohne Vorlage der Genehmigung nicht hätten ergehen dürfen, aber doch gefällt wurden und wegen der Bedeutung der nachträglichen Genehmigung s. die Ausführungen in Kap. 14.

Kapitel 23.

Die Beziehungen der Devisenbehörden zu den Vollstreckungsgerichten[1]).

I. Allgemeine grundsätzliche Ausführungen.

Ebensowenig, wie ein zu einer genehmigungspflichtigen Leistung erkennendes Urteil ohne Vorlage der nötigen Genehmigung ergehen darf, sind auch Vollstreckungsmaßnahmen, die die Verwirklichung eines genehmigungspflichtigen Tatbestandes anstreben, ohne die nötige Genehmigung zulässig[2]). Je nach dem Ergebnis, das mit der Zwangsvollstreckung angestrebt wird, greifen zwecks Sicherstellung der devisenrechtlichen Belange verschiedene Vorschriften, teils allein, teils zusammen ein. Im einzelnen ist folgendes auszuführen:

Vom devisenrechtlichen Standpunkte gesehen, können Zwangsvollstreckungsakte folgende Wirkungen zur Folge haben[3]):

a) Das Erbringen einer Leistung durch den Schuldner, die nur mit Genehmigung erfolgen darf. In den meisten Fällen wird nun zwar wegen des dem Vollstreckungsverfahren vorhergehenden Streitverfahrens, in welchem grundsätzlich bereits die Genehmigung schon vorgelegt werden muß, diese bereits bei Beginn der Vollstreckung vorliegen. Es sind jedoch folgende Fälle möglich, in welchen die nötige Genehmigung nicht vorhanden ist, nämlich:

1. Die Entscheidung, welche zu einer genehmigungsbedürftigen Leistung verurteilt, ist vor Inkrafttreten der Devisenbestimmungen oder der gerade einschlägigen Bestimmung ergangen,

---

[38]) Abgedruckt in Teil III unter Ziff. B III a 1.

[1]) Siehe Hartenstein S. 296 ff. zu § 39 DevG. und S. 638 ff. zu Ri. III/4 ff., Flad-Berghold, A S. 75 ff. zu §§ 39 ff. DevG., B S. 142 ff. zu Ri. III/4 ff., v. Edlinger in DGWR. 1937 S. 140 ff., Etscheid in JW. 1936 S. 2836 ff., Schultze über „Devisenbewirtschaftung und Zwangsvollstreckung" in JW. 1932 S. 2001 ff. und 3162 ff.

[2]) Vgl. auch JW. 1932 S. 3165 unter V; im Vollstreckungsverfahren besteht, wirtschaftlich betrachtet, noch mehr die Möglichkeit, daß bei fehlender Genehmigung der Zweck der Devisenbewirtschaftung vereitelt wird. Daher ist namentlich auch hier zu beachten, daß der Vollstreckungsbeamte in jeder Lage des Verfahrens zu prüfen hat, ob die nötige Genehmigung vorliegt oder ob wegen inzwischen eingetretener neuer tatsächlicher oder rechtlicher Umstände die Nachbringung einer Genehmigung zu verlangen ist.

[3]) Vgl. auch die Ausführungen bei Hartenstein Note 1 zu § 41 DevG. S. 318 a. a. O.

2. eine Handlung wird erst nach einem vollstreckbaren oder für vollstreckbar erklärten Urteile wegen neuer tatsächlicher Umstände genehmigungspflichtig,
3. es handelt sich um andere Vollstreckungstitel, als für vollstreckbar erklärte Urteile,
4. oder das Gericht, welches zu einer genehmigungspflichtigen Leistung verurteilte, stand auf der (an sich nicht zutreffenden) Ansicht, daß die Genehmigung erst im Vollstreckungsverfahren erbracht werden müsse.

Um nun für alle Fälle die devisenrechtlichen Belange sicherzustellen, bestimmt § 41 DevG., daß, wenn zur Leistung des Schuldners eine Genehmigung erforderlich ist, die Zwangsvollstreckung nur dann zulässig ist, wenn die Genehmigung erteilt ist. Ist diese bereits früher erteilt, so wirkt sie für das Zwangsvollstreckungsverfahren weiter.

b) Als weitere Wirkung kann im Vollstreckungsverfahren eine genehmigungspflichtige Verfügung (seitens des Schuldners) oder ein genehmigungspflichtiger Erwerb (seitens des Gläubigers) erzielt werden. Um auch hier die devisenrechtlichen Belange sicherzustellen, gilt folgendes:

§ 7 Abs. 1 Satz 1 DevG. bestimmt, daß als Erwerb im Sinne dieses Gesetzes auch der Erwerb im Wege der Zwangsvollstreckung zu gelten hat. Soweit also die Devisenbestimmungen den Erwerb von irgendwelchen Werten von einer Genehmigung abhängig machen[4]), darf der Gläubiger im Wege der Zwangsvollstreckung die verkehrsbeschränkten Gegenstände durch Vermittlung der Vollstreckungsbeamten nur mit der nötigen Genehmigung erwerben. Gleiches gilt gemäß § 7 Abs. 1 Satz 2 für Verfügungen, die im Wege der Zwangsvollstreckung vorgenommen werden. Auch sie bedürfen, soweit sie verkehrsbeschränkte Gegenstände betreffen, nur mit Genehmigung zwangsweise durch Vermittlung der Vollstreckungsbeamten vom Schuldner verlangt werden.

c) Endlich können durch Vollstreckungsmaßnahmen genehmigungspflichtige Tatbestände gemäß § 14 Abs. 2 DevG. begründet werden, da Pfändungen von Gegenständen[5]) genehmigungspflichtige Sicherheitsbestellungen darstellen, wenn sie zugunsten eines ausländischen Gläubigers erfolgen. Der Vollstreckungsbeamte hat daher auch noch bei Pfändungen zu prüfen, ob er nicht eine Genehmigung nach § 14 Abs. 2 DevG. zu verlangen hat.

Zu a—c:

Die Fälle zu a—c kommen nicht nur allein für sich, sondern auch nebeneinander vor; z. B. der inländische Schuldner A soll an den Ausländer B ausländische Zahlungsmittel leisten und der Ausländer will

---

[4]) Z. B. der Erwerb von Gold (§ 10 DevG.), der Erwerb von ausländischen Zahlungsmitteln und Forderungen in ausländischer Währung (§ 9 Abs. 1 DevG.) usw.

[5]) Z. B. die Pfändung einer Hypothek, die zwangsweise Belastung eines Grundstückes usw.

diese im Wege der Zwangsvollstreckung erwerben (Vereinigung von Fall a und b), oder zugunsten eines ausländischen Gläubigers sollen verkehrsbeschränkte Werte, z. B. Gold oder Grundstücke im Sinne des § 18 Abs. 2 DevG. gepfändet werden (da die Pfändung auch eine Verfügung darstellt, ist hier eine Vereinigung von Fall b und c gegeben). Es ist daher zu prüfen, ob in solchen Fällen eine Genehmigung allein genügt oder gegebenenfalls zwei Genehmigungen, z. B. die nach § 41 DevG. und die nach § 7 Abs. 1 i. V. mit § 9 Abs. 1 oder § 14 Abs. 2 DevG. vorliegen sollen. Hierzu ist folgendes zu bemerken:

Ri. III/4 Abs. 2 bestimmt: Ist die Genehmigung zur Leistung des Schuldners erteilt oder kann der Schuldner die Leistung auf Grund einer dem Gläubiger erteilten allgemeinen Genehmigung ohne besondere Genehmigung bewirken, so bedarf die Durchführung der Zwangsvollstreckung keiner Genehmigung nach § 7 Abs. 1 i. V. mit § 11 Abs. 2 oder § 14 Abs. 2 DevG.

Nach der erwähnten Bestimmung deckt die vorhandene Genehmigung zur Leistung nur solche Vollstreckungshandlungen, welche nicht andere Devisenvorschriften als § 7 Abs. 1 DevG. i. V. mit § 11 Abs. 2 oder 14 Abs. 2 DevG. berühren. Ohne weitere (zweite) Genehmigung ist daher zulässig die Pfändung beweglicher Sachen gemäß §§ 803 ff. ZPO., die Pfändung und Überweisung von Reichsmarkforderungen zugunsten von Ausländern und grundsätzlich die Bestellung einer Zwangshypothek (wegen weiterer Vollstreckungsmaßnahmen in Grundstücke siehe die Ausführungen in Kap. 24).

Nicht genügt dagegen die vorhandene Genehmigung zur Leistung allein, wenn es sich handelt um die Überweisung von Fremdwährungsforderungen nach § 9 Abs. 2 DevG. oder die Pfändung von solchen Sachen, über die nur mit Genehmigung verfügt werden darf, wie z. B. von ausländischen Zahlungsmitteln, Gold und Wertpapieren (vgl. §§ 9, 10 und 21 ff. DevG.)[6]). In Fällen der letzteren Art ist neben der Genehmigung zur Leistung nach § 41 DevG. bzw. neben der vorhandenen allgemeinen noch die weitere Genehmigung nach den angeführten Bestimmungen nötig, wenn die Zwangsvollstreckung durchgeführt werden soll[7]).

---

[6]) Bei Werten der obenbezeichneten Art wird der Gerichtsvollzieher auch noch die Anbietungsvorschriften (vgl. Kap. 9) beachten; er wird also die Versilberung der verkehrsbeschränkten abbietungspflichtigen Gegenstände immer auf dem Wege über eine Devisenbank oder die Reichsbank durchführen.

[7]) Die obenbezeichneten Ausführungen sind nicht ganz unbestritten; anscheinend ist anderer Ansicht Hartenstein in Note 1 zu § 41 DevG. S. 318 ff., welcher nach seinen Ausführungen zu schließen auf dem Standpunkt steht, daß die vorhandene Genehmigung nach § 41 DevG. in der Regel genügt. Vgl. auch die Ausführungen bei Stein-Jonas zu § 829 ZPO. unter I 4, nach welchen ebenfalls zu schließen ist, daß er die Ansicht von Hartenstein teilt. Bei genauer Beachtung der einschlägigen Vorschriften, insbesondere des Wortlautes von Ri. III/4 Abs. 2, der ausdrücklich besagt, daß die Genehmigung zur Leistung eine weitere Genehmigung nach § 7 Abs. 1 i. V. mit § 11 Abs. 2 oder § 14 Abs. 2 DevG. (also nicht eine weitere Genehmigung nach anderen Devisenbestimmungen) ersetzt, wird man doch den oben vertretenen Standpunkt teilen müssen. Ebenso wie oben auch Flad-Bergholt B S. 145 unter 1).

II. Sonderfragen.

a) Besprechung einzelner Vollstreckungshandlungen und sonstiger einschlägiger devisenrechtlich bedeutsamer Fälle.

Jeder einzelne Vollstreckungsakt und schon der erste, auch wenn er nicht sofort zur Befriedigung des Gläubigers führt, darf vom Vollstreckungsbeamten nur mit Genehmigung vorgenommen werden[8]). Lediglich gerichtliche Handlungen, die nur der Vorbereitung des Vollstreckungsverfahrens dienen sollen, bedürfen keiner Genehmigung. Diesem Gedanken wird insbesondere III/4 Abs. 5 der Ri. gerecht, wo ausdrücklich bestimmt ist, daß der Abschluß eines Vergleiches[9]) (§ 794 Nr. 1 ZPO.) und die Aufnahme einer vollstreckbaren Urkunde (§ 794 Nr. 5 ZPO.) keiner Genehmigung bedürfen. Da es sich in den erwähnten Fällen nicht um Vollstreckungsakte handelt, hat die Vorschrift nur klarstellende und Zweifel ausschließende Bedeutung. Gleiches gilt für Ri. III/6a, wo bestimmt ist, daß die Erteilung der Vollstreckungsklausel keiner Genehmigung bedarf, da die Erteilung derselben ebenfalls kein Vollstreckungsakt ist. Ein solcher ist auch nicht der Vollstreckbarkeitsbeschluß nach §§ 1042, 1044a ZPO. Dieser darf jedoch, wenn er auf Grund eines zu einer genehmigungsbedürftigen Leistung verpflichtenden Schiedsspruches oder eines von einem Schiedsgericht abgeschlossenen Vergleiches erfolgen soll, trotzdem ohne Vorlage der nötigen Genehmigung nicht ergehen (vgl. § 40 DevG.; s. auch die Ausführungen von Hartenstein S. 317 a. a. O. zu § 40, wo die Ansicht vertreten wird, daß für das Schiedsverfahren die oben im Kapitel 22 ausgeführten Grundsätze [Aussetzung des Verfahrens bei Nichtvorliegen der Genehmigung usw.] zu gelten haben)[10]).

Richtige Vollstreckungsakte sind dagegen die Vorpfändung und die Ausbringung und Durchführung eines Arrestes gem. §§ 916ff. ZPO. Da für diese beiden Vollstreckungsakte in Ri. III/6 litera b und c bestimmt ist, daß sie keiner Genehmigung nach § 41 DevG. bedürfen, handelt es sich hier um Ausnahmevorschriften. Bezüglich derselben ist klarstellend jedoch nur folgendes auszuführen: Ri. III/6c (und gleiches muß für III/6b gelten) befreit nach ihrem Sinne nicht nur von dem Erfordernis der Genehmigung zur Leistung des Schuldners, sondern auch von einer

---

[8]) Diese muß nicht zugestellt werden (vgl. Stein-Jonas Note 36 zu § 750 S. 5 a. a. O.), da die Genehmigung nicht eine unter § 726 ZPO. fallende Bedingung ist.

[9]) Vgl. auch die Ausführungen in Kap. 22 unter Ziff. IIa 4.

[10]) Vgl. hierzu auch die Ausführungen des Schiedsgerichtes Hamburg, Schiedsspruch vom 26. Febr. 1935, abgedr. in JW. 1935 S. 1589, von Stein-Jonas unter Note III 2b zu § 1041 ZPO. S. 8 a. a. O., des OLG. Hamburg, Urt. vom 25. Nov. 1936, abgedr. in JW. 1937 S. 1251 und von Berghold in JW. 1937 S. 1252f. Den Ausführungen Hartensteins und Bergholds zu der in vorstehender Literatur und Rechtsprechung behandelten Frage wird man beipflichten müssen (vgl. auch § 1041 Nr. 2 ZPO.). Soweit also im Schiedsverfahren die Genehmigung nicht beigebracht wird, darf ein zu der dann verbotenen Leistung verurteilender Schiedsspruch nicht ergehen.

etwa nötigen Genehmigung für die in der Vor- oder Arrestpfändung[11]) liegenden Verfügung, z. B. von dem Genehmigungszwang nach §§ 7 Abs. 1 DevG. i. V. mit 14 Abs. 2 DevG. bei der Beschlagnahme von beweglichen Sachen oder Grundstücken oder nach § 7 Abs. 1 i. V. mit § 11 Abs. 2 DevG. bei der Beschlagnahme von Reichsmarkforderungen (vgl. hierzu Flad-Bergholds B S. 145ff., Bemerkungen zu Ri. III/4ff.). Dagegen dürfte trotz der Vorschrift von III/6 (vgl. oben I zu a—c) die Vorpfändung und der Arrest genehmigungspflichtig sein, wenn durch sie über Gegenstände verfügt werden soll, über die nach den geltenden Devisenbestimmungen nur eine Verfügung mit Genehmigung zulässig ist. Ausdrücklich ist dies bestimmt in Ri. II/33 für den Fall der Ausbringung und Durchführung eines Arrestes in gesperrte Grundstücke nach § 18 Abs. 2 DevG., d. h. in Grundstücke, über die nur mit Genehmigung der Devisenstelle verfügt werden darf. Darüber hinaus wird aber auch z. B. die Verarrestierung von Währungsforderungen usw. einer besonderen Genehmigung bedürfen.

Unter das Zwangsvollstreckungsverfahren fällt auch das Offenbarungseidverfahren. Auch dieses ist nach herrschender Meinung nur nach Beibringung der nötigen Genehmigung zulässig[12]).

b) Besondere Aufmerksamkeit hat der Vollstreckungsbeamte walten zu lassen, wenn der Schuldner im Besitze einer allgemeinen Genehmigung ist. Insbesondere hat er hier darauf zu achten, ob das jeweils geltende Kontingent noch nicht erschöpft ist. Die Vollstreckung beim Schuldner hat dann zur Zeit zu unterbleiben und zwar auch dann, wenn der Schuldner bewußt andere Leistungen auf Grund der Genehmigung vorgenommen hat, obwohl er den betreibenden Gläubiger zunächst hätte befriedigen können und müssen. In Fällen der beschriebenen Art wird es zweckmäßig sein, daß (was gem. § 8 Abs. 2 DevG. auch der Gläubiger kann) um die Erteilung einer Einzelgenehmigung nachgesucht wird[13]).

c) Eine Genehmigung nach § 41 DevG. ist zur Zwangsvollstreckung auch dann erforderlich, wenn der Gerichtsvollzieher mit der Maßgabe vollstrecken soll, daß der Erlös bei dem Prozeßbevollmächtigten der ausländischen Gläubigerin hinterlegt wird. Denn Ri. II/14 A i. d. Fassung der Ziffer 11 der 3. RiÄndVO. vom 12. Sept. 1935 RGBl. I/1149 findet bei Zwangsvollstreckungen nicht Anwendung[14]).

d) Wegen der Vollstreckung und Freigrenze vgl. oben die Ausführungen in Kap. 22 unter Ziff. II b. Man wird auch hier den Stand-

[11]) Vgl. die Entscheidung des KG. in JW. 1936 S. 1464 und die Anmerkung in Kap. 16 unter Ziff. A III h).

[12]) Vgl. Hartenstein in JW. 1935 S. 148 und S. 320 unter Note 4 zu § 41 a. a. O., ferner JW. 1932, 1975 und 1935 S. 148.

[13]) Siehe Hartenstein Note 5 S. 320 a. a. O. zu § 41 DevG. und die Ausführungen bei Schultze in JW. 1932, 3163 und die Bemerkungen in Fußnote 26 zu Kap. 22.

[14]) Vgl. insbesondere die Ausführungen in JW. 1936 S. 1926, ferner die Ausführungen von Etscheid in JW. 1936 S. 2836 und DevArch. Nr. 32, 1936, Sp. 1034.

punkt vertreten müssen, daß die Genehmigung immer nachgewiesen werden muß, wenn die Handlung auch unter die Freigrenzebestimmungen fällt[15]).

e) Wegen Leistungen, die ohne Genehmigung unter dem Drucke der Zwangsvollstreckung gemacht werden und der damit trotzdem möglichen Strafbarkeit s. DevArch Nr. 12, 1936, Sp. 414[16]).

f) Wegen der Fragen, die sich aus den für das Verteilungsverfahren maßgebenden Bestimmungen ergeben, s. die Bemerkungen in JW. 1932, 2004 und 2048[17]).

g) Wegen der Bedeutung der fehlenden Genehmigung bei vorgenommenen Vollstreckungshandlungen und der nachträglichen Genehmigung, insbesondere auch auf Rangfragen s. die Ausführungen in Kap. 14.

h) Wegen der Sonderfragen, die sich aus der Immobiliarzwangsvollstreckung ergeben, siehe die Ausführungen in Kap. 24.

Kapitel 24.

Devisenrecht und Immobiliarzwangsvollstreckung[1]).

Eingangs muß folgendes vorangeschickt werden. Es handelt sich hier um Vollstreckungshandlungen, die nur wegen ihrer teilweise besonderen Bedeutung gegenüber der Mobiliarzwangsvollstreckung eine eigene Behandlung erheischen. Soweit im nachfolgenden daher nichts Gegenteiliges ausgeführt ist, sind die im vorangehenden Kapitel allgemein gemachten Ausführungen auch hier zu beachten. Insbesondere gilt auch hier, daß in jeder Lage des Verfahrens der Vollstreckungsrichter prüfen muß[2]), ob eine etwa nötige Devisengenehmigung zu erholen ist und ob die vorhandene Genehmigung die Vollstreckungshandlungen deckt.

In den meisten Fällen werden Vollstreckungshandlungen in Grundstücke wegen bestehender Hypotheken und Grundschulden vorgenommen werden. Im Hinblick darauf sei auch hier noch auf Ri. II/15 hingewiesen, wonach als Forderungen im Sinne von §§ 11 Abs. 2, 15 und 18 Abs. 1 DevG. auch Hypotheken, Grund- und Rentenschulden und als Forderung

---

15) JW. 32, 3165 und 1998.

16) Vgl. auch die Ausführungen in Kap. 26 zu Fußnote 28.

17) Vgl. auch die Bemerkungen in Kap. 24 unter Ziff. A I b.

1) Vgl. Hartenstein Noten 8 ff. zu § 41 DevG., Flad-Bergholb B S. 145, v. Edlinger in DNotZ. 1935 S. 558 ff., v. Edlinger in DGWR. 1937 S. 143 ff., v. Edlinger in DevArch. 1936 Nr. 6, 1936, Sp. 226.

2) Namentlich bei der Länge der Zwangsversteigerungsverfahren bis zu ihrer Durchführung (insbesondere wegen der Vollstreckungsschutzbestimmungen auf Grund der VO. vom 26. Mai 1933) wird hier darauf zu achten sein, daß jederzeit (insbesondere bei veränderten Umständen, wie wenn der betreibende Gläubiger Ausländer wird) die Genehmigung vorliegt.

im Sinne von § 11 Abs. 2 DevG. auch Eigentümergrundschulden gelten[3]).

Bei Behandlung der hier einschlägigen Einzelfragen wird man zweckmäßig folgende Unterscheidungen machen:

A. Die Zwangsvollstreckung wegen einer einem Inländer zustehenden Forderung in ein inländisches Grundstück eines Ausländers,

B. die Zwangsvollstreckung wegen einer einem Ausländer zustehenden Forderung gegen ein einem Inländer gehöriges inländisches Anwesen,

C. die Zwangsvollstreckung einer einem Ausländer zustehenden Forderung gegen ein einem Ausländer gehöriges, im Inland gelegenes Grundstück.

Zu A:

I. Die Einleitung der Zwangsversteigerung bedarf im vorliegenden Falle, es sei denn, daß es sich um ein unter § 18 Abs. 2 DevG. fallendes Grundstück handelt (darüber s. Näheres unter D I) keiner Genehmigung. Trotzdem sind bei der Durchführung des Verfahrens devisenrechtliche Bestimmungen unter Umständen zu beachten:

a) Der Anspruch auf Bezahlung des Versteigerungserlöses gehört zum Vermögen des ausländischen Vollstreckungsschuldners[4]). Über diesen dürfte nach § 17 Abs. 1 DevG. nur mit Genehmigung der Devisenstelle verfügt werden, wenn nicht II/49 der Ri. bestimmen würde, daß eine Genehmigung nach §§ 17 und 19 des DevG. auch dann nicht erforderlich ist, wenn für die Verpflichtung eines Ausländers gegenüber einem Inländer Befriedigung aus einem inländischen Grundstücke im Wege der Zwangsversteigerung oder Zwangsverwaltung gesucht wird. Ri. II/49 hat also den Charakter einer Ausnahmevorschrift.

b) Eine Reihe von Fragen können sich im Rahmen des Verteilungsverfahrens ergeben. Zu den wichtigsten sei hier ausgeführt:

Entfällt ein Teil des Barerlöses aus der Zwangsversteigerung auf das Recht eines Ausländers, so ist folgendes zu beachten:

Zahlt der Ersteher in bar, so greift III/8 der Ri. ein, wonach den Gerichten gestattet ist, den auf das Recht des Ausländers entfallenden Betrag unter gleichzeitiger Benachrichtigung der Devisenstelle Berlin an eine Devisenbank mit der Maßgabe zu leisten, daß über das entstandene Guthaben nur mit Genehmigung verfügt werden darf.

Zahlt der Ersteher nicht in bar und wird dafür die Forderung gegen ihn auf den Berechtigten übertragen, so ist Ri. II/17 zu beachten, wonach es zur Übertragung der Forderung gegen den Ersteher auf

---

[3]) Gemäß Ri. III/5 ist, wenn aus einem der oben bezeichneten Rechte nach Ri. II/15 gegen den Grundstückseigentümer vorgegangen werden soll, die Genehmigung in der Richtung zu erteilen, daß der Gläubiger die Befriedigung aus dem Grundstücke suchen darf.

[4]) Siehe Steiner S. 365 Note 4 zu § 107 ZVG.

einen dinglich berechtigten Ausländer gem. § 118 ZVG. keiner Genehmigung nach § 11 Abs. 2 DevG. bedarf[5]).

II. Die Zwangsverwaltung über ein einem Ausländer gehöriges Anwesen und die Bestellung einer Zwangshypothek unterliegen keinen devisenrechtlichen Beschränkungen. Nur sei wegen der Aufsichtspflicht des Vollstreckungsgerichtes über den Zwangsverwalter in diesem Rahmen bezüglich dessen devisenrechtlicher Pflichten im Rahmen der Zwangsverwaltung folgendes ausgeführt:

Der bestellte Zwangsverwalter handelt nicht im Namen und nicht für Rechnung des ausländischen Grundstückseigentümers. Er ist also nicht dessen Stellvertreter, er ist vielmehr, wenn auch kein Beamter, doch ein Beauftragter und handelt als selbständiges staatliches Organ. Er kann daher ohne Genehmigung die Miet- und Pachtzinsen aus dem Grundstücke des Ausländers in Empfang nehmen und im Rahmen der gesetzlichen Bestimmungen des Zwangsversteigerungsgesetzes verwerten. Eine Devisengenehmigung wird nur in folgenden Fällen in Frage kommen: Einmal, wenn die Beschlagnahmeforderung gedeckt ist und nach Aufhebung des Verfahrens ein etwa verbleibender Überschuß an den ausländischen Grundstückseigentümer auszuhändigen wäre, dann bei Behandlung und Verwertung der Gemeindeumschuldungsanleihe und der Guthabenbescheinigungen der Finanzämter zur Förderung des Wohnungsbaues, ausgegeben auf Grund des Gesetzes vom 30. März 1935. Soweit der Zwangsverwalter solche Papiere besitzt, wird er, wenn er sie verwerten will, sich mit der zuständigen Devisenstelle in Verbindung setzen. Diese wird im Falle des Verkaufes derselben die Gutschrift des Erlöses auf einem bereits bestehenden oder erst zu errichtenden Sonderkonto nach Ri. IV/51 genehmigen[6]).

Zu B:

I. Die Einleitung der Zwangsversteigerung bedarf im vorliegenden Falle gem. § 41 DevG. der Genehmigung. Diese muß vor Erlaß des Anordnungsbeschlusses bereits erteilt sein. Ohne Genehmigung der Devisenstelle ist die Zwangsvollstreckung in das Grundstück unzulässig (wegen der weiteren Bedeutung des Mangels der Genehmigung und der nachträglichen Genehmigung s. Kapitel 14). Auch ein Beitrittsverfahren, das von einem Ausländer betrieben wird, bedarf der Genehmigung der Devisenstelle. Die erteilte Genehmigung der Devisenstelle deckt grundsätzlich, da sie sich nicht auf einen prozessualen Akt, sondern auf die herbeizuführende Leistung bezieht (s. Ri. III/4) den ganzen Ablauf des Verfahrens, also die Versteigerung, die Zuschlagserteilung, die Aufstellung des Verteilungsplanes und die Leistung an

---

[5]) Wegen der übrigen teilweise schwierigen Fragen, die sich in diesem Rahmen ergeben können, s. die teilweise überholten, teilweise aber noch bedeutsamen Ausführungen in JW. 1931, 3599; 1932, 325, 988.

[6]) Wegen der weiteren Verwertung der auf dem Verwaltungssonderkonto eingegangenen Beträge s. Kap. 18 insbesondere unter Ziffer A III a.

den ausländischen Gläubiger, letztere aber nur nach Inhalt der erteilten Genehmigung.

Bezüglich des Verteilungsverfahrens s. das oben unter A I b Ausgeführte, das hier ebenfalls Gültigkeit besitzt.

Die Liegenbelassung einer auf Grund der Versteigerungsbedingungen erloschenen Hypothek oder Grundschuld enthält eine Stundung, mithin eine Verfügung über eine Forderung. Ob diese Verfügung einer Genehmigung der Devisenstelle bedarf, wird vom Umfange der zur Durchführung des Verfahrens erteilten Genehmigung abhängen. Ist von der Devisenstelle die Genehmigung nur zur Zahlung auf ein gesperrtes Konto erteilt, so ist m. E. zu der Abmachung, daß die Forderung weiterhin gestundet sei und die erloschene Hypothek liegen bleiben soll, noch besondere Genehmigung einzuholen. Weiter wäre noch zu untersuchen, ob nicht die Liegenlassung, wenn auch das auf Grund der Versteigerungsbedingungen und des Zuschlages erloschene Recht nach den Bestimmungen des Zwangsversteigerungsrechtes nicht als erloschen behandelt wird, doch als genehmigungsbedürftige Hypothekenbestellung zu erachten ist. Bei der mangelnden Klärung dieser Frage wird man vorsorglich um Genehmigung nachsuchen.

II. Auch die Einleitung der Zwangsverwaltung bedarf der Genehmigung. III/8 der Ri. kann auch im Rahmen einer Zwangsverwaltung bei Zahlungen an den ausländischen Gläubiger von Bedeutung sein.

Die Einziehung von Mieten durch den Zwangsverwalter kann ohne Genehmigung erfolgen, da er nicht zugunsten des betreibenden ausländischen Gläubigers, sondern als selbständiges staatliches Organ[7]) handelt. Er kann daher auch ohne Genehmigung nach § 11 Abs. 1 DevG. Zahlungen an Inländer aus den Erträgnissen des Grundstückes leisten[8]).

III. Die Bestellung einer Zwangshypothek[9]) ist genehmigungspflichtig. Liegt eine Genehmigung nach § 41 DevG. vor, so ist mit Rücksicht auf Ri. III/4 Abs. 2 keine weitere Genehmigung nach § 14 Abs. 2 DevG. nötig.

Zu C:

Mit Rücksicht auf Ri. I/7 (Regelung des Geltungsbereiches der Devisenbestimmungen) wird auch in dem hier zu behandelnden Falle zur Einleitung und Durchführung des Zwangsversteigerungsverfahrens die Genehmigung der Devisenstelle nötig sein. Das oben unter A I b und B Ausgeführte hat daher sinngemäß Anwendung zu finden[10]).

---

[7]) S. oben A II.

[8]) Vgl. Hartenstein, Devisennotrecht Note 15 S. 322.

[9]) Im Gegensatz zur Zwangshypothek ist die Arresthypothek (wenn es sich nicht um Grundstücke nach § 18 Abs. 2 DevG. handelt) nicht genehmigungspflichtig (vgl. JW. 1936 S. 1464).

[10]) S. auch meine Ausführungen in JW. 1935, 661 ff. Das dort insgesondere unter A I Ausgeführte hat auch Gültigkeit bei Zwangsversteigerungsverfahren, die Ausländer gegen Ausländer betreiben und inländische Grundstücke zum Gegenstand haben.

D. Ergänzende Ausführungen zu A—C:

I. Wird wegen einer Forderung, gleichgültig, ob sie einem Inländer oder Ausländer zusteht, die Zwangsversteigerung in ein Anwesen, das der Verfügungsbeschränkung des § 18 Abs. 2 DevG. unterliegt, betrieben, so ist die Genehmigung der Devisenstelle immer nötig, auch wenn das Verfahren von einem Inländer gegen einen anderen Inländer betrieben wird. Das gleiche gilt für die Bestellung einer Zwangshypothek. Auch die Ausbringung und Durchführung eines Arrestes in ein solches Grundstück bedarf immer der Genehmigung (Ri. II/33 und oben die Fußnote 9 dieses Kapitels).

Die Anordnung der Zwangsverwaltung wird keiner Genehmigung bedürfen, es sei denn, daß der Fall B II oder C gegeben ist.

II. Hingewiesen sei auf die Bestimmung von Ri. III/7, wonach die von einem Ausländer nach §§ 67ff. ZVG. geleistete Bietungskaution an diesen ohne Genehmigung zurückgegeben werden kann.

III. Weiter sei auf den Fall der Schuldübernahme, die auch im Rahmen des Zwangsversteigerungsverfahrens (§ 53 ZVG. und §§ 414 bis 416 BGB.) erfolgen kann, hingewiesen. Die Schuldübernahme durch den ausländischen Ersteher und die Genehmigung hierzu seitens des inländischen Gläubigers erscheint genehmigungsfrei, und zwar auch, wenn sie gem. § 415 BGB. erfolgt[11]).

IV. Endlich noch der Fall der Zwangsversteigerung zum Zwecke der Auseinandersetzung einer bestehenden Erbengemeinschaft (nach §§ 180ff. ZVG.) bez. eines inländischen Grundstückes, wobei auch bzw. nur Ausländer beteiligt sind. Meist wird das Grundstück, das versteigert werden soll in der Verwaltung einer Person stehen, die devisenrechtlich Inländer ist (Testamentsvollstrecker, Treuhänder usw.). In diesem Falle handelt es sich bei den zum Nachlasse gehörigen Vermögensstücken um ein inländisches Sondervermögen und auch die Erbengemeinschaft ist, sofern sie noch nicht geteilt ist und der Erblasser Inländer war, ohne Rücksicht auf einzelne ausländische Erben als Inländerin zu betrachten[12]).

Nach dem Gesagten wird man folgendes zu unterscheiden haben: Betreibt nun ein Inländer das Verfahren zum Zwecke der Auseinandersetzung, so betreibt er das Verfahren, unabhängig davon, daß damit praktisch auch die Rechte der Ausländer mit geltend gemacht werden, gegen einen Inländer, nämlich die Erbengemeinschaft. Die Anordnung des Verfahrens wird keiner Genehmigung bedürfen. Fraglich dürfte es sein, ob eine Genehmigung nötig ist, soweit einer der ausländischen Miterben das Verfahren betreibt. Hier könnte man den Standpunkt vertreten, daß ein Ausländer eine nach § 41 DevG. ge-

---

[11]) Vgl. auch meine Ausführungen in DNotZ. 1936 S. 561 und 554 und oben in Kap. 17 unter Ziff. A II f.

[12]) Vgl. die Ausführungen von Hartenstein Note 28 zu § 6 DevG. S. 68f. a. a. O. und RE. 135/36 unter C I 2 c, abgedruckt in Teil III unter B II a 8.

nehmigungsbedürftige Leistung aus dem Nachlasse verlangt und daß die Anordnung daher der Genehmigung bedarf (analog dem oben unter Ziff. B behandelten Falle der Zwangsversteigerung eines Ausländers gegen einen Inländer). Aber faktisch wird auch hier noch nicht zu der Anordnung des Verfahrens, sondern erst anläßlich der Verteilung (der eigentlichen Auseinandersetzung) eine Genehmigung zu erteilen sein, da mit der Anordnung des Verfahrens auf Antrag des Ausländers nur dessen Antrag auf Ermöglichung der späteren Auseinandersetzung nachgekommen wird und mit der Versteigerung selbst die Auseinandersetzung noch nicht erfolgt, sondern erst die Voraussetzungen hierzu geschaffen werden. Immerhin erscheint die aufgeworfene Frage strittig, so daß es gut ist, wenn im gegebenen Falle die Devisenstelle vor der Anordnung befragt wird.

Kapitel 25.

Devisenrecht und Konkursrecht.

Auch auf das Konkursverfahren hat das Devisenrecht Einfluß. Dabei sind namentlich die Fragen zu untersuchen und zusammenzustellen, die vom Konkursverwalter und dem Konkursgericht, insbesondere auch bei Überwachung der Aufgaben des Konkursverwalters zu beachten sind.

Im einzelnen wird man folgende Fragengruppen unterscheiden müssen:

I. Inwieweit können genehmigungspflichtige Tatbestände im Rahmen des Konkursverfahrens sich einstellen?

Man muß hier unterscheiden, ob es sich um den Konkurs eines Ausländers bezüglich dessen inländischen Vermögens handelt oder um ein Konkursverfahren eines Inländers, bei welchem auch Ausländer Rechte geltend machen.

a) Das Konkursverfahren bezüglich des inländischen Vermögens eines Ausländers.

Dieser Fall wird namentlich dann sich einstellen, wenn Inländer auswandern, sei es auf dem gesetzlich geregelten Wege oder sei es, daß sie in das Ausland flüchten und ihr Vermögen oder Teile desselben im Inlande zurücklassen und über dieses das Konkursverfahren eröffnet wird.

Hier wird in aller Regel ein inländischer Rechtsanwalt oder eine sonstige geeignete (inländische) Persönlichkeit als Konkursverwalter bestellt werden, welcher nun das Verwaltungs- und Verfügungsrecht über das Vermögen des Gemeinschuldners erhält (vgl. § 6 KO.). Nach der Praxis der RStDB. kommt es für die In- bzw. Ausländereigenschaft bei Personen, welche kraft besonderen Amtes oder Auftrages handeln, auf die In- bzw. Ausländereigenschaft dieser Personen und nicht die In- bzw. Ausländereigenschaft der von ihnen betreuten oder verwalteten Personen und Vermögensmassen an[1]); daraus ergibt sich folgendes:

Insoweit der Konkursverwalter Zahlungen von Inländern für Rechnung der Konkursmasse empfängt oder insoweit er Zahlungen aus der Konkursmasse leistet, handelt es sich um Zahlungen an bzw. von Inländern. Eine Devisengenehmigung ist also, insbesondere bei Zahlungen an die Konkursmasse nicht nötig. Anders läge der Fall, wenn vom Konkursverwalter Leistungen direkt oder für unmittelbare persönliche Zwecke des ausländischen Gemeinschuldners geleistet werden. Hier ist jeweils um die Genehmigung der Devisenstelle nachzusuchen. Bezüglich der Massekosten nach § 58 Ziff. 3 KO. wird man unterscheiden müssen: Soweit Familienangehörige des Gemeinschuldners, die sich noch im Inland befinden, Unterstützung erhalten, ist keine Genehmigung nötig (da, wie in Kap. 19 unter Ziff. A I ausgeführt ist, die In- bzw. Ausländereigenschaft sich nicht nach dem Familienoberhaupt bestimmt, sondern in jeder Person getrennt zu prüfen ist). Unterstützungsleistungen, die etwa an den ausländischen Gemeinschuldner erbracht werden sollten, bedürfen selbstverständlich der Genehmigung (die wohl in den meisten Fällen nicht erteilt werden wird). Wegen etwaiger auch hier zu beachtender Fragen bei Verwertung der Konkursmasse siehe unter b 4.

b) Konkurse von Inländern (oder Ausländern)[2]), bei welchen Rechte von Ausländern geltend gemacht werden.

Hier sind im einzelnen folgende Fragen zu behandeln.

1. Die Anordnung des Konkursverfahrens auf Antrag eines ausländischen Gläubigers bedarf keiner Genehmigung. Denn mit der Anordnung des Verfahrens wird noch keinem Anspruch eines Ausländers stattgegeben.

2. Auch in der Anerkennung von Rechten eines ausländischen Gläubigers wird grundsätzlich keine genehmigungspflichtige Handlung zu erblicken sein. Erst soweit die Anerkennung gleichzeitig zur Befriedigung von irgendwelchen Rechten eines ausländischen Gläubigers führt und die an diesen auf Grund der Anerkennung erfolgende Leistung genehmigungspflichtig ist, ist eine Genehmigung zu erholen[3]).

3. Auch die Frage, ob der ausländische Gläubiger in einem Konkursverfahren des inländischen Schuldners bei einer genehmigungsbedürftigen Leistung zur Erteilung eines vollstreckbaren Auszuges aus der Konkurstabelle (vgl. §§ 145 Abs. 2 und 164 Abs. 2 KO.) der Genehmigung bedarf, wird zu verneinen sein[3a]). Gemäß Ri. III/6 bedarf

---

[1]) Vgl. Hartenstein Note 28 S. 68ff. zu § 6 DevG. und meine Ausf. in Kap. 3 unter Ziff. B I bezl. der In- bzw. Ausl.-Eigenschaft.

[2]) Maßgebend ist hier nicht die In- bzw. Ausländereigenschaft des Gemeinschuldners, sondern der Gläubiger desselben.

[3]) Vgl. insbesondere auch die Ausführungen unter 5aa—cc.

[3a]) So auch die RStDB.; s. hierzu Turowski in DevArch. Nr. 26, 1937, Sp. 765 ff.

es keiner Genehmigung zur Erteilung der Vollstreckungsklausel. Einer solchen steht ohne Zweifel der vollstreckbare Auszug aus der Konkurstabelle gleich, so daß er ebenfalls keiner Genehmigung bedarf.

4. Vorsicht wird der Konkursverwalter walten lassen zu haben bei der Verwertung der Konkursmasse. Er wird hier vor allem prüfen, ob zu dieser Gegenstände gehören, über die nur mit Genehmigung verfügt werden darf oder die nur mit Genehmigung erworben werden dürfen. Er wird hier zweckmäßig, namentlich wenn es sich um Wertpapiere, Forderungen in ausländischer Währung, Alt- oder Bruchgold usw. handelt, nur nach Anhörung bzw. Genehmigung der Devisenbehörden Entscheidungen treffen. Wegen der zu beachtenden Fragen, die sich aus den Anbietungsvorschriften ergeben s. unter II.

5. Was die Leistungen an den ausländischen Gläubiger betrifft, ist folgendes zu sagen:

Es gilt trotz den Devisenbestimmungen auch weiterhin der Grundsatz des § 5 Abs. 1 der KO., wonach ausländische Gläubiger den inländischen gleichstehen. Ausländer sind daher auch wie alle anderen Konkursgläubiger bei gegebenen Voraussetzungen bevorrechtigt i. S. der §§ 43 ff., 47 ff. KO. usw. Einschränkungen finden sich jedoch insoweit als die Leistungen nur unter Beachtung der Devisenbestimmungen, also, soweit gesetzlich vorgeschrieben, nur mit Genehmigung und nur nach Maßgabe einer etwa zu erteilenden Genehmigung (z. B. auf Sperrkonto usw.) erfolgen dürfen. Im einzelnen ist folgendes auszuführen:

aa) Bei der Aussonderung (z. B. ein ausländischer Gläubiger verlangt die ihm gehörigen, vom Gemeinschuldner verwahrten Gegenstände) wird im allgemeinen keine Genehmigung nötig sein. Auch soweit es sich um Gegenstände handelt, über die nur mit Genehmigung verfügt werden darf, wird bei nachgewiesenem Aussonderungsrecht keine Genehmigung nötig sein, da ja der ausländische Berechtigte nur ihm gehörige Gegenstände verlangt und in der Herausgabe keine Verfügung zu erblicken ist. Anders liegt der Fall, wenn es sich um Werte nach § 13 DevG. handelt und diese an den ausländischen Berechtigten gesandt oder verbracht werden sollen. Hier ist immer eine Genehmigung zu erholen.

bb) Soweit Absonderungsrechte geltend gemacht werden (insbesondere im Falle von § 47 KO.) wird die Genehmigung jeweils nach Lage des Falles zu erholen sein. Soweit gesonderte Befriedigung aus einem Grundstück verlangt wird, werden die in Kap. 24 aufgestellten Grundsätze zu beachten sein.

cc) Besondere Vorsicht wird der Konkursverwalter walten lassen bei Aufrechnungen (§§ 53 ff. KO.), wenn sie durch einen Ausländer erfolgen. Hier wird die Genehmigung zu der in der Aufrechnung liegenden Verfügung über Forderungen (sei es in Reichsmark oder in ausländischer Währung) nach den in Kap. 5 geschilderten Grundsätzen zu erholen sein.

II. Die Anbietungsvorschriften.

Gemäß § 6 KO. erlangt der Konkursverwalter die Verwaltungsbefugnis und das Verfügungsrecht über das Vermögen des Gemeinschuldners. Der Konkursverwalter hat nun gemäß § 35 DevG. i. V. mit §§ 1 ff. der DurchfVO. dafür Sorge zu tragen, daß den Anbietungsvorschriften genau nachgekommen wird. An sich wird mit der Eröffnung des Konkurses und dem Übergang der Verwaltungs- und Vertretungsbefugnis auf den Konkursverwalter noch kein Vermögensübergang in der Weise stattfinden, daß die etwa vorhandene Altbesitzeigenschaft von Werten [4]) verloren gehen würde [5]). Da aber der Konkursverwalter für die Versilberung der vorhandenen Werte Sorge zu tragen hat, wird selbstverständlich durch die Veräußerung dieser Werte die Altbesitzeigenschaft verloren gehen und der Konkursverwalter wird, da es sich um Werte handelt, die auch Erwerbs- und Verfügungsbeschränkungen unterworfen sind, diese an die Reichsbank bzw. eine Devisenbank veräußern.

Anmerkung:

1. Ähnliche Grundsätze, wie oben für das Konkursverfahren entwickelt wurden, werden auch bei dem Vergleichsverfahren zur Abwendung des Konkurses Platz greifen. Auch hier wird die Vertrauensperson, die nach § 40 VerglO. zu bestellen ist und die für die Überwachung der Geschäftsführung des Schuldners Sorge zu tragen hat, darüber wachen müssen, daß die Devisenvorschriften genau eingehalten werden.

2. Soweit es sich um Anfechtungen eines ausländischen Gläubigers auf Grund des Gesetzes betr. die Anfechtung von Rechtshandlungen eines Schuldners außerhalb des Konkursverfahrens handelt, ist zur Geltendmachung der Anfechtung (vgl. §§ 9 f.) keine Genehmigung nötig, da die Anfechtung zunächst nur die Zurückgewährung von dem auf Grund der angefochtenen Rechtshandlung Geleisteten an den Schuldner des ausländischen Gläubigers und nicht an diesen selbst bezweckt.

Kapitel 26.

Devisenstrafrecht. Allgemeiner Teil [1]).

I. Allgemeines über das Devisenstrafrecht und die Devisenvergehen.

Das Devisenrecht ist ein Notrecht. Es ist bedingt durch die angespannte Devisenlage und durch damit Hand in Hand gehende Schwierig-

[4]) Vgl. die Ausführungen in Kap. 9 unter Ziff. II.

[5]) Der Konkursverwalter ist daher nicht verpflichtet, Altbesitzwerte sofort nach Übernahme der Verwaltung an die Reichsbank bzw. eine Devisenbank anzumelden. Er kann vielmehr einen im Rahmen des Konkursverfahrens geeigneten Zeitpunkt wählen.

[1]) Vgl. Hartenstein 5. Abschnitt S. 323 ff.; Flad-Bergholb A S. 79 ff. Bemerkungen zum 5. Abschnitt; Thiele, „Bedingter Vorsatz, Strafrechtsirrtum und

keiten im Wirtschaftsleben. Um den Zweck des Devisenrechts möglichst zu fördern und die Beachtung der Vorschriften sicherzustellen, besteht ein gut ausgebautes Gefüge von Devisenstrafbestimmungen, die je nach Art der Verstöße entsprechend hohe Strafen vorsehen[2]). Das Devisenstrafrecht gehört nicht dem Steuerstrafrecht an[3]), wenn auch einige Bestimmungen der RAO. (vgl. §§ 45 Abs. 4, 46, 52 Abs. 2 und § 53 Abs. 2 DevG.) entsprechende Anwendung finden. Das Devisenstrafrecht gehört seiner Natur nach vielmehr zu den Nebengesetzen des Strafrechtes, so daß auf das Devisenstrafrecht, wie auf alle Nebengesetze des Strafrechts dessen allgemeine Grundsätze (vgl. §§ 1—79 StGB.) Anwendung finden[4]). Auch die Vorschriften des allgemeinen Strafprozesses finden auf das Devisenstrafrecht Anwendung.

Nach dem Gesagten wird man unter Berücksichtigung des § 48 DevG. unter Devisenzuwiderhandlungen Vergehen[5]) im Sinne von § 1 StGB. zu verstehen haben.

Rechtszweifel im Devisenstrafrecht", Abhandlung in JW. 1937 S. 713ff.; Thiele, „Die Bedeutung der Freigrenze im Devisenstrafrecht", Abhandlung in JW. 1934 S. 2817ff.; Peschke, „Der Strafrechtsirrtum im Steueranpassungsgesetz (StAnpG.)" Abhandlung in JW. 1934 S. 3037ff.; Baer, „Der Strafrechtsirrtum im Devisenstrafrecht", Abhandlung in JW. 1934 S. 3094ff.; Hartenstein, „Gerechtigkeit und Rechtssicherheit", Abhandlung im DevArch. Nr. 5, 1936, Sp. 156ff.; Bergholð, „Die Sechste Durchführungsverordnung zum Devisengesetz", Abhandlung im DevArch., 1936 Sp. 1228ff.; Bergholð, „Das Gesetz zur Änderung des Gesetzes über die Devisenbewirtschaftung", Abhandlung im DevArch. 1936 Sp. 1380ff.; s. ferner die verschiedenen für das Devisenstrafrecht bedeutsamen Runderlasse, abgedr. in Teil III unter Ziff. B IV, s. ferner die in Fußnote 1 des Kap. 27 angeführte Literatur.

[2]) Bei der Strafzumessung hat der Richter einmal eine Handhabe im Devisengesetz selbst, indem dies die wesentlichen Verstöße im § 42 DevG. (sowie in einigen ergänzenden, auf § 42 DevG. bezugnehmenden Bestimmungen) und die weniger einschneidenden Vergehen im § 43 DevG. (und in einigen auf diese Bestimmung Bezug nehmenden ergänzenden Vorschriften) erfaßt. Weitgehende Freiheit für das richterliche Ermessen bei der Strafzuteilung hat das Gesetz gegeben, indem es die Möglichkeit beläßt, von der schwersten bis zur leichtesten im Strafgesetzbuch vorgesehenen Strafe zu erkennen (darüber s. unter II dieses Kap.). Dort ist auch Näheres über die bei der Würdigung der Schwere der Tat vom Richter zu beachtenden Gesichtspunkte ausgeführt.

[3]) Vgl. RG. in JW. 1934 S. 233 und in JW. 1936 S. 461.

[4]) S. auch in JW. 1935 S. 359.

[5]) Diese allgemein herrschende Auffassung (vgl. Hartenstein Note 21 S. 339 a. a. O.; Flad-Bergholð A S. 79, RG. in JW. 1936 S. 463 und in JW. 1935 S. 1939 die keinen Unterschied macht, ob es sich um einen besonders schweren Fall im Sinne des § 42 Abs. 1 DevG. handelt, wird heute meines Erachtens gewissen Bedenken begegnen müssen und zum mindesten teilweise Einschränkungen finden:

Nach der jetzt herrschenden Rechtsauffassung dürfen nicht formale Erwägungen maßgebend sein, ob eine offensichtlich schwere Zuwiderhandlung gegen Verbotsnormen als Vergehen oder Verbrechen zu erachten ist, vielmehr wird die tatsächliche Natur der Zuwiderhandlung für deren Beurteilung maßgebend sein müssen. Wenn jemand in der heutigen Zeit aus womöglich schlechten Motiven eine Handlung, die der deutschen Wirtschaft schädlich ist, begeht, wenn es sich also um einen besonders schweren Fall handelt, so wird niemand sagen können, daß es sich um ein Vergehen handelt. Soweit durch die Zuwiderhandlung der Tatbestand des Gesetzes gegen Wirtschaftssabotage erfüllt ist, (vgl. den Abdruck dieses Gesetzes in Teil III unter Ziff. A 21), ist ohnehin auch gem. § 1 Abs. 1 des StGB. ein Verbrechen gegeben.

Für den Richter wird es bei der Strafzumessung von besonderer Bedeutung sein,

Wegen des Geltungsbereiches des Devisenstrafrechtes wurde bereits oben in Kap. 1 unter Ziff. IVb das Wichtigste ausgeführt [6]) [7]).

II. Arten der Devisenstrafen und sonstigen Nebenfolgen.

Bei den Nachteilen, die das Devisengesetz und die Durchführungsverordnung für Verstöße gegen die Devisenbestimmungen androhen, muß man grundsätzlich zwischen den kriminellen Strafen und den sonstigen im ordentlichen Strafverfahren verhängten Nebenfolgen

---

wann er es mit einem besonders schweren Fall zu tun hat und wann nicht. Anhaltspunkte geben hier die verschiedenen Entscheidungen, von welchen vor allem die des RG. in JW. 1937, S. 54, RG. in JW. 1936 S. 47, RG. in JW. 1936 S. 463 und RG. in JW. 1935 S. 1939 und RG. in JW. 1933 S. 1131 angeführt werden sollen, aus welchen allgemein auch Gesichtspunkte für die Würdigung der Schwere einer Tat gefunden werden können:

Turowski führt zur Entscheidung des RG. in JW. 1936 S. 47 und 1935 S. 1939 auf S. 47ff. a. a. O. aus: „Nachdem der 1. Sen. in JW. 1935 S. 1939 den Grundsatz aufgestellt hat, daß ein besonders schwerer Fall nur in einem Hergang gefunden werden darf, der sich einigermaßen deutlich von dem gewöhnlichen Bilde einer strafbaren Handlung der in Betracht kommenden Art in einer den Täter belastenden Weise unterscheidet, stellt das neue Urteil (also RG. in JW. 1936 S. 47ff.) fest, daß für die Beurteilung, ob ein besonders schwerer Fall vorliegt oder nicht, nur diejenigen Merkmale in Betracht kommen, die den strafbaren Tatbestand bilden. Dagegen geht es nicht an, diese Beurteilung auf Merkmale zu stützen, die den Tatbestand einer anderen strafbaren Handlung ergeben." Hartenstein bemerkt in JW. 1933 S. 1131, daß das Gericht das Bewußtsein des Täters von den besonderen Umständen, in denen die Voraussetzungen für die Strafschärfung gefunden werden, nicht feststellen muß, da die Voraussetzungen für die Bestrafung wegen eines besonders schweren Falles nicht ein selbständiges Tatbestandsmerkmal sind, sondern es sich hier bloß um einen Strafzumessungsgrund handelt. Das RG. in JW. 1936 S. 463 endlich stellt folgendes fest: Ein besonders schwerer Fall einer Devisenzuwiderhandlung kann mit der Höhe des verschobenen Geldbetrages sowie dem Vorliegen von Gewinnsucht begründet werden. Der durch die Verschiebung von Reichsmark in das Ausland eingetretene devisenwirtschaftliche Schaden wird nicht dadurch behoben, daß dafür auf inländische Währung lautende Wertpapiere angeschafft und in das Inland eingebracht werden.

Die Unterscheidung, ob eine Devisenzuwiderhandlung als Vergehen oder als Verbrechen anzusehen ist, kann, abgesehen von der Bedeutung für das Strafmaß, auch im Hinblick auf §§ 112 StPO. (Verhaftung des Täters), 233 StPO. (Verpflichtung zum Erscheinen in der Hauptverhandlung), § 67 StGB. (Verjährung) und § 49a StGB. von Bedeutung sein.

[6]) Trotzdem sei hier wegen der gerade auf dem Gebiete des Devisenstrafrechtes mit besonderer Sorgfalt zu prüfenden Fragen der zeitlichen Geltung von Devisenstrafbestimmungen noch folgendes ausgeführt:

Das Devisenstrafrecht hat sich aus einer großen Reihe von durch die zunehmende Verschärfung der Devisenlage des Reiches bedingten, im Laufe der Devisenbewirtschaftung erlassenen Einzelbestimmungen entwickelt. Auch heute noch werden nun Devisenzuwiderhandlungen festgestellt, die sc hon vor Jahren begangen sind. Soweit es sich nun um kleinere Verstöße handelt, werden diese voraussichtlich wegen der verschiedenen erlassenen Straffreiheitsgesetze keine Ahndung mehr finden. Soweit es sich jedoch um schwerere Vergehen handelt und nicht eine der verschiedenen Amnestievorschriften Platz greift (vgl. dieses Kap. unter Ziff. V c 3), wird der Richter prüfen müssen, ob die begangenen Handlungen, die heute unter Strafe gestellt sind, damals schon überhaupt einer Genehmigung bedurften und damals bereits unter Strafe standen. Darüber hinaus wird der Richter vor allem auch darauf achten müssen, ob die Handlung seinerzeit nicht wegen der damals weitergehenden Freigrenzebestimmungen gegenüber jetzt (vgl. auch die Ausführungen unter Kapiel 10 B I) erlaubt war. Anhaltspunkte für diese

einerseits und der Ordnungsstrafe, die das Reichswirtschaftsgericht gemäß § 47 DevG. bei Verstößen gegen die Devisenvorschriften verhängen kann, die zwar auch eine Strafe aber keine kriminelle Strafe ist[8]), anderseits unterscheiden.

a) Die kriminellen Strafen (einschließlich der verhängten Nebenfolgen).

Hier hat man zu unterscheiden zwischen

1. den Hauptstrafen bzw. Ersatzstrafen,
2. den Nebenstrafen,
3. den verhängten Nebenfolgen, die zwar Nachteile bringen, aber keine eigentlichen Strafen sind.

1. Als Hauptstrafen sehen die Devisenvorschriften die Zuchthausstrafe, die Gefängnis- und die Geldstrafe vor[9]) (vgl. §§ 42 und 43 DevG.).

Die Zuchthausstrafe hat ihre zeitliche Grenze in der Höhe von 10 Jahren (vgl. § 42 DevG. Abs. 1), die Gefängnisstrafe hat ihre Grenze in § 16 bzw. § 74 Abs. 3 StGB. und die Geldstrafe ist begrenzt, je nachdem es sich um eine Strafe nach § 42 Abs. 3 oder 43 DevG. handelt. Im ersteren Falle ist die Strafe nach den Grundsätzen des § 42 Abs. 1 DevG. (also in Höhe des zehnfachen Wertes der Zahlungsmittel und sonstigen Werte, auf die sich die strafbare Handlung bezieht), im letzteren Falle nach den Grundsätzen der §§ 27 und 27a StGB. festzusetzen; sie hat also im Falle des § 27 StGB. eine Mindestgrenze von RM. 3.— und eine Höchstgrenze von RM. 10000 und kann bei den Voraussetzungen des § 27a StGB., also bei einem auf Gewinnsucht beruhenden Devisenvergehen RM. 100000 erreichen.

Da das Devisenstrafrecht den gleichen Grundsätzen wie das allgemeine Strafrecht unterliegt, kann auch § 27b StGB. Anwendung finden, wonach unter den dort näher festgelegten Voraussetzungen die Ersatzgeldstrafe eintreten kann.

Prüfung des Richters geben die bei den im Teil III abgedruckten Gesetzesvorschriften angegebenen Entwicklungsbestimmungen und die in Teil III unter Ziff. C abgedruckte Tabelle über die sämtlichen bisher geltenden und durch spätere Neufassung der Devisenvorschriften ersetzten (aber materiell nicht aufgehobenen) Gesetze und Verordnungen. Daneben ist noch darauf zu achten, ob nicht die zur Zeit der Begehung der Tat geltenden Richtlinienbestimmungen Ausnahmen vom Genehmigungszwange vorsehen, so daß, da diese Richtlinienbestimmungen Gesetzeskraft haben (beachte die Ausführungen in Kap. 1 unter Ziff. IVa) keine unerlaubte Handlung gegeben war. In schwierigen Fällen empfiehlt es sich noch auf alle Fälle, daß das Gericht sich durch einen Sachverständigen der Devisenstelle über den zur Zeit der Begehung der Tat maßgebenden Stand der Devisengesetzgebung unterrichten läßt.

[7]) Wegen des zeitlichen Geltungsbereiches der Vorschrift des § 44 Abs. 2 DevG. und dessen Entwicklung sei hier noch auf die Bemerkungen unter Fußnote 24 dieses Kapitels verwiesen. Wegen des zeitlichen Geltungsbereiches der das Unterwerfungsverfahren regelnden Vorschriften verweise ich auf die Ausführungen in Kap. 28 unter Fußnote 11.

[8]) Vgl. RWiG. in JW. 1934 S. 3087.

[9]) Wegen der Verstöße gegen das Wirtschaftssabotagegesetz, das die Todesstrafe vorsieht, siehe auch die Bemerkungen in Fußnote 5 dieses Kapitels.

2. Die Nebenstrafen.

Hier kommt zunächst die in § 42 Abs. 1 DevG. erwähnte Geldstrafe mit dem dort festgesetzten möglichen Höchstmaß in Frage.

Ferner sind zu erwähnen die Aberkennung der bürgerlichen Ehrenrechte, die gemäß § 32 StGB. neben der Zuchthausstrafe erfolgen kann, die Einziehung bzw. Ersatzeinziehung gemäß § 45[10]) DevG. und die Reichsverweisung auf Grund des § 2 Nr. 5 des Gesetzes über die Reichsverweisungen vom 23. März 1934 (RGBl. I/213)[11]).

3. Keine Strafe sondern eine Nebenfolge des Strafverfahrens ist die gerichtliche Entscheidung bzw. Anordnung nach § 46 DevG., wonach die Haftung des Vertretenen für die von Vertretern, Verwaltern oder Bevollmächtigten begangenen Devisenzuwiderhandlungen ausgesprochen und zur Sicherung einer Geldstrafe oder einer Einziehung das Vermögen des Vertretenen ganz oder teilweise beschlagnahmt werden kann.

b) Die Ordnungsstrafe[12]).

Sie ist, wie oben bereits bemerkt, keine kriminelle Strafe, aber doch ein Übel, das in der Verhängung von einer Geldstrafe besteht, die durch das Reichswirtschaftsgericht ausgesprochen wird und die wegen ihrer von der kriminellen Strafe verschiedenen Natur im Falle der Uneinbringlichkeit nicht in eine Freiheitsstrafe umgewandelt werden kann[13]).

Zu **a** und **b**: Wegen der Art der im gesetzlichen Rahmen zulässigen Strafe und deren Höhe wurde bereits einiges oben in Fußnote 5 (Prüfung der Frage, ob ein besonders schwerer Fall vorliegt) ausgeführt.

Daneben wird der Richter noch die Punkte zu beachten haben, auf die bei der Behandlung der Schuldfrage im Devisenrecht noch näher eingegangen wird[14]).

Auch die verschiedenen Runderlasse, die im Teil III unter Ziff. B IV

---

[10]) Die Einziehung bzw. Ersatzeinziehung sind Nebenstrafen und keine Nebenfolgen des Devisenstrafrechts (vgl. RG. in JW. 1936 S. 461). Das RG. begründet seine Ansicht dort damit, daß die Einziehung gem. § 45 Abs. 1 S. 1 unterbleibt, wenn der Betroffene nachweist, daß er von der Straftat keine Kenntnis hatte und haben konnte und er auch keinen Vorteil gehabt hat, woraus zu schließen ist, daß die Einziehung nach dem DevG. nicht als rein polizeiliche Sicherheitsmaßnahme, sondern als Nebenstrafe anzusehen und zu behandeln ist. So auch Hartenstein in Note 25 S. 341 a. a. O. A. A. das KG. in JW. 1934 S. 1373, wo entschieden ist, daß die Einziehung nach dem DevG. eine Nebenfolge ist. Vgl. auch die Entscheidung des RG. in JW. 1935 S. 535, wo die vorstehende Frage nicht entschieden wurde. S. auch noch die Ausführungen in Kap. 28 unter Ziff. A 4, wegen der aus der Ein-, bzw. Ersatzeinziehung sich ergebenden verfahrensrechtlichen Fragen.

[11]) Reichsverweisungen dürfen im Urteil nicht mehr ausgesprochen werden (vgl. OLG. Stuttgart in JW. 1936 S. 403), da die Verwaltungsbehörde nach eigenem Ermessen bestimmt, ob von dem Rechte Gebrauch gemacht werden soll oder nicht.

[12]) Wegen des Ordnungsstrafverfahrens s. in Kap. 28 unter Ziff. B und die dort angeführte Literatur.

[13]) Vgl. Hartenstein Note 1 zu § 47 DevG. S. 381 a. a. O.

[14]) Vgl. unter Ziff. Va dieses Kapitels.

angeführt sind, insbesondere der RE. 136/34, geben wertvolle Fingerzeige für die auszusprechende Strafe.

III. Der Versuch im Devisenrecht.

Im Hinblick auf das unter I. Ausgeführte finden bei der Prüfung, ob der Versuch einer Devisenzuwiderhandlung vorliegt, die allgemeinen Grundsätze des StGB. über den Versuch (§§ 43—46 StGB.) Anwendung. Feste Normen, wann die Handlung vom Stadium der Vorbereitung in das Gebiet des Versuchs eintritt, lassen sich hier ebensowenig wie im allgemeinen Strafrecht aufstellen. Das Reichsgericht schränkt das Vorbereitungsstadium gegenüber dem Versuchsstadium weitgehendst ein[15]). Die Frage wird auch je nach Art der Straftatbestände und unter Berücksichtigung des Zweckes der verletzten Norm verschieden zu beantworten sein. Besonders umstritten ist die Frage, ob die Handlung des § 13 DevG. (Versendung und Verbringung von bestimmten Werten ins Ausland) überhaupt versucht werden kann. Stellt man sich auf den Standpunkt, daß es sich um ein Unternehmungsdelikt[16]) handelt, so ist ein Versuch überhaupt nicht möglich, da der Anfang der Ausführung dem vollendeten Tatbestand gleichsteht. Aber auch wenn man die Tat des Versendens und Verbringens erst, wenn die Werte über die Grenze gelangt sind, als vollendet ansieht, treten Schwierigkeiten bei der Prüfung der Frage auf, wann der Versuch dieser Handlungen beginnt. Hartenstein führt S. 329 a. a. O. unter Note 14 eine nicht veröffentlichte Entscheidung des Reichsgerichts, 5. StrSen. vom 4. März 1935 an, nach welcher ein Versuch des Versendens von Zahlungsmitteln ins Ausland bereits darin erblickt wird, daß der Täter Geldbeträge auf das inländische Postscheckkonto eines Strohmannes überwiesen hat, von dem aus das Geld abgehoben und über die Grenze gebracht werden sollte. Nach einer in HRR. 1935 Nr. 163 abgedruckten Entscheidung des 2. StrSen. vom 2. Juli 1934 stellt der Antritt einer Reise in der Absicht, mitgeführte Zahlungsmittel ins Ausland zu verbringen, bereits den Anfang einer Ausführung des Tatbestandes des § 13 DevG. dar.

Wie alle Vorschriften des allgemeinen Teiles des StGB., so findet auch § 46 (Rücktritt vom Versuch) Anwendung. Soweit also die Devisenzuwiderhandlung noch nicht vollendet ist, besteht die Möglichkeit, durch eigene Tätigkeit den Eintritt des zur Vollendung des Devisenvergehens gehörigen Erfolges zu einer Zeit, zu der die Handlung noch nicht entdeckt war, freiwillig abzuwenden. Z. B. kann jemand (wenn man der vom Reichsgericht vertretenen Ansicht, daß die Handlung des § 13 DevG. kein Unternehmungsdelikt ist, beitritt) sich dadurch Straffreiheit sichern, daß er durch telegraphische Weisung ins Ausland bereits versandte genehmigungspflichtige Werte an der Grenze zurückhalten läßt.

[15]) Vgl. Hartenstein Note 14 S. 329 a. a. O.

[16]) v. Edlinger in JW. 1935/356; Hartenstein in JW. 1932/1406 und in Note 14 S. 360 a. a. O. und RG. in JW. 1934/101 entgegen Turowsky in JW. 1935/862 und 1936/47 f. und Reichsgericht in JW. 1935/356, 862, 1936/47.

Die Möglichkeit der tätigen Reue nach vollendeter Zuwiderhandlung, wie sie im StGB. teilweise (§§ 158 und 310) und in der RAO. in § 410 vorgesehen ist, besteht im Devisenstrafrecht nicht. Lediglich im Volksverratsgesetz und in dem Gesetze über die Gewährung von Straffreiheit bei Devisenzuwiderhandlungen[17]) vom 15. Dez. 1936 ist die Möglichkeit geschaffen, innerhalb einer bestimmten Frist durch eine Art von tätiger Reue (Anbietung von Werten) sich Straffreiheit zu erwirken.

IV. Die Teilnahme im Devisenstrafrecht.

Wie im allgemeinen Strafrecht können auch auf dem Gebiete des Devisenstrafrechts die Teilnahmeformen der Mittäterschaft, Beihilfe und Anstiftung vorkommen. Ebenso besteht auch hier die Möglichkeit, sich eines Werkzeuges zu bedienen und ein Devisenvergehen als mittelbarer Täter zu begehen. Die im allgemeinen Strafrecht sich auf dem Gebiete der Teilnahme einstellenden, oft recht schwierigen Probleme sind auch im Devisenstrafrecht zu finden und nur unter Berücksichtigung der Natur der einzelnen verletzten Devisennormen zu lösen. Zur Beantwortung der in der Praxis auftretenden Fragen gibt die vorhandene Rechtsprechung und Literatur oft wertvolle Winke. Angeführt sei folgendes: Eine Mittäterschaft ist bei dem sog. delictum proprium nur Personen möglich, die die gleiche Eigenschaft haben; danach können Handlungen, wie z. B. gemäß § 26 Abs. 3 DevG. (diese können nur von Wertpapierhändlern begangen werden) nur dann in Mittäterschaft ausgeführt werden, wenn die im Gesetze als wesentlicher Tatbestand festgelegten persönlichen Eigenschaften bei allen Mittätern vorhanden sind[18]). Sog. eigenhändige Vergehen können nicht in mittelbarer Täterschaft begangen werden; daher ist das Überbringen von Geld ins Ausland nicht in mittelbarer Täterschaft möglich[19]). Weitere Beiträge zu den Fragen der mittelbaren Täterschaft liefern das Reichsgericht in JW. 1935 S. 2957 und die diesbezüglichen Ausführungen von Hartenstein am gleichen Ort bezüglich der rechtlichen Würdigung von Abhebungen auf Registermarkschecks[20]). Abschließend sei noch die Entscheidung des Reichsgerichts, 3. Sen. in JW. 1937/628 nebst Anmerkung von Hartenstein erwähnt, welche ebenfalls Beiträge zu den hier zu behandelten Fragen bringt. Besondere Fragen stellen sich ein, wenn Handlungen vorliegen, bei welchen notwendig zwei Personen beteiligt sind. Hier muß man vor allem prüfen, ob nur die Handlung der einen Person oder die von beiden genehmigungspflichtig ist. Z. B. beim Erwerb von ausländischen Zahlungsmitteln gegen inländische Zahlungsmittel durch B kann auch eine genehmigungspflichtige Ver-

[17]) Vgl. auch die Ausführungen in diesem Kapitel unter Ziffer V c 3.

[18]) Vgl. Hartenstein Note 11 S. 328 a. a. O.

[19]) Vgl. KG. 1. Sen. vom 21. Mai 1935, abgedruckt in JW. 1935 S. 2075.

[20]) S. ergänzend noch Reichsgericht in JW. 1936/991 f. nebst Anmerkung von Hartenstein und die Ausführungen in Kap. 27 unter Fußnote 29 bezüglich der Strafbarkeit unerlaubter Verwendung von Registermark.

fügung seitens des A vorliegen. Möglich sind auch solche Fälle, wo nur die Handlung des einen genehmigungspflichtig ist, der andere an sich die Handlung ohne Genehmigung vornehmen kann (z. B. Erwerb von ausländischen Zahlungsmitteln auf anderem Wege als gegen inländische Zahlungsmittel), sich aber insofern strafbar macht, als er zur Begehung der strafbaren Handlung des anderen Beihilfe bietet. Vor allem ist auch hier vom Richter immer zu beachten, daß die Genehmigung des einen zum Erwerb nie die Genehmigung eines anderen zur Verfügung ersetzt (soweit dies in der Genehmigung nicht ausdrücklich ausgesprochen ist) und umgekehrt und daß bei Nichtbeachtung dieses Grundsatzes leicht Beihilfehandlungen vorliegen[21]).

Hier sei noch auf die besondere Gruppe von Teilnahmeformen, die im DevG. selbst geregelt sind, nämlich die Tatbestände des Aufforderns, Anreizens oder sich Erbietens[22]) hingewiesen (§ 42 Abs. 4 DevG.). Hier ist zum Unterschiede von der Strafbarkeit der sonstigen Teilnahmeformen, ebensowenig wie im Falle des § 49a StGB. Voraussetzung, daß die Tat, wozu aufgefordert wurde usw. wirklich begangen wurde. Ist dies der Fall, so erfolgt Bestrafung nicht nach § 42 Abs. 4 DevG., sondern nach den allgemeinen strafrechtlichen Grundsätzen wegen Mittäterschaft, Anstiftung oder Beihilfe. Anders liegt der Fall bei Zuwiderhandlungen nach § 42 Abs. 1 Nr. 2 DevG. (Vermittlung der dort bezeichneten verbotenen Geschäfte). Hier tritt, wenn in der Vermittlung eine Teilnahmeform zu erblicken ist, die Bestrafung wegen der Anstiftung oder Beihilfe hinter die selbständige Strafdrohung für die Vermittlung zurück (vgl. Hartenstein S. 354 a. a. O.). Wegen der möglichen Teilnahmeformen von Aufsichtspersonen, Vorständen von juristischen Personen, Vertretern usw. siehe auch die Ausführungen unter V. dieses Kapitels (Fußnote 26).

V. Die Voraussetzungen der Strafbarkeit von Devisenzuwiderhandlungen.

Hier sind die allgemein im Strafrecht einschlägigen Vorschriften (§§ 51—72 StGB. insbesondere) sowie sonstige, für das Devisenrecht geltende Vorschriften zu beachten:

Eine Devisenzuwiderhandlung kann nur dann Strafe nach sich ziehen, wenn der äußere und innere Tatbestand erfüllt ist. Hier ist also insbesondere zu prüfen, wann im Devisenrecht die Schuldfrage zu bejahen ist und wann Rechtfertigungsgründe vorliegen. Daneben ist zu untersuchen, ob nicht sonstige, die Straffreiheit sichernde Gründe, wie z. B. die Verjährung, Amnestievorschriften usw. eingreifen.

a) Auch im Devisenrecht sind die beiden Schuldformen Vorsatz und Fahrlässigkeit zu unterscheiden. Welche dieser beiden Schuldformen vorliegt, ist nach allgemeinen Grundsätzen des Strafrechts zu

[21]) Vgl. auch die diesbezüglichen Ausführungen in Kap. 4 Ziffer C zu I und II und Note 12 bei Hartenstein S. 329 a. a. O.

[22]) Vgl. JW. 1936/1163; DevArch. Nr. 12/1936 Sp. 419.

beurteilen. Für die Prüfung, wann ein vorsätzliches Devisenvergehen vorliegt, gibt vor allem die Entscheidung des RG. 3. Sen. vom 19. März 1936[23]) Anhaltspunkte, in welcher entschieden ist, daß zum Tatbestand des Devisenvergehens nicht gehört, daß der Täter von den Vorschriften, gegen die er verstößt, bestimmte Kenntnis hat. Es genügt, daß der Täter sich bewußt ist, daß seine Handlung möglicherweise gegen irgendwelche, wenn auch im einzelnen nicht klar vorgestellte Bestimmungen der Devisengesetze verstößt. Es genügt also eine allgemeine (bedingte) Kenntnis der Bestimmungswidrigkeit und der dazu gehörige Wille zu handeln.

Hinzuweisen ist, daß verschiedene Vergehen ihrer Natur nach nur vorsätzlich begangen werden können, wie die Erschleichung von Devisengenehmigungen und Devisenbescheinigungen nach § 42 Abs. 1 Ziff. 7 und § 43 Abs. 2 DevG. und die Handlungen des § 42 letzter Absatz (Auffordern, Anreizen und das sich Erbieten zu Devisenzuwiderhandlungen).

Bei der Prüfung, wann ein fahrlässiges Vergehen begangen ist, können eine Reihe von Umständen zu beachten sein; insbesondere wird häufig in den Fällen des § 44 Abs. 2 DevG. (also in den Fällen, in welchen der Irrtum über das Bestehen oder die Anwendbarkeit devisenrechtlicher Vorschriften auf Verschulden beruht) ein fahrlässiges Devisenvergehen vorliegen[24]). Daneben werden die verschiedenen in der Rechtsprechung bei der Feststellung von fahrlässigen Devisenvergehen aufgestellten Gesichtspunkte zu beachten sein[25]).

---

[23]) S. JW. 1936/1445 = DevArch. Nr. 12/36 Sp. 417ff. nebst Anmerkung von Hartenstein, der dort über die Abgrenzung von Vorsatz und Fahrlässigkeit Ausführungen macht.

[24]) Die einzelnen Fragen über die Entstehung und Bedeutung der Vorschrift des § 44 DevG. sind in einer Reihe von Abhandlungen erörtert. S. darüber Fußnote 1 dieses Kapitels. Hier sei noch auf die Entscheidung des RG. 6. Sen. vom 30. Okt. 1935, abgedruckt in JW. 1936 S. 1538 hingewiesen, wonach die in § 59 StGB. enthaltenen Bestimmungen, die den außerstrafrechtlichen Irrtum betreffen, durch § 44 DevG. nur erweitert werden, ferner auf die in JW. 1936 S. 2883 abgedruckte Entscheidung des RG. vom 29. Juli 1936 verwiesen, wonach § 44 DevG. bzw. dessen Vorgänger § 36a DevVo. von 1932 in der Fassung des § 27 des Steueranpassungsgesetzes vom 16. Okt. 1934, RGBl. I S. 925ff. rückwirkende Kraft hat, da er nur eine früher zu strenge Rechtslage milderte.

Wann ein fahrlässiger Irrtum vorliegt, ist auch unter Berücksichtigung der Ausführungen des in Teil III unter Ziff. B IV a 7 abgedruckten RE. 136/34 leichter zu beantworten.

[25]) Vgl. die in DevArch. Nr. 14, 1936, Sp. 478f. abgedruckte Entscheidung betreffend Flüchtigkeitsverfahren bei Beantwortung von Fragen in Antragsvordrucken, die im DevArch. Nr. 39, 1936, Sp. 1277ff. abgedruckte Entscheidung betreffend fahrlässige Verfügung über ausländische Zahlungsmittel, die im DevArch. Nr. 23, 1936, Sp. 774 abgedruckte Entscheidung betr. Fahrlässigkeit eines Bankangestellten bei der Prüfung der Frage der Ausländereigenschaft eines Kunden, die in DevArch. Nr. 34, 1936, Sp. 1106 abgedruckte Entscheidung über unentschuldigte Unterlassung der Einreichung der Exportvalutaerklärung; anderseits kann z. B. das Mitwirken bzw. die Auskunft von zuständigen Stellen (einer Devisenbank) als Entlastungstatsache für das Nichtvorliegen einer fahrlässigen Handlung gewertet werden (vgl. DevArch. Nr. 35, 1936, Sp. 1134).

Endlich soll hier noch darauf hingewiesen werden, daß fahrlässige Devisenvergehen insofern begangen werden, daß Vorgesetzte, Aufsichtspersonen usw. nicht genügend überwachen, daß die von ihnen bestellten Vertreter oder Angestellten die Devisenvorschriften genau beachten oder daß mit der Erledigung devisenrechtlicher Aufgaben Personen betraut werden, die nicht in der Lage sind, den einschlägigen Vorschriften genau nachzukommen[26]).

b) Auch bei der Prüfung der Frage, ob Gründe, welche die Rechtswidrigkeit[27]) ausschließen, vorliegen, ist zunächst auf die allgemeinen Vorschriften des StGB. zu verweisen. Auch im Devisenrecht ist denkbar, daß Verstöße aus Notstand oder aus Zwang[28]) (z. B. Krankheit im Ausland und dadurch bedingte nicht genehmigte Verfügung über ausländische Zahlungsmittel) begangen werden und daher nicht strafbar sind. Besondere Prüfung wird veranlaßt sein, wenn Devisenverstöße damit gerechtfertigt werden, daß zwingende wirtschaftliche Gründe (Gefahr der Betriebsstillegung) diese verursacht hätten[29]).

Ein besonderer aus dem Devisengesetze selbst sich ergebender Rechtfertigungsgrund ist dann gegeben, wenn die Handlung im Rahmen der Freigrenze begangen wird. Die für die Freigrenze geltenden Vorschriften haben auch heute noch (noch viel mehr zu Anfängen der Devisengesetzgebung bis zum Erscheinen der 5. DurchfVO. vom 25. Mai 1936) für das Gebiet des Devisenstrafrechts besondere Bedeutung[30]).

---

[26]) Die Prüfung der Frage, ob seitens des Vertretenen und Aufsichtspflichtigen eine Teilnahmeform vorliegt, wird unter Umständen Schwierigkeiten machen. M. E. dürften aber in Übereinstimmung mit Frank, Strafrecht III zu § 47 entgegen der herrschenden Lehre keine Bedenken bestehen, auch eine fahrlässige Mittäterschaft bei sonstigen gegebenen Voraussetzungen anzunehmen.

[27]) Wegen der Bedeutung des Bewußtseins der Rechtswidrigkeit bzw. Erlaubtseins von Verstößen s. die Abhandlungen von Blum in JW. 1936 S. 1089 und die Erwiderung von Bergholb. Hier wird insbesondere die Frage behandelt, ob das Bewußtsein der Rechtswidrigkeit vorliegt, wenn jemand fahrlässig Reichsmarknoten über die Grenze ins Ausland gebracht hat und diese (vorsätzlich) wieder zurückbringt. An dieser Stelle sei auch darauf hingewiesen, daß die nachträgliche Erteilung einer Genehmigung (vgl. § 38 DevG. und Fußnote 14 in Kap. 12) die Rechtswidrigkeit der (vor Erteilung der Genehmigung) vorgenommenen Handlung nicht beseitigt (vgl. meine Ausführungen in DGWR. 1937 S. 163).

[28]) Vgl. die Entscheidung im DevArch. Nr. 12, 1936, Sp. 414, wonach genehmigungspflichtige Leistungen, die unter dem Drucke der Zwangsvollstreckung ohne Genehmigung erbracht werden, doch strafbar sind.

[29]) Dieser Einwand wird oft gebracht werden. In der Regel wird er nicht völlige Rechtfertigung darstellen, da auch in Eilfällen bei der technisch schnellen Nachrichtenvermittlung eine der bestehenden Wirtschaftslage des Betriebes oder Unternehmens entsprechende Genehmigung erholt werden kann und bei gegebenen Voraussetzungen auch erteilt wird.

[30]) Vgl. die Abhandlung von Thiele in JW. 1934 S. 2817 f.; besondere Beachtung verdient vor allem die Überprüfung des bei Begehung der Handlung jeweils geltenden Umfangs der Freigrenze. Ferner verweise ich auf die Entscheidung des RG. vom 20. Nov. 1934 1. Sen., abgedruckt in JW. 1935 S. 1031 nebst Anmerkung von Hartenstein, wo entschieden ist, daß bei einer im ganzen auf eine Devisenschiebung gerichteten Handlung die Freigrenze für die Einziehung des durch die strafbare Handlung

Besondere Fragen ergeben sich bei der Prüfung des Einflusses einer erschlichenen Genehmigung auf die auf Grund dieser vorgenommenen Handlungen.

Grundsätzlich ist eine erschlichene Genehmigung eine gültige Genehmigung und auf Grund dieser und im Rahmen dieser vorgenommene Handlungen sind nicht ohne Genehmigung vorgenommen, vielmehr greift § 42 Abs. 1 Ziff. 7 DevG. ein [31]). Dem steht jedoch nicht entgegen, daß eine erschlichene Genehmigung, die an sich gültig ist, nach Erlangung zu Zwecken verwendet wird, die durch den Inhalt der Genehmigung nicht gedeckt werden, so daß doch nicht genehmigte Handlungen vorgenommen werden. Solche Fälle liegen m. E. in den Entscheidungen des RG. 1. Sen. vom 12. Juni 1934, abgedr. in JW. 1934/2339 und des 2. Sen. vom 21. Dez. 1933, abgedr. in JW. 1934 S. 562 f., vor [32]).

c) Auch sonstige Gründe können Straffreiheit sichern, bzw. nachträglich bringen. In Frage kommen

1. Die Verjährung, für welche die Grundsätze der §§ 66—72 StGB. gelten. Grundsätzlich kommt bei der Verjährung der Strafverfolgung die Verjährungsfrist nach § 67 Abs. 2 in Frage [33]). Bei Dauerdelikten, z. B. der Nichtanbietung von Devisen beginnt die Verjährungsfrist mit der Beseitigung des rechtswidrigen Zustandes, also erst mit der Anbietung. Wegen der Vollstreckungsverjährung s. § 70 StGB.

2. Die Gnadenvorschriften und die Niederschlagung.

In diesem Rahmen ist insbesondere auf den Erlaß des Führers und

---

gewonnenen Wertes keine Rolle spielt. Durch diese Entscheidung wird auch festgestellt, daß, wenn mehrere an sich genehmigungspflichtige Handlungen zu einem einheitlichen Zweck vorgenommen werden (§§ 11, 13 und 20 DevG.) und für die eine Handlung die Freigrenze gilt oder galt und sich die Handlung im Rahmen dieser Freigrenze hält, für die anderen Handlungen jedoch nicht, die Freigrenze überhaupt keine Anwendung finden kann. S. auch die Entscheidung des RG. 5. StrSen. vom 30. Nov. 36, abgedruckt in DevArch. Nr. 7, 1937, Sp. 191 ff., welche die Behandlung mehrerer, die Freigrenze teils über-, teils unterschreitenden Zahlungen betrifft.

[31]) Vgl. auch die Ausführungen in Kap. 9 unter Fußnote 11.

[32]) Die erste Entscheidung besagt, daß Straflosigkeit nicht dadurch erreicht werden kann, daß durch Vorschieben von Personen oder Geschäftsformen die Beschränkungen oder Bedingungen umgangen werden, unter denen die Devisenstelle eine Genehmigung erteilt hat; denn die Genehmigung kann immer nur das von den Beteiligten zur Genehmigung redlich angemeldete Geschäft decken; das durch Verschiebung verdeckte Geschäft bleibt daher ohne Genehmigung. Die zweite Entscheidung behandelt den Fall, daß eine Genehmigung zum Verkauf von Wertpapieren von der DSt. auf Grund falscher Vorspiegelungen erwirkt wurde, der Verkauf jedoch den falschen Vorspiegelungen überhaupt nicht entsprach. Das oben Ausgeführte soll an Hand dieses letzteren Falles näher erklärt werden: A gibt an, er wolle für seinen Bruder B im Inlande veräußern und der Erlös solle ihm A zu Unterstützungszwecken zufließen. In Wirklichkeit fließt der Betrag jedoch nicht dem A zu Unterstützungszwecken zu, sondern wird anderweitig verwendet. Soweit A nun diese Wertpapiere veräußert, erfolgte diese Handlung mit Genehmigung; nichtsdestoweniger war die Genehmigung erschlichen, weil im vornherein eine andere Verwendung beabsichtigt war. Wenn nun A überhaupt nicht die Wertpapiere des B veräußerte, sondern die von irgendeinem Dritten, so geschah die Handlung ohne Genehmigung der Devisenstelle, da diese nur eine Veräußerung der Wertpapiere des B genehmigt hatte.

[33]) S. auch Fußnote 5 dieses Kapitels, insbesondere letzter Absatz.

Reichskanzlers vom 1. Febr. 1935, RGBl. I, 74 und die Verordnung des Reichsministers der Justiz über das Verfahren in Gnadensachen vom 6. Febr. 1935 (Gnadenordnung; deutsche Justiz S. 203) zu verweisen[34]).

3. Amnestien und die auf Grund besonderer gesetzlicher Vorschriften mögliche tätige Reue.

Als Fälle der ersteren Art sind anzuführen:

Das Gesetz über Straffreiheit vom 20. Dez. 1932, RGBl. I/559;

das Gesetz über die Gewährung von Straffreiheit vom 7. Aug. 1934, RGBl. I, 769[35]);

das Gesetz über Straffreiheit für das Saarland vom 28. Febr. 1935, RGBl. I S. 309.

Als Fälle der letzteren Art sind die bereits in diesem Kapitel unter III letzter Absatz erwähnten Möglichkeiten nach dem Volksverratsgesetz[36]) und dem Gesetz über die Gewährung von Straffreiheit bei Devisenzuwiderhandlungen[37]) vom 15. Dez. 1936 anzuführen.

VI. Zusammentreffen mehrerer strafbarer Handlungen.

Hier sind die Fragen zu behandeln, die sich ergeben, wenn zu prüfen ist, wann mehrere gegen die Devisenbestimmungen verstoßende Handlungen in Tateinheit oder Tatmehrheit oder Gesetzeseinheit zueinander stehen und wann ein fortgesetztes Devisenvergehen festzustellen ist.

Alle diese Fragen sind nach Grundsätzen des allgemeinen Strafrechtes zu beurteilen. Jedoch läßt sich eine richtige Beurteilung der einzelnen Fragen nicht ermöglichen, wenn nicht auch die aus dem Devisenrecht sich ergebenden besonderen Gesichtspunkte berücksichtigt werden.

Im einzelnen ist bei der Prüfung des Verhältnisses, in welchem die verschiedenen Devisenzuwiderhandlungen zueinander stehen, folgende Unterscheidung zu machen:

a) Das Zusammentreffen von Devisenzuwiderhandlungen, die eine Gefahrenlage für die Devisenbewirtschaftung vorbereiten und solche Handlungen, die eine unmittelbare Schädigung bringen.

Im Devisenrechte sind gewisse Geschäfte deswegen mit Strafe bedroht, weil sie eine Gefahrenlage vorbereiten und herstellen, aus der eine weitere unmittelbare Schädigung des geregelten Devisenverkehrs entspringen kann. Hat in einem solchen Falle der Täter mit dem ersten zugleich den zweiten Erfolg gewollt, so tritt die Strafdrohung, die der mittelbaren Schädigung gilt, hinter derjenigen zurück, die sich gegen die unmittelbare Schädigung wendet. Dabei ist zu unterscheiden, ob

---

[34]) S. ferner Schäfer in JW. 1935 S. 900; wegen der sonstigen einschlägigen Fragen, insbesondere bei Gnadensachen, die Devisenstrafsachen betreffen, in denen kein gerichtliches Urteil ergangen ist, s. die Ausführungen bei Hartenstein in Noten 37 ff. der Vorbemerkungen zu §§ 42 ff. DevG. S. 348 ff. a. a. O.

[35]) S. hierzu auch RE. 105/34, abgedruckt in Teil III unter Ziff. B IV a 6.

[36]) Nebst Durchführungs- und Ergänzungsbestimmungen; die Zusammenstellung siehe in der in Teil III unter Ziff. C abgedruckten Tabelle.

[37]) Nebst Durchführungsbestimmungen; sämtliche Vorschriften sind in Teil III unter Ziff. A 22—25 abgedruckt.

diese mehreren, die Gefahrenlage vorbereitenden bzw. herstellenden und die die unmittelbare Schädigung der Devisenbelange bringenden Handlungen zeitlich aufeinander folgen oder nicht. Im ersteren Falle besteht Gesetzeseinheit, soweit aber die Tatbestände in einer Handlung zusammentreffen, besteht Tateinheit. Soweit Gesetzeseinheit besteht, liegt ein der fortgesetzten Handlung verwandter Sachverhalt vor, nur mit dem Unterschied, daß hier Verstöße gegen mehrere nicht gleichartige, also gegen verschiedenartige Strafvorschriften vorliegen[38])[39]).

b) Das Zusammentreffen mehrerer sonstiger Devisenzuwiderhandlungen.

Anhaltspunkte für die Entscheidungen der Gerichte bieten die von Hartenstein in Note 18 S. 335 a. a. O. angeführten Fälle. Daneben ist die reiche Rechtsprechung auf diesem Gebiete heranzuziehen[40]). Hier ist vor allem auf die Fälle der Nichtanmeldung von ausländischen Zahlungsmitteln und Auslandsguthaben und die Verfügung über diese hinzuweisen[41]). Wegen des Verhältnisses von unerlaubter Aushändigung inländischer Zahlungsmittel an einen Ausländer zu darauffolgender Erschleichung der Genehmigung der DevSt. vgl. RG. 2. Sen. vom 21. Juni 1935, abgedr. in JW. 1934/2339, wo das Reichsgericht

[38]) So das RG. in ständiger Rechtsprechung; vgl. RG. 3. Sen. vom 5. Nov. 1936, abgedruckt in JW. 1936/317f. nebst zustimmender Anmerkung von Hartenstein ebendort. Die erwähnte Entscheidung behandelt das Verhältnis von § 25 Abs. 1 zu § 11 Abs. 1 DevG. Wegen der weiteren, ähnlich gelagerten Fälle, insbesondere betr. das Verhältnis von § 20 DevG. einerseits und §§ 11 und 13 DevG. andererseits, siehe die in obiger Entscheidung angeführten sonstigen Urteile des Reichsgerichts.

[39]) Wegen der zu verneinenden Fragen, ob ein Fortsetzungszusammenhang von Devisenvergehen der in § 42 Abs. 1 Ziff. 3 zusammengefaßten Tatbestände möglich ist, siehe die Bemerkung in Kap. 27 unter A I c. Beachte hier aber besonders Fußnote 6 bezüglich des jüngst erfolgten Wandels in der Rechtsprechung und der damit zusammenhängenden Fragen!

[40]) Vgl. z. B. insbesondere RG. 1. Sen. vom 22. Sept. 1933, abgedruckt in JW. 1933/2457: ein Vergehen gegen §§ 12 oder 18 DevVO., jetzt §§ 13 und 20 DevG. setzt keineswegs regelmäßig, sondern höchstens nach Besonderheit des Einzelfalles eine Verfehlung gegen § 31 DevVO. (jetzt § 27 DevG.) voraus. Gesetzeseinheit ist zwischen den §§ 31, 37 DevVO. einerseits und den §§ 12, 36 oder 18, 36 anderseits (jetzt §§ 27, 43 einerseits und den §§ 13, 42 oder 20, 42 DevG. anderseits) nicht vorhanden; vgl. RG. 5. Sen. vom 26. Okt. 1936, abgedruckt in JW. 1937/319, wonach Tatmehrheit zwischen verbotener Einfuhr von Reichsmarknoten und der Wiederausfuhr der gegen diese eingewechselten Scheidemünzen besteht. Vgl. ferner die auch sonst in diesem und den folgenden Kapiteln angeführte Rechtsprechung, die häufig ergänzend Beiträge bez. von Fällen der hier zu behandelnden Art bietet.

[41]) Vgl. RG. 3. Sen. vom 4. Okt. 1934, abgedruckt in JW. 1934/3059 (nebst Anmerkung von Schultze-Schlutius ebendort und von Ranke in JW. 1934/3286). Hier ist entschieden, daß die Nichtanmeldung von ausländischen Zahlungsmitteln und Auslandsguthaben und die Verfügung über diese während der Anbietungsfrist ohne Genehmigung der DSt. infolge der Verschiedenheit ihres Wesens und ihrer Erscheinungsform weder in Tateinheit noch in Gesetzeseinheit stehen. Vgl. hierzu aber auch die Anmerkung von Schultze-Schlutius und Hartenstein Note 6 zu § 35 und Baer in JW. 1935/1061. Nach Ansicht der letzteren besteht entgegen der Ansicht des RG. zwischen der Nichtanmeldung von Werten und der nicht genehmigten Verfügung hierüber Tatmehrheit auch dann, wenn während des Laufes der Anbietungsfrist eine ungenehmigte Verfügung vorgenommen wird.

sachliches Zusammentreffen (Tatmehrheit) annimmt und Gesetzeseinheit in Form der strafbaren Nachtat ablehnt[42]).

Wegen des Verhältnisses der im DevG. besonders geregelten Teilnahmeformen (§ 42 Abs. 4, § 42 Abs. 1 Ziff. 2 DevG.) zu der begangenen Tat (zu der angereizt wurde usw.) s. oben unter Ziff. IV dieses Kapitels.

c) Hier ist noch einiges über das Zusammentreffen von Devisenzuwiderhandlungen und anderen als im DevG. geregelten strafbaren Handlungen auszuführen.

Vor allem ist auf das Verhältnis zwischen Zuwiderhandlungen nach § 13 DevG. und solchen nach dem Vereinszollgesetz hinzuweisen, über welches in einer Reihe von Entscheidungen Näheres zu ersehen ist[43]).

Das Zusammentreffen zwischen Urkundsdelikten und Devisenvergehen ist möglich[44]).

Wegen sonstiger Fälle von möglichem Zusammentreffen von Devisenzuwiderhandlungen und anderen strafbaren Handlungen siehe die Ausführungen von Hartenstein S. 337 a. a. O.[45]).

---

[42]) Vgl. hierzu die zustimmende Anmerkung von Hartenstein ebendort und die Bemerkung von Hartenstein in Note 18 S. 336 a. a. O., wo dieser bemerkt, daß die Strafvorschrift für die Erschleichung von Devisengenehmigungen ein besonderes Rechtsgut, nämlich das staatliche Interesse an einem wahrheitsgemäßen Verfahren vor den Devisenbehörden schützt, das nicht zusammenfällt mit dem staatlichen Interesse an der materiellen Einhaltung der devisenrechtlichen Verbote.

S. dagegen den anders gelagerten in JW. 1937, S. 883 abgedruckten Fall, in welchem das RG. 2. StrSen. entschied, daß kein rechtliches oder tatsächliches Zusammentreffen zwischen Genehmigungserschleichung und den auf Grund der erschlichenen Genehmigung begangenen verbotenen Inlandszahlungen und Devisenausfuhrhandlungen besteht.

[43]) Vgl. RG. 1. Sen. in JW. 1935 S. 861, wonach § 12 Abs. 2 DevVO. (jetzt § 13 Abs. 2 DevG.), nämlich verbotene Devisenausfuhr stets mit Bannbruch (§§ 134, 158 VZollG.) in Tateinheit stehen, welche in der Urteilsformel zum Ausdrucke zu bringen ist. Siehe auch den dortigen Hinweis, daß die Rechtsfolgen der Devisenzuwiderhandlung durch § 36 Abs. 8 DevVO., jetzt § 45 Abs. 4 DevG., abweichend von § 73 StGB. und vom § 158 VZollG. geregelt sind. Vgl. ferner RG. 4. Sen. vom 8. Okt. 1935, abgedruckt in JW. 1936/47 f.: Werden Zahlungsmittel zur Hinausschaffung an die Grenze hinbewegt, so liegt der Versuch des nach § 13 Abs. 1 DevG. verbotenen Überbringens von Devisen in das Ausland und das vollendete Vergehen des Bannbruches, nämlich das Unternehmen einer Ausfuhr in Tateinheit vor. Die Strafe bestimmt sich ausschließlich nach den Vorschriften des DevG., ebenso auch RG. 5. Sen. vom 11. Nov. 1935, abgedruckt in JW. 1936/461, wonach verbotene Devisenausfuhr in Tateinheit mit Bannbruch steht, was im Urteil zum Ausdruck kommen muß. Wegen des Zusammentreffens von Devisenzuwiderhandlungen mit Zollvergehen s. RG., 5. StrSen. vom 30. Nov. 36, abgedruckt in DevArch. Nr. 7, 1937, Sp. 191 ff.

[44]) Vgl. Hartenstein Note 20d S. 338 a. a. O. und RG. 3. Sen. vom 14. Dez. 1936, abgedruckt in JW. 1937/628 nebst Anmerkung von Hartenstein, wonach rechtliches Zusammentreffen (Tatmehrheit) zwischen Urkundenfälschung gem. §§ 267, 268 Abs. 1 Nr. 2, Abs. 2 StGB. und Zuwiderhandlung gegen § 9 Abs. 1 DevG. durch Zahlung mittels Postanweisung nach dem Ausland mit Hilfe eines gefälschten Passes besteht.

[45]) Hier werden noch Fälle des Zusammentreffens mit Zuwiderhandlungen gegen das VVG., die VO. über den Warenverkehr vom 4. Sept. 1934, die Münzvorschriften und Betrugsbestimmungen behandelt.

S. auch die Entsch. d. RG. 5. StrSen. vom 19. Nov. 36, abgedruckt in JW. 1937, S. 759, wonach zwischen der Verletzung der devisenrechtlichen Anbietungspflicht und der Nichterfüllung der Anzeigepflicht nach dem Volksverratsgesetz nicht Tateinheit sondern Tatmehrheit besteht.

Kapitel 27.

Besonderer Teil des Devisenstrafrechtes[1]).

Hierher gehören die Vorschriften des § 42 DevG., des § 7 der DurchfVO., der §§ 5 und 7 der 3. DurchfVO., des § 1 der 5. DurchfVO. i. V. mit § 5 der 3. DurchfVO., des § 6 der 5. DurchfVO. und des § 4 der 7. DurchfVO. einerseits und die Vorschriften des § 43 DevG., der §§ 20 und 26 der DurchfVO. und des § 6 der 2. DurchfVO. andererseits. Aus der vorstehenden Zusammenstellung und Gegenüberstellung der einzelnen Devisenstrafbestimmungen ist zu ersehen, daß diese nicht nur im Devisengesetz sondern auch in ergänzenden Vorschriften zu suchen sind und daß, wie bereits in Kap. 26 unter Fußnote 2 darauf hingewiesen wurde, die strengeren Strafvorschriften des § 42 DevG. (einschließlich der auf diese Bestimmung bezug nehmenden Durchführungsvorschriften) von den Vorschriften des § 43 DevG. (einschließlich der darauf Bezug nehmenden ergänzenden Bestimmungen) zu unterscheiden sind.

A. Die einzelnen Tatbestände gemäß § 42 DevG. und der ergänzenden Durchführungsbestimmungen.

Eine genaue Behandlung der einzelnen Tatbestände kann hier nicht mehr erfolgen. Anhaltspunkte finden sich in den Ausführungen des vorhergehenden Kapitels sowie in der dort in Fußnote 1 angeführten Literatur und Rechtsprechung. Daneben sind die Ausführungen in den Kapiteln 3ff. heranzuziehen, da die genaue Entscheidung, ob und welcher strafrechtlicher Tatbestand vorliegt, nicht ohne Beachtung der im Teil 1 behandelten Vorschriften möglich ist.

I. Die Tatbestände des § 42 DevG.

a) Ziff. 1 Abs. 1 des § 42 DevG.:

Diese Vorschrift behandelt einmal den verbotenen Erwerb von Werten der in § 9 Abs. 1 DevG. bezeichneten Art, sei es, daß dieser

---

[1]) Vgl. Hartenstein Bemerkungen zu den §§ 42 und 43 DevG. S. 353ff; Flad-Berghold Bemerkungen zu den §§ 42 und 43 DevG. A S. 79ff.; Blum, „Die Strafbarkeit der Erschleichung einer Unbedenklichkeitserklärung der Reichsbank im Devisenrecht in DevArch. Nrn. 26 und 27, 1936, Sp. 862ff. und 890ff.; Dreist, „Aus der Rechtsprechung des Reichswirtschaftsgerichtes auf dem Gebiete der Rohstoffbewirtschaftung" in DevArch. Nr. 33, 1936, Sp. 1044; Berghold, „Die Sechste Durchführungsverordnung zum Devisengesetz" in DevArch. Nr. 38, 1936, Sp. 1228ff.; Berghold, „Das Gesetz zur Änderung des Gesetzes über die Devisenbewirtschaftung" in DevArch. Nr. 43, 1936, Teil II Sp. 1386f.; Turowski, „Das Gesetz über die Gewährung von Straffreiheit bei Devisenzuwiderhandlungen vom 15. Dez. 1936" in DevArch. 44/45, 1936, Sp. 1412ff.; Dreist und Turowski, Beiträge zum Gesetz über die Gewährung von Straffreiheit bei Devisenzuwiderhandlungen vom 15. Dez. 1936, in DevArch. 1937 Nr. 3 Sp. 57ff.; Dreist, „Festsetzung einer Ordnungsstrafe durch das Reichswirtschaftsgericht wegen Verletzung der Auskunftspflicht gegenüber einer Überwachungsstelle" in DevArch. Nr. 4, 1937, Sp. 81ff.; Baer, „Die devisenrechtliche Anbietungspflicht" in JW. 1935, S. 1061; Berghold, „Neuere Devisenvorschriften" in JW. 1936 S. 226ff; Gagern und Muhs in DevArch. Nr. 23, 1937 Sp. 673ff. betr. „Zur Frage der Devisenamnestie". Siehe auch die erg. die in Fußnote 1 des Kap. 26 angeführte Literatur.

Erwerb entgegen den Bestimmungen des Bankzwanges oder ohne Genehmigung erfolgte[2]).

b) Ziff. 2 betrifft eine besondere Teilnahmeform, die in der Vermittlung des Erwerbes oder der Veräußerung von ausländischen Zahlungsmitteln oder Forderungen in ausländischer Währung gegen inländische Zahlungsmittel besteht. Soweit neben dieser Vorschrift noch die allgemeinen Teilnahmebestimmungen Platz greifen, treten diese hinter die Spezialvorschrift zurück[3]).

c) Die wichtigste Strafbestimmung ist die des § 42 Abs. 1 Ziff. 3 DevG., welche den größten Teil der Devisenvergehen in einer Ziffer zusammenfaßt. Wegen der einzelnen Fragen wird auf die Ausführungen in den Kap. 4 ff. verwiesen. Daneben sei auf die Rechtsprechung aufmerksam gemacht, wo fast alle einschlägigen Strafbestimmungen erfaßt sind[4]).

Für alle in Ziff. 3 zusammengefaßten Verstöße ist es aber von Bedeutung festzustellen, daß es sich nicht deshalb, weil sie in dieser Ziffer gemeinsam aufgeführt sind, um Verstöße gegen dasselbe Strafgesetz, sondern um rechtlich ganz verschiedene Tatbestände von Devisenvergehen handelt, was bei der Prüfung, ob mehrere Devisenvergehen untereinander in Fortsetzungszusammenhang stehen, zu beachten ist[5])[6]).

---

[2]) An dieser Stelle sei auf die Entsch. des RG. 3. Sen. Urt. vom 14. Dez. 1936, abgedruckt in JW. 1937 S. 628 hingewiesen, wo ausdrücklich festgestellt ist, daß eine Zahlung mittels Postanweisung ins Ausland (dasselbe muß für die Banküberweisung gelten) unter § 9 Abs. 1 DevG. und nicht unter § 13 DevG. fällt (vgl. hierzu auch die Anmerkung von Hartenstein ebendort).

[3]) Vgl. Hartenstein Note 3 S. 354 a. a. O. und die Ausführungen in Kap. 26 unter Ziff. IV.

[4]) In Frage kommen hauptsächlich die vielen Entscheidungen, welche die Versendung von Zahlungsmitteln in das Ausland, die Aushändigung von Zahlungsmitteln an einen Inländer zugunsten eines Ausländers oder an einen solchen im Inland oder Wertpapiergeschäfte betreffen: Vgl. RG. in JW. 1934, 101; 1934, 1786; 1933 S. 2457; 1935 S. 1031; 1936, 408; 1937 S. 317, welche Entscheidungen sich sämtlich mit Verstößen gegen die Wertpapierbestimmungen (und die damit zusammenhängenden Fragen von Verstößen gegen die §§ 11 und 13 DevG.) befassen. Vgl. ferner RG. in JW. 1937 S. 628, behandelnd die Fragen, ob ein Verstoß nach § 9 Abs. 1 oder § 13 DevG. vorliegt, RG. in JW. 1936 S. 47ff., 1935 S. 356ff. und 861ff., 1934 S. 101ff., behandelnd die Fragen, ob die Versendung von Zahlungsmitteln in das Ausland ein Unternehmungsdelikt ist, was in der Rechtsprechung mit Ausnahme der in JW. 1934 S. 101 abgedruckten Entscheidung verneint ist und zur Folge hat, daß Rücktritt vom Versuche möglich ist (s. hierzu die Ausführungen oben in Kap. 26 unter Ziff. III).

[5]) Vgl. hierzu RG. 3. Sen. vom 14. Dez. 1936, abgedruckt in JW. 1937 S. 628ff.

[6]) Die oben vertretene Ansicht wird in der neuesten Rechtsprechung des RG. (vgl. RG. 1. StrSen. vom 16. Febr. 1937, abgedruckt in JW. 1937 S. 1338ff. und DevArch. 1937 Nr. 21 Sp. 639ff. nicht mehr mitgeteilt. Dort ist gesagt, daß Fortsetzungszusammenhang zwischen mehreren Handlungen möglich ist, die gegen verschiedene der in § 36 Abs. 1 Nr. 3 DevVO. von 1932, jetzt § 42 Abs. 1 Nr. 3 DevG. angeführten Straftatbestände verstoßen. Vgl. hierzu auch die Ausführungen von Hartenstein in JW. 1937 S. 1339f. und die Ankündigung im DevArch. Nr. 21, 1937, Sp. 640ff., welche eine Abhandlung des Sachbearbeiters der RStDV. zu der vorstehenden Entscheidung des RG. in Aussicht stellt. Da in diesem Rahmen zu dieser Frage nicht näher Stellung genommen werden kann, empfiehlt es sich, sich bei

d) Ziff. 4 und 5 behandeln die Verstöße gegen die Vorschriften der §§ 30—32 DevG., also Verstöße durch verbotene Termingeschäfte und Handlungen gegen den Einheitskurszwang.

e) Unter Ziff. 6 fallen die Verstöße gegen die Anbietungsvorschriften.

Neben den Ausführungen in Kap. 9, Kap. 26 Ziff. V c über die Verjährung und in Kap. 26 Ziff. VI b über das Verhältnis der Verstöße gegen Anbietungsvorschriften zu sonstigen Devisenvergehen sei hier noch folgendes ausgeführt: Man muß unterscheiden zwischen den Verstößen, die sich gegen die einmaligen Gebotsnormen (die sogenannten Aufrufe der Reichsregierung) und die laufend gebotene Anbietung richten:

1. Die einmalige Anbietungspflicht:

Hier sind die heute noch strafrechtliche Bedeutung besitzenden[7]) folgenden Aufrufe zu erwähnen:

Der erste Aufruf mit dem 22. Juli 1931 als Stichtag hatte eine Wertgrenze von 20000 RM. Seine gesetzlichen Grundlagen finden sich in der KapitalfluchtVO. vom 18. Juli 1931 und in ihren Durchf.-VO.en, nämlich der 1., 2. und 3. DurchfVO., RGBl. I/373, 387, 396 und 412. Der zweite Aufruf mit dem 29. Aug. 1931 als Stichtag hatte eine Wertgrenze von 1000 RM. und findet seine gesetzliche Grundlage in §§ 15 und 16 DevVO. 1931[8]), sowie in der 3. und 4. Durchf.-VO. zur DevVO. 1931[8]). Der dritte Aufruf mit dem 2. Okt. 1931 als Stichtag ermäßigt die Wertgrenze auf 200 RM. und findet seine gesetzliche Grundlage ebenfalls in den §§ 15 und 16 DevVO. von 1931, sowie in der 6. DurchfVO. zur DevVO. von 1931[8])[9]). Ein vierter Aufruf findet sich im Volksverratsgesetz[8]) mit dem 1. Juni 1933 als Stichtag und einer Wertgrenze von 200 RM., ein fünfter Aufruf in Art. V der 8. DurchfVO. vom 17. April 1934[8])[10]), welcher gewisse bisher nicht anbietungspflichtige Werte erfaßt und den 19. April 1934 als Stichtag hat und keine Wertgrenze kennt, ein sechster Aufruf in der 6. DurchfVO. zum DevG. vom 28. Okt. 1936[11]), welcher die Grenze von 200 RM., die in dem 3. Aufruf bestand, beseitigt. Daneben wird man das Gesetz über die Gewährung von Straffreiheit bei Devisenzuwiderhandlungen vom 15. Dez. 1936 nebst den 3 Durchf.-VO.en[12]) beachten müssen, welches (wie das Volksverratsgesetz) ein

---

Fragen der oben behandelten Art über die hierüber noch ergehende Rechtsprechung und Literatur zu unterrichten.

S. auch die Entsch. des RG. 5. StrSen. vom 30. Nov. 1936, abgedr. in DevArch. Nr. 7, 1937, Sp. 191 ff., wonach anzugeben ist, welche der in § 42 DevG. aufgeführten Devisenvorschriften verletzt ist, wobei aber eine wahlweise Feststellung möglich ist.

[7]) Vgl. hierzu Baer in JW. 1935 S. 1063 unter II.

[8]) Vgl. die Tabelle in Teil III unter Ziff. C.

[9]) Durch die 6. DurchfVO. zur DevVO. wurde die laufende Anbietungspflicht geschaffen (vgl. § 3 dieser VO.).

[10]) Durch die 8. DurchfVO. wurde die laufende Anbietungspflicht bezüglich weiterer Werte geschaffen, die durch die 6. DurchfVO. von 1931 noch nicht erfaßt waren.

[11]) Vgl. den in Teil III unter Ziff. A 7 abgedruckten Wortlaut.

[12]) Abgedr. in Teil III unter Ziff. A 22—25.

Amnestiegesetz ist, aber eine einmalige Anbietungsfrist (abgelaufen am 31. Jan. 1937) vorsieht, innerhalb welcher man durch tätige Reue die Folgen von Verstößen gegen die Devisenbestimmungen und gegen das Gesetz gegen Wirtschaftssabotage vom 1. Dez. 1936[13]) abwenden kann[14]).

2. Die laufende Anbietungspflicht.

Inwieweit sich Verstöße ergeben, ist unter Heranziehung der Ausführungen in Kapitel 9 zu ersehen.

Hier sei vor allem noch darauf hingewiesen, daß die Anbietungsvorschriften, wie sie heute gelten, das Ergebnis einer langen Entwicklung und zunehmend verschärfter Bestimmungen sind. Es ist vom Richter daher insbesondere bei der Fällung des Urteils darauf zu sehen, inwieweit im Zeitpunkte der Handlung die einschlägige Anbietungsvorschrift bereits bestanden hat und ob, wenn sie noch nicht bestand, nicht möglicherweise aber eine andere Strafbestimmung, die damals schon galt (so sind nicht genehmigte Verfügungen über ausländische Zahlungsmittel beispielsweise seit den Anfängen der Devisengesetzgebung strafbar), eingreift.

f) Die Vorschrift des Erschleichens einer Genehmigung (vgl. § 42 Abs. 1 Ziff. 7) ist scharf zu unterscheiden von der Vorschrift des § 43 Abs. 2 DevG., welche die Erschleichung einer Bescheinigung (hierher zählen insbesondere Grenzbescheinigungen, Auszahlungsbescheinigungen — vgl. Ri. II/28h —, die Dringlichkeitsbescheinigungen nach § 28 Abs. 3 DevG. und Ri. II/80, die Finanzamtsbescheinigung gemäß Ri. IV/30, der Freistellungsbescheid der RStDB. gemäß § 1 Abs. 4 DevG.[15]) betrifft.

Wegen Einzelfragen sei auf die vorhandene Rechtsprechung und Literatur verwiesen[16]).

---

[13]) Vgl. den in Teil III unter Ziff. A 21 abgedruckten Wortlaut.

[14]) Wegen Einzelfragen s. die angezogenen Gesetzestexte; bezüglich Fragen des Volksverratsgesetzes s. die Ausführungen von Hartenstein S. 267 ff. a. a. O. Note 16ff. zu § 35 DevG.; s. auch die für die Anwendung des VVG. bedeutsame Entscheidung des RG. 5. Sen., abgedr. in JW. 1936 S. 879, wonach Straffreiheit auch dann eintritt, wenn die angebotenen Werte nur einen Teil der in Frage stehenden Werte darstellen; s. ferner KG., Urt. vom 23. Okt. 1936, abgedruckt in JW. 1937, S. 54, wonach teilweise Straffreiheit nach dem StAnpG. auch dann eintritt, wenn sich der Täter einer über den Stichtag hinaus fortgesetzten Handlung schuldig gemacht hat und die Anmerkung von Gurski hierzu a. a. O. Wegen des Verhältnisses der drei ersten Aufrufe zueinander s. Lion-Hartenstein Bem. 3 zu § 33 DevVO. S. 531; wegen des Gesetzes über die Gewährung von Straffreiheit bei Devisenzuwiderhandlungen vom 15. Dez. 1936 s. die bereits in Fußnote 1 angegebenen Abhandlungen von Turowski und Dreist in Nrn. 44/45, 1936 und 3, 1937 des DevArch. Sp. 1412 und 57ff.; wegen der einmaligen Anbietungspflicht von Einwanderern s. Kap. 9 unter Ziff. I und II.

[15]) Vgl. auch die strafrechtlich allgemein bedeutsamen Ausführungen von Blum in Nrn. 26 und 27 des DevArch. Sp. 862 ff. und 890 ff.

[16]) S. RG. in JW. 1934 S. 2339 betr. die unerlaubte Aushändigung inländischer Zahlungsmittel an einen Ausländer und die darauf folgende Erschleichung der Genehmigung der Devisenstelle und die diesbezüglichen Ausführungen in Kap. 26 zu Fußnote 32. S. ferner die Beiträge von Baer und Turowski in JW. 1935 S. 2178 über die Erschleichung einer devisenrechtlichen Genehmigung.

g) Was die Verstöße gegen die Ziff. 8 des § 42 DevG. in der Fassung der Ziff. 4 des Gesetzes zur Änderung des Gesetzes über die Devisenbewirtschaftung betrifft[17]), so ist auf die ergänzenden Ausführungen zu diesem Gesetz in der Abhandlung von Berghold in Nr. 43 Sp. 1380 des DevArch. und den RE. 172/36[18]) zu verweisen. Durch die Ziff. 8 werden § 5 Abs. 1 Ziff. 2 der 2. DurchfVO. zum DevG. vom 24. Juli 1935 und § 2 der 6. DurchfVO. zum DevG. vom 28. Okt. 1936 zusammengefaßt. Insbesondere sind durch die Ziff. 8 auch die Anordnungen nach §§ 37a, b DevG. zur Verhütung von Umgehungen von Devisenbestimmungen geschützt worden (vgl. I Ziff. 1 des RE. 172/36). Wegen der gemäß dieser Ziffer anordnungsberechtigten Stellen siehe Fußnote 26 dieses Kapitels.

h) Wegen der Handlungen nach § 42 Abs. 4 DevG., nämlich des Aufforderns, des Anreizens und Sicherbietens zu einem Devisenvergehen vgl. auch die Ausführungen in Kap. 26 unter Ziff. IV. § 42 Abs. 4 hat nur subsidiäre Bedeutung und findet nur Anwendung, wenn die Handlungen, zu welchen aufgefordert usw. wurde, nicht begangen werden[19]).

II. Die Tatbestände der §§ 7 der DurchfVO., §§ 5 und 7 der 3. DurchfVO., § 1 der 5. i. V. mit § 5 der 3. DurchfVO., § 6 der 5. DurchfVO. und § 4 der 7. DurchfVO.

a) Die Bestimmung in § 7 der DurchfVO. will für die Beachtung des § 3 der DurchfVO. Sorge tragen. Beachtenswert ist vor allem, daß auf Grund des § 6 Ziff. 1 der 2. DurchfVO. hinter den Worten „in den §§ 42" die Ziff. 45 eingefügt wurde, was zur Folge hat, daß die Vorschrift des DevG. über Einziehung von Werten nun zweifelsfrei Anwendung finden kann[20]).

b) § 5 der 3. DurchfVO. und diese Bestimmung i. V. mit § 1 der 5. DurchfVO. gibt die gesetzliche Grundlage für die Bestrafung bei Verstößen gegen §§ 1ff. der 3. und § 1 der 5. DurchfVO. (Einfuhr von inländischen Zahlungsmitteln ohne Genehmigung)[21]).

c) Wegen der Strafbestimmung des § 7 der 3. DurchfVO., welche die für Auswanderer geltenden Vorschriften des § 6 der 3. DurchfVO. mit Strafe bewehrt, siehe die Ausführungen in Kap. 9 unter Ziff. I, II und in Kap. 10 unter Ziff. A II.

d) § 4 der 7. DurchfVO. bewehrt die in §§ 1ff. der 7. DurchfVO. enthaltenen Vorschriften über den Depotzwang mit Strafe.

---

[17]) Der Wortlaut ist wegen seiner Bedeutung in Teil III unter Ziff. A 1a abgedr., wenngleich er bereits Berücksichtigung bei Fassung des Textes des DevG. fand.

[18]) Abgedr. in Teil III unter Ziff. B IV a 9.

[19]) Vgl. RG. in JW. 36/1163.

[20]) Vgl. auch Berghold in JW. 1936 unter C S. 227.

[21]) Vgl. auch die ergänzenden Ausführungen von Berghold in JW. 1936 S. 228 f.

B. Die einzelnen Tatbestände gem. § 43 DevG. und der ergänzenden Durchführungsbestimmungen[22]).

I. Die Tatbestände des § 43 DevG.:

Hier werden einmal Verstöße gegen § 13 Abs. 3 und 4 DevG. erfaßt, soweit nicht § 42 DevG. oder andere Vorschriften eingreifen[23]). Ziff. 2 des § 43 belegt die Veröffentlichung von Kursen ausländischer Zahlungsmittel, die gemäß § 33 DevG. nicht veröffentlicht werden dürfen, mit Strafe, Ziff. 3 bezweckt die Einhaltung der in § 27 Abs. 2 und 3 DevG. für Wertpapierhändler aufgestellten Vorschriften, Ziff. 4 belegt Verstöße, die in der unerlaubten Eingehung von Verbindlichkeiten bestehen[24]), mit Strafe. Ziff. 5 erfaßt insbesondere Zuwiderhandlungen durch Verletzung der Auskunftspflicht, welche mit Verstößen nach § 42 Abs. 1 Nr. 7 konkurrieren können, Ziff. 6[25]) gibt die Möglichkeit, daß Auflagen von Devisenbehörden[26]) oder Verpflichtungen, die diesen gegenüber eingegangen wurden, wenn sie nicht beachtet oder erfüllt werden, Strafe nach sich ziehen können; Ziff. 7[27]) endlich belegt die bestimmungswidrige Verwendung von Reichsmarkbeträgen aus Registerguthaben im Reiseverkehr mit Strafe[28]). Durch diese Vorschrift wird eine Lücke in den devisenstrafrechtlichen Bestimmungen beseitigt[29]).

---

[22]) Wegen des Unterschieds zwischen § 43 und 42 DevG. s. Kap. 26 unter Fußnote 2.

[23]) Diese Vorschrift will die Beachtung der in § 13 Abs. 3 und 4 vorgeschriebenen Form der Versendung sichern.

[24]) Vgl. die Ausführungen in Kap. 5 Ziff. IIb.

[25]) In der Fassung der Ziff. 5 des Ges. zur Änderung des DevG. vom 1. Dez. 1936.

[26]) In Frage kommen der Reichswirtschaftsminister, die RStDB., die DSt., die Reichsbank und die Prüfungsstellen der Wirtschaftsgruppen, geschaffen durch Anordnnng des Reichswirtschaftsministers vom 18. Juni 1935 auf Grund des § 42 der 1. VO. zur Durchführung des Gesetzes zur Vorbereitung des organischen Aufbaues der deutschen Wirtschaft vom 27. Nov. 1934, RGBl. I/1194. Wegen der Nichtbeachtung von Auflagen der Überwachungsstellen vergleiche die Bestimmungen der VO. über den Warenverkehr vom 4. Sept. 1934, RGBl. I/816, insbesondere § 15. Wegen der Ahndung von Verstößen gegen die VO. über den Warenverkehr siehe auch die Fußnote 3 in Kap. 28.

[27]) In der Fassung der Ziff. 5 des Ges. zur Änderung des DevG. vom 1. Dez. 1936.

[28]) Wegen der bei Verstößen gegen § 43 Abs. 1 Ziff. 7 DevG. möglichen Reichsverweisung auf Grund § 2 Nr. 5 des Ges. vom 23. März 1934, RGBl. I S. 213, s. die Ausführungen in Kap. 26 unter Ziff. IIa 2.

[29]) Die Frage der Strafbarkeit unerlaubter Verwendung von Registermark hat in Literatur und Rechtsprechung zu vielfachem Meinungsaustausch Anlaß gegeben. Vgl. Baer in JW. 1935 S. 913 und die Entgegnung von Hartenstein hierzu in JW. 1935/2958; siehe ferner die Entscheidung des Reichsgerichts 5. Sen. vom 5. Aug. 1935, abgedr. in JW. 1935/2957 f. nebst Anmerkung von Hartenstein (nicht zustimmend) und die jetzt maßgebende anerkannte Entscheidung des RG. 2. Sen. vom 13. Jan. 1936, abgedr. in JW. 1936/991 f., in welcher das Reichsgericht die in JW. 1935/2959 vertretene und von Hartenstein bekämpfte Konstruktion der Registermarkabhebung als einer in mittelbarer Täterschaft begangenen ungenehmigten Verfügung über das Reisekonto bei der deutschen Bank aufgibt. Die erwähnte Entscheidung ist auch wegen der Klarstellung der Strafbarkeit von Registermarkabhebungen vor dem Inkrafttreten der Sonderstrafvorschrift von § 5 Abs. 1 Nr. 3 der 2. DurchfVO. von maßgebender Bedeutung.

§ 43 Abs. 2 belegt die Erschleichung von Bescheinigungen im Gegensatz von Genehmigungen mit Strafe[30]).

II. Die Tatbestände der §§ 20 und 26 der DurchfVO. i. V. mit § 6 der 2. DurchfVO.

§§ 20 und 26 der DurchfVO. belegen Verstöße gegen die §§ 11, 13, 14, 15, 16, 18 und 19 (bei der Abgabe der Exportvalutaerklärung) und gegen die §§ 22 ff. (bei Reisen ins Ausland und Umzügen) mit Strafe. Besonders zu beachten ist die gem. § 6 Ziff. 3 der 2. DurchfVO. zum DevG. erfolgte nachträgliche Einschaltung der Ziff. 47 nach der Ziff. 46, wodurch auch die Verhängung von Ordnungsstrafen bei den hier in Frage kommenden Verstößen ermöglicht wird.

Kapitel 28.

Das Devisenstrafverfahren[1]).

Im allgemeinen werden die Devisenvergehen durch die Devisenstellen (bzw. Zollfahndungsstellen) ermittelt werden. Die Devisenstellen werden auf Grund der ihnen erteilten Weisungen[2]) nachprüfen, ob sie mit Rücksicht auf besondere Umstände (insbesondere wegen der Geringfügigkeit der Vergehen) die Einstellung des Verfahrens unter Erteilung einer Verwarnung verfügen oder das Unterwerfungsverfahren durchführen oder ein Ordnungsverfahren beim Reichswirtschaftsgericht einleiten oder Strafanzeige bei der Staatsanwaltschaft erstatten sollen[3]).

---

[30]) Vgl. auch die ergänzenden Ausführungen in diesem Kapitel unter Ziff. A I f.

[1]) Vgl. Hartenstein Note 28 ff. der Vorbemerkungen zu dem 5. Abschn. S. 342 ff. a. a. O., ferner die Ausführungen zu §§ 45 ff. DevG. S. 368 ff. a. a. O., ferner zu §§ 27 ff. der DurchfVO. zum DevG. S. 457 ff. a. a. O., Flad-Berghold, Bemerkungen zu §§ 45 ff. DevG. und Vorbemerkungen zu § 42 DevG. A S. 79 ff. und zu §§ 27 ff. DurchfVO. zum DevG. A S. 127, Flad, „Neues Devisenstrafrecht" in JW. 1934 S. 1449 ff., Aschenauer, „Die Verfahrensarten des Devisenstrafrechtes" in Nr. 11, 1936 Sp. 374 ff. des DevArch., Clausnitzer, „Zweifelsfragen aus dem Gebiete des objektiven Einziehungsverfahrens im Devisenstrafrecht" in Nrn. 43, 44/45, 1936 des DevArch. Sp. 1386 ff. und 1418 ff., Dreist, „Die Ordnungsstrafe im Devisennotrecht" in Nr. 1/2, 1936 des DevArch. Sp. 4 ff., Dreist, „Festsetzung einer Ordnungsstrafe durch das Reichswirtschaftsgericht wegen Verletzung der Auskunftspflicht gegenüber einer Überwachungsstelle" in DevArch. Nr. 4, 1937 Sp. 81 ff., Dreist, „Festsetzung einer Ordnungsstrafe gegen eine offene Handelsgesellschaft" in Nr. 26/1936 des DevArch. Sp. 860 ff., v. Edlinger in Gemein- und Wirtschaftsrecht 1937 S. 161 f., Seeliger in JW. 1936 S. 1865 ff., „Die Haftung für Geldstrafe, Kosten und Einziehung im Steuer- und Devisenstrafrecht."

[2]) Vgl. hierzu die in Teil III unter Ziff. B IV abgedruckten Runderlasse und sonstigen Auszüge.

[3]) Das Vorgesagte gilt auch, soweit Devisenvergehen von anderer Seite ermittelt werden als den Devisenstellen oder wenn von anderer Seite Anzeigen gestellt werden. Soweit hier die Anzeigen bei anderen Stellen als den Staatsanwaltschaften oder den Devisenstellen erstattet werden, werden die Anzeigen an diese weiterzuleiten sein, welche dann die entsprechende Prüfung vornehmen. Insbesondere werden auch die

Aus dem Gesagten ergibt sich, daß die Möglichkeit besteht, auf dreifachem Wege, je nach Lage des Falles eine entsprechende Sühne von Devisenverstößen zu erreichen.

A. Das gerichtliche Verfahren.

Im Regelfalle wird das ordentliche Strafverfahren durch eine Anzeige an die zuständige Staatsanwaltschaft eingeleitet werden. Dabei wird im allgemeinen die Anzeige durch eine förmliche Anzeigeschrift von der zuständigen Devisenstelle erstattet werden. Daneben besteht selbstverständlich die Möglichkeit, daß auch von dritter Seite (z. B. den Zollfahndungsstellen direkt oder von irgend sonst jemand) Anzeigen bei der Staatsanwaltschaft gestellt werden, wobei das in Fußnote 3 Gesagte zu beachten ist.

Die Gerichte und Staatsanwaltschaften haben neben den geltenden gesetzlichen Bestimmungen[4]) insbesondere noch die Anweisungen im 26. Abschnitt Ziff. 422—424[4a]) der Richtlinien für Strafverfahren (AV. des Reichsministers der Justiz vom 13. April 1935; amtliche Sonderveröffentlichung der Deutschen Justiz Nr. 7) zu beachten.

Auf Grund Überprüfung des Sachverhaltes hat die Staatsanwaltschaft nach Anhörung der Devisenstelle und womöglich der Einholung eines Gutachtens seitens eines von der Devisenstelle benannten Devisensachverständigen[5]), durch welches sie sich über die Schwere, insbesondere die volkswirtschaftliche Schädlichkeit der angezeigten Devisenzuwiderhandlungen unterrichten läßt, entscheiden müssen, ob sie die Zuwiderhandlung weiter verfolgen oder das Verfahren einstellen bzw. die Sache an die Devisenstellen zwecks Durchführung des Unterwerfungsverfahrens wieder zuleiten will. Soweit die Staatsanwaltschaft das Verfahren einstellen will, wird sie pflichtgemäß wohl eine

---

Überwachungsstellen und Reichsbankanstalten, bei welchen kein Unterwerfungsverfahren wegen Devisenvergehen stattfindet, festgestellte Devisenzuwiderhandlungen zum weiteren Befinden an die Devisenstellen abgeben.

Was die Überwachungsstellen betrifft, ist zu sagen, daß sie nur zuständig sind zur Ahndung von Zuwiderhandlungen gegen die VO. über den Warenverkehr vom 4. Sept. 1934, abgedr. in Teil III unter Ziff. A 30 (vgl. §§ 12 ff. insbes. § 15 dieser VO. und Flad-Berghold A S. 81 unter VI der Vorbem. zu §§ 42 ff. DevG.

[4]) In Frage kommen die allgemeinen Bestimmungen der StPO., welche, soweit in den Devisenbestimmungen nichts Gegenteiliges bestimmt ist, Anwendung zu finden haben, da wie oben in Kap. 26 unter Ziff. I darauf hingewiesen wurde, das Devisenstrafrecht zu den strafrechtlichen Nebengesetzen gehört, auf welches die allgemeinen Vorschriften der StPO. Anwendung zu finden haben; (deswegen findet auch das Strafbefehlsverfahren nach §§ 407 ff. StPO. im Devisenstrafrecht Anwendung). Daneben sind die Vorschriften des DevG. und der DurchfVO. hierzu zu beachten, insbesondere die §§ 45 ff. DevG. und 27 ff. der DurchfVO.

[4a]) Abgedruckt in Teil III unter B IV b.

[5]) Auch zur Hauptverhandlung wird zweckmäßig in umfangreicheren oder schwierigeren Devisensachen ein Sachverständiger der von den Devisenstellen benannt wird, beigezogen werden (vgl. §§ 72 ff. StPO.).

solche Entscheidung nur treffen, wenn die zuständige Devisenstelle einverstanden ist[6]).

Bei der weiteren Behandlung von Devisenvergehen durch die Gerichte und Staatsanwaltschaften sind mit Rücksicht auf das oben und unter Fußnote 4 Gesagte die allgemeinen Vorschriften der Strafprozeßordnung unter Beachtung der für das Wesen des Devisenrechts zugeschnittenen Besonderheiten zu beachten.

Im wesentlichen[7]) [8]) sei folgendes hervorgehoben:

1. Für die Aburteilung von Devisenzuwiderhandlungen findet das Schnellverfahren nach § 212 StPO.[9]) auch dann statt, wenn der Beschuldigte sich weder freiwillig stellt noch infolge der vorläufigen Festnahme vom Gericht vorgeführt wird (vgl. § 49 DevG.). Durch diese Bestimmung wird also im Devisenstrafverfahren das Schnellverfahren unter erweiterten Möglichkeiten eingeführt.

2. Wenn die Staatsanwaltschaft wegen einer Zuwiderhandlung die öffentliche Klage erhebt, so steht der für den Gerichtsbezirk zuständigen Devisenstelle das Recht einer Nebenklägerin zu[10]) (vgl. § 50 DevG.). Als Nebenklägerin hat die Devisenstelle auch die Rechte aus § 172 StPO (Beschwerderecht an den vorgesetzten Beamten der

---

[6]) Wegen der Frage, ob das Gericht mit Zustimmung der Staatsanwaltschaft gem. § 153 StPO. ohne Zustimmung und nur nach Anhörung der Devisenstelle das Verfahren einstellen kann, s. auch die Ausführungen in diesem Kapitel unter Fußnote 10.

[7]) Vgl. daneben auch noch die Vorschriften der §§ 27 ff. der DurchfVO. zum DevG., wonach die Staatsanwaltschaft unter den dort näher bezeichneten Voraussetzungen zur Sicherung der Geldstrafe und der Einziehung einen Arrest erlassen kann. Siehe hierzu auch die Entscheidungen in JW. 33, 349 und 33, 1353: Die letztere Entscheidung besagt: Bei einer Beschlagnahme gem. § 36 Abs. 7 DevVO. (jetzt § 45 Abs. 3 DevG.) muß zur Eintragung der Pfändung des Anteiles eines Gesellschafters am Gesellschaftsvermögen im Grundbuche auch die Kündigung der Gesellschaft durch den Gläubiger nachgewiesen werden (LG. Mannheim 1. ZK. vom 15. Okt. 1932); die erstere Entscheidung besagt: Die Beschlagnahme eines dem Vertretenen gehörigen Grundstückes zur Sicherung der dem Vertreter als Beschuldigten drohenden Geldstrafe ist statthaft (LG. III Berlin, Beschl. vom 21. April 1932).

[8]) Bei der Anwendung des § 112 StPO. ist die Frage, ob Devisenzuwiderhandlungen auch Verbrechen sein können (vgl. Kap. 26 unter Fußnote 5), von Bedeutung.

[9]) § 212 StPO. bestimmt: Vor dem Amtsrichter oder dem Schöffengerichte kann ohne schriftlich erhobene Anklage und ohne eine Entscheidung über die Eröffnung des Hauptverfahrens zur Hauptverhandlung geschritten werden, wenn der Beschuldigte entweder sich freiwillig stellt oder infolge einer vorläufigen Festnahme dem Gerichte vorgeführt oder nur wegen Übertretung verfolgt wird. Der wesentliche Inhalt der Anklage ist in den Fällen der freiwilligen Stellung oder der Vorführung in das Sitzungsprotokoll, andernfalls in die Ladung des Beschuldigten aufzunehmen.

[10]) Dieses Recht erlangt die DSt. kraft Gesetzes mit der Erhebung der öffentlichen Klage, im objektiven Einziehungsverfahren (vgl. oben 4) mit der Stellung des Einziehungsantrages durch die Staatsanwaltschaft (s. Hartenstein Note 4 zu § 50 DevG. und Löwe-Rosenberg Note 4a zu § 430). Bestritten ist, ob auf Grund dieses Rechtes das Gericht im Einvernehmen mit der Staatsanwaltschaft ohne Zustimmung, also lediglich nach Anhörung der DSt. ein Devisenstrafverfahren einstellen kann. Die Frage wird von Löwe-Rosenberg § 153 StPO. unter Note 7 verneint, von Hartenstein in Note 2 zu § 50 DevG. bejaht. Entgegen meinen Ausführungen in DGWR. 1937 S. 162, insbes. unter b möchte ich doch der Ansicht von Hartenstein zustimmen.

Staatsanwaltschaft und gegen dessen ablehnenden Bescheid Recht auf gerichtliche Entscheidung, wenn die Staatsanwaltschaft einem Antrag auf Erhebung der öffentlichen Klage keine Folge gibt oder die Einstellung des Verfahrens verfügt). Dieses Beschwerderecht besteht jedoch nicht bei Ablehnung der Strafverfolgung von Devisenzuwiderhandlungen gemäß § 48 DevG. (Verstöße, die ein Deutscher im Ausland begeht); siehe hierzu Löwe-Rosenberg S. 1929 II Ziff. 4 zu § 172. Die DSt. können ihre Rechte gemäß § 50 Abs. 1 DevG. anderen Behörden oder bestimmten Beamten übertragen (vgl. § 50 Abs. 3 DevG.). In Frage kommen hauptsächlich die Hauptzollämter, die bei Devisenausfuhrvergehen die Rechte des Nebenklägers wahrnehmen; soweit diese zuständig sind, hat die Zustellung gemäß § 50 Abs. 2 DevG. nur an diese, nicht auch an die DSt. zu erfolgen.

Wegen sonstiger aus den Rechten der Devisenstelle als Nebenklägerin sich ergebenden Fragen vgl. die Ausführungen in Literatur und Rechtsprechung[11]).

3. Wegen der Beziehungen zwischen Gerichten und DSt., die sich aus dem Unterwerfungsverfahren ergeben, (insbesondere bis zu welchem Zeitpunkt dies möglich ist), s. die Ausführungen unter B.

4. Besondere Vorschriften bestehen für die Einziehung von Werten, die dem Täter nicht gehören müssen und auf die sich die strafbaren Handlungen beziehen[12]) (vgl. § 45 DevG.[13])).

§ 45 DevG. gibt zu verschiedenen strafprozessualen Fragen Anlaß.

Zunächst interessiert, wie die Betroffenen ihre Rechte an den der Einziehung unterliegenden Werten geltend machen. Hier ist auf die Vorschriften der §§ 27ff. DurchfVO. zum DevG. zu verweisen, deren Anwendung oft schon vor der Hauptverhandlung den Beteiligten zur Wahrung seiner Rechte veranlassen wird. Dann ist § 31 DurchfVO. zu beachten, nach welchem das Gericht den Beteiligten zur Hauptverhanlung zuzuziehen hat.

Die objektive Einziehung erfolgt entgegen der Bestimmung des § 431 StPO. ohne Hauptverhandlung. Bei diesem Verfahren ist die

---

[11]) Vgl. insbesonders: a) Bayer. ObLG., Beschluß vom 26. Juni 1934, abgedr. in JW. 1934/2862: nach diesem haben die DSt. die Rechte eines Nebenklägers auch bei Devisenzuwiderhandlungen, die vor Inkrafttreten des § 41a DevVO. in der Fassung des Art. 1 Ziff. 6 des Gesetzes zur Änderung der DevVO. vom 16. Febr. 1934, RGBl. I/92 (der Vorgängerin von § 50 DevG.) begangen wurden, aber nicht bei Zuwiderhandlungen gegen den 1. Abschnitt der VO. gegen Kapital- und Steuerflucht vom 18. Juni 1931; § 50 DevG. hat also mit Recht rückwirkende Kraft.

b) KG. 1. StrSen., Beschluß vom 12. Okt. 1934, abgedr. in JW. 1935/68; nach dieser Entscheidung steht der Anwendung des Straffreiheitsgesetzes vom 7. Aug. 1934, RGBl. I/769 ein von der DSt. als Nebenklägerin nach dem Inkrafttreten des Straffreiheitsgesetzes erklärter Rechtsmittelverzicht nicht im Wege. Der Gedanke dieser Entscheidung kann auch möglicherweise bei späteren gleichgelagerten Fällen Anwendung finden.

[12]) Zur Sicherung dieser Werte und der auszusprechenden Geldstrafe bestehen die Vorschriften des § 45 Abs. 3 DevG. i. V. mit §§ 27 ff. der DurchfVO. zum DevG. Siehe hierzu Note 7 dieses Kapitels.

[13]) Diese Vorschrift gewährt weitere Möglichkeiten als § 40 StGB.

Vorschrift von § 34 DurchfVO. zu beachten, welche anderen Personen als den Beschuldigten, die ein Recht an dem einzuziehenden Werte geltend machen, ermöglichen will, ihre Rechte geltend zu machen.

Einen wesentlichen Beitrag zur Klärung der Fragen, die sich ergeben, wenn der von der Einziehung Betroffene seine Rechte nicht wahrnehmen konnte[14]), gibt die Entscheidung des LG. Berlin, Beschl. vom 31. Juli 1936, abgedr. in DevArch. Nr. 41, 1936, Sp. 1337ff. nebst zustimmender Bemerkung von Turowski, welche einen Antrag auf Wiedereinsetzung in den vorigen Stand (§ 44 StPO.) gegen die Versäumung der Frist zur Einlegung der sofortigen Beschwerde nach § 45 Abs. 2 DevG. für begründet erklärt, wenn der Betroffene von der Zustellung des angefochtenen Einziehungsbeschlusses ohne sein Verschulden keine Kenntnis erlangt hat[15]).

An dieser Stelle sei noch auf die Einführung des § 45 Abs. 1 S. 1 2. Halbsatz DevG. verwiesen, welcher erweiterte Einziehungsbefugnisse bei Zuwiderhandlungen gegen die Bestimmungen der Reichsbank über die Verwendung von Reichsmarkbeträgen aus Registerguthaben im Reiseverkehr gibt[16]).

5. Sonstige Verfahrensfragen.

Hier sei einmal auf die in JW. 1936 S. 403 abgedruckte Entscheidung des OLG. Stuttgart verwiesen, nach welcher die Reichsverweisung nicht im Urteile ausgesprochen werden darf. Bemerkt sei, daß wie in anderen Fällen einer Tateinheit die in rechtlichem Zusammentreffen begangenen strafbaren Handlungen im entscheidenden Teile des Urteiles ausdrücklich anzuführen sind und daß daher auch im Urteilssatze bei gegebenen Voraussetzungen zum Ausdruck kommen muß, daß bei verbotener Devisenausfuhr diese mit Bannbruch in Tateinheit steht[17]). Wegen der Fragen, ob die Haftung für die gegen den Vertreter, Verwalter oder Bevollmächtigten verhängte Geldstrafe, für die Einziehung und Kosten des Verfahrens gem. § 46 DevG. gegenüber dem Vertretenen ausgesprochen werden kann, wenn dieser zum Verfahren weder geladen noch erschienen ist, ist auf DevArch. Nr. 2, 1937, Sp. 35ff. zu verweisen[18]) [18a]).

---

[14]) Vgl. Hartenstein Note 8 zu § 45 DevG. S. 372 f. a. a. O.

[15]) Wegen des Überganges vom subjektiven zum objektiven Verfahren ist auf die Ausführungen des KG. 2. Sen. vom 18. April 1934 zu verweisen, abgedr. in JW. 1934 S. 1373, nach welchen bei Abwesenheit des Angeklagten die Einziehung erfolgen kann, ohne daß es der Einleitung eines selbständigen objektiven Verfahrens bedarf. Es ist hier also zu beachten, daß ein subjektives Verfahren mit einer objektiven Wirkung vorliegt.

[16]) Vgl. Ziff. 6 des Abänderungsgesetzes zum DevG. vom 1. Dez. 1936.

[17]) Vgl. RG. 5. Sen. vom 11. Nov. 1935, abgedr. in JW. 1936 S. 461 ff.

[18]) Seeliger hat diese Frage in JW. 1936 S. 1868 verneint. Turowski stimmt der im DevArch. a. a. O. abgedruckten Entscheidung des KG., wonach die Haftung in einem Falle, wenn der Nebenbeteiligte zwar nicht geladen, aber doch durch einen Rechtsanwalt vertreten war, ausgesprochen wurde, zu, da dieser in der Lage war, die Einwendungen des Haftungsbeteiligten vorzubringen. Die in der erwähnten Entscheidung des KG. aufgeworfenen und von Turowski in der Anmerkung hierzu miterörterten Fragen, die sich ergeben, wenn ein Ausländer für seinen inländischen Vertretenen haftet, werden

B. Das Unterwerfungsverfahren.

Dieses (dem Steuerstrafverfahren nachgebildet) ist gemäß § 52 DevG. zulässig, wenn die Devisenzuwiderhandlung entweder nur mit Geldstrafe und Einziehung oder einer dieser Strafen bedroht ist, oder wenn eine Gefängnisstrafe von nicht mehr als 3 Monate an sich verwirkt ist, der Strafzweck aber auch durch eine Geldstrafe erreicht werden kann[19]). Das Unterwerfungsverfahren ist auch unter der Voraussetzung des § 51 Abs. 2 DevG. gegen Nebenbeteiligte zulässig, erfaßt nur Devisenzuwiderhandlungen und kann keine Anwendung finden, wenn der zu sühnende Verstoß auch nach einer anderen Strafbestimmung (als den Devisenvorschriften) strafbar ist. Voraussetzung für die Durchführung des Verfahrens ist weiter, daß der Beschuldigte die Devisenzuwiderhandlung vorbehaltslos einräumt und daß hinsichtlich des Tatbestandes und der Schuldfrage zwischen der Behörde und dem Beschuldigten keinerlei Meinungsverschiedenheiten bestehen[20]). Keine Voraussetzung für die Durchführung des Unterwerfungsverfahrens ist, daß es sich um Verstöße handelt, die nach dem Inkrafttreten des Artikels I Ziff. 6 des Gesetzes zur Änderung der DevVO. vom 16. Febr. 1934 (also des § 41 a DevVO. von 1932, durch welchen das Unterwerfungsverfahren eingeführt wurde), begangen wurden[21]).

Ob die DSt. das ordentliche Strafverfahren veranlassen oder das Unterwerfungsverfahren einleiten will, steht in ihrem pflichtgemäßen Ermessen. Sie wird insbesondere die Schuld des Täters und die volkswirtschaftliche Bedeutung der Tat vor ihrer Entscheidung prüfen müssen. Rechtlich ist es vor allem bedeutsam, bis zu welchem Verfahrensstadium einerseits die DSt. noch an die Staatsanwaltschaft herantreten kann, daß ihr die Strafsache zwecks Durchführung des Unterwerfungsverfahrens wieder abgegeben wird und anderseits die Staatsanwaltschaft die Strafsache von sich aus noch an die DSt. zur weiteren Behandlung zuleiten kann. Nach allgemein herrschender Ansicht steht der DSt. die Strafbefugnis im Unterwerfungsverfahren nur bis zur Eröffnung des Hauptverfahrens zu, da nach dieser die öffentliche Klage nicht mehr zurückgenommen werden kann[22]). Das gleiche muß wohl

---

weder in der Entscheidung noch in den Ausführungen von Turowski beantwortet. Der letztere weist jedoch auf verschiedene hier zu beachtende Gesichtspunkte hin.

[18a]) Die in DevArch. Nr. 2, 1937, Sp. 35 ff. abgedruckte Entscheidung des KG. 1. Str.Sen. vom 11. Aug. 1936 ist auch in JW. 1937, S. 52 f. abgedruckt. Auf die zu dieser Entscheidung in JW. a. a. O. gemachten Ausführungen von Seeliger soll noch hingewiesen werden, da auch hier die oben in Fußnote 18 dieses Kapitels angeschnittenen Fragen erörtert werden.

[19]) Vgl. § 27b StGB.

[20]) Vgl. Aschenauer in Nr. 11, 1936 DevArch. Sp. 376 ff.

[21]) Vgl. auch die Ausführungen in Fußnote 11 a dieses Kapitels.

[22]) Vgl. RG. 2. Sen. vom 14. März 1935, abgedr. in JW. 1935/1940 und die zustimmende Anmerkung von Turowsky ebendort, welche aufschlußreiche Ausführungen für die Beziehungen zwischen den DSt. und den Gerichten bzw. Staatsanwaltschaften, soweit sie sich aus dem Unterwerfungsverfahren ergeben, bringt und Hartenstein Note 5 S. 396 ff. a. a. O.

gelten, wenn auf Grund Gerichtsbeschlusses gemäß § 211 StPO. die Einstellung des Strafverfahrens rechtskräftig beschlossen wurde, da in diesem Falle nur noch auf Grund neuer Tatsachen oder Beweismittel die Klage neu aufgenommen werden kann.

Wegen der einzelnen weiteren Verfahrensvorschriften anläßlich des Unterwerfungsverfahrens siehe Note 7 zu § 52 S. 402 a. a. O. bei Hartenstein und die Bestimmungen der VO. über die Unterwerfung im Strafverfahren gemäß § 410 (jetzt § 445) der RAO. vom 1. Nov. 1921, RGBl. S. 1328[23]). Wegen der Fälle, in welchen andere Behörden oder Beamte der Reichsfinanzverwaltung zur Aufnahme von Unterwerfungsverhandlungen zuständig sind, vgl. § 52 Abs. 3 u. 4 DevG.; s. ferner RE. 16/34 II 2 c, abgedr. in Teil 3 unter Ziff. B IV a 5, wegen des Vollstreckungsverfahrens bei einer Geldstrafe, die im Unterwerfungsverfahren verhängt wurde und wegen der Umwandlung der Geldstrafe in eine Freiheitsstrafe.

C. Das Ordnungsstrafverfahren:

Es hat seine gesetzliche Grundlage in § 47 DevG. Es wird durch die DSt. veranlaßt und kann neben dem ordentlichen Strafverfahren Platz greifen, wobei jedoch bei einer vorherigen strafgerichtlichen Verurteilung die bereits verhängte Strafe berücksichtigt werden wird. Das Ordnungsstrafverfahren wird im allgemeinen jedoch dann in Frage kommen, wenn besondere Gründe, z. B. volkswirtschaftliche Schädigung des in Frage kommenden Unternehmens ein ordentliches Strafverfahren nicht angezeigt erscheinen lassen[24]).

Wegen weiterer Fragen, insbesondere wegen der im Ordnungsstrafverfahren anwendbaren Verfahrensgrundsätze vgl. die vorhandene Literatur und Rechtsprechung[25]).

---

[23]) Auszugsweise abgedr. in Teil III unter Ziff. A 33.

[24]) Vgl. Aschauer Sp. 378 ff. a. a. O.

[25]) Hier sind vor allem die vielen in DevArch. laufend abgedruckten Entscheidungen des Reichswirtschaftsgerichts heranzuziehen; vgl. auch Fußnote 1. Erwähnt seien folgende in JW. abgedruckten Entscheidungen: Die Wiederaufnahme des Ordnungsstrafverfahrens ist zulässig (JW. 1935/2454); im Ordnungsstrafverfahren ist eine Einstellung nach § 153 StPO. nicht zulässig (JW. 1933/1158); das Reichswirtschaftsgericht ist im Rahmen der Vorschrift des § 39 DevVO. vom 23. Mai 1932 (jetzt § 47 DevG.) zur Entscheidung der Ermessensfrage berufen, ob im Einzelfalle die Festsetzung einer Ordnungsstrafe angemessen ist (JW. 1935/969).

Kolibri 360 GmbH
Ferdinand-Jühlke-Straße 7
99095 Erfurt, Deutschland
produktsicherheit@kolibri360.de